Aachener Studien zur Wirtschafts-, Sozial- und Technologiegeschichte
herausgegeben von Paul Thomes und Tobias Dewes

Band 20

Begründet von Paul Thomes und Christoph Rass

Aachener Studien zur Wirtschafts-, Sozial- und Technologiegeschichte

Band 20

Paul Thomes,
Tobias Dewes (Hrsg.)

Vergangenheit analysieren – Zukunft gestalten

Shaker Verlag
Düren 2020

Bibliografische Information der Deutschen Nationalbibliothek
Die Deutsche Nationalbibliothek verzeichnet diese Publikation in der Deutschen
Nationalbibliografie; detaillierte bibliografische Daten sind im Internet über
http://dnb.d-nb.de abrufbar.

Lehr- und Forschungsgebiet
Wirtschafts-, Sozial- und
Technologiegeschichte
RWTH Aachen
Kackertstraße 7
52072 Aachen

ISBN 978-3-8440-7159-7
ISSN 2366-3693

Shaker Verlag GmbH • Am Langen Graben 15a • 52353 Düren
Telefon: 02421 / 99 0 11 - 0 • Telefax: 02421 / 99 0 11 - 9
Internet: www.shaker.de • E-Mail: info@shaker.de

Inhalt

Vorwort

Mit dem hier vorliegenden 20. Band freuen wir uns nicht nur über einen runden Meilenstein für unsere Schriftenreihe, sondern würdigen gleichzeitig auch die Ergebnisse unserer Jubiläumstagung zum 50. Bestehen der Wirtschafts-, Sozial- und Technologiegeschichte in Aachen. Die in Kooperation mit dem AKWG und mit der Unterstützung der IHK Aachen und dem Förderverein Wirtschaftswissenschaften der RWTH durchgeführte Veranstaltung trug den Titel „Vergangenheit analysieren – Zukunft gestalten. 50 Jahre WISOTECH" und befasste sich mit der Disziplin selbst sowie den Wechselwirkungen und Verflechtungen von Wissenschaft und Gesellschaft.

Ebenso breit aufgestellt wie das Themenfeld waren auch die interdisziplinären Beiträge der Referentinnen und Referenten der Tagung ausgelegt. Aktuelle Forschungsfelder, Herausforderungen für die technik-, wirtschafts- und sozialhistorische Forschung und zukünftige Chancen, waren gleichermaßen Gegenstand der unterschiedlichen Vorträge und den lebhaften Diskussionen im Anschluss. Tenor aller Beiträge war die Notwendigkeit der interdisziplinären Forschung und Offenheit für fachfremde Lösungswege, nicht zuletzt im Spiegel der Digitalisierung. Ein Teil dieser Inhalte findet sich im hier vorliegenden Band wieder.

Wir bedanken uns hiermit nochmals ausdrücklich bei allen Referentinnen und Referenten, Teilnehmerinnen und Teilnehmern und allen Personen die uns in sonst irgendeiner Art und Weise bei der Tagung unterstützt haben. Ohne das gemeinsame Zusammenwirken wäre auch dieser Band nicht zu realisieren gewesen.

Aachen, im Dezember 2019

Paul Thomes und Tobias Dewes

Einleitung

Paul Thomes

Es freut und erschreckt zugleich, auf 50 Jahre zurückzublicken, eine lange Zeitspanne, rund zwei Generationen umfassend. Dies gilt umso mehr, wenn man sich vergegenwärtigt, rund die Hälfte dieser Phase integraler Bestandteil dieses Prozesses gewesen zu sein. Die Zeit rast in der Tat, und sie lässt sich nicht aufhalten. Dynamik ist Normalität, nicht Statik, ausgedrückt in der pointierten Erkenntnis: Wenn alles so bleiben soll, wie es ist, muss sich alles ändern.

Und es tat sich Einiges, und zwar in jeder Hinsicht. Nicht nur, dass das Institut zwei Ortswechsel vollzog – die immer auch eine willkommene Gelegenheit zum materiellen und geistigen Neubeginn bieten. Mit Personen und Umfeld wandeln sich überdies selbstredend Inhalte und Methoden, wobei Forschung und Lehre in der Institutsphilosophie konstant den gleichen Stellenwert innehaben, inspirieren sie sich doch wechselwirksam.

Der vorliegende Band symbolisiert den Versuch einer akademischen Bestandsaufnahme von Wissensproduktion. Die Themen und Ansätze reflektieren die Dynamik und Bandbreite des Fachs in beachtlicher Breite, rückblickend und vorausschauend. Der generelle Tenor, der sich daraus lesen lässt: Historischer Forschung braucht nicht bange zu sein. Sie wird auch im Zeitalter der Digitalität gebraucht, wenn sie sich die mit der Transformation auch neu entstehenden Methodiken zu eigen macht – und sie mit bewährten Konzepten, als Fusion von Revolution und Evolution kombiniert. Die daraus entstehende Erkenntnis gewinnt in einer sich so rasch wie nie verändernden Welt als Gestaltungsfaktor weiter signifikant an Bedeutung. Vergangenheitswissen und Zukunftswissen sind zwei Seiten einer Medaille.

Unter diesen Prämissen gilt es mehr denn je u.a. Pfadabhängigkeiten kritisch zu hinterfragen und zu bewerten, um sie rasch an die veränderten Bedürfnisse zu adaptieren. Eine systematische Wissensbasis des zu transformierenden Objektes ist zudem unabdingbar im Kontext des Zwangs zu umfassender Ressourceneffizienz im besten Sinne. Algorithmen wollen entsprechend programmiert sein, wozu eine historisch orientierte Technologie- und Innovationsforschung zweifels-ohne einen wesentlichen Beitrag zu leisten vermag, zumal wenn sie sich eben jener Algorithmen auch methodisch bedient.

Die Tagung lieferte ein gutes Beispiel für die Methodenvielfalt. Das ausgegebene Ziel, kreative, mitdenkende Köpfe berichten aus ihrer Arbeit, wenden sich einander zu, tauschen sich inspirativ aus und kreieren neues Wissen, wurde erreicht, wobei offenbleibt, was sich mit wem wozu verzahnt: Kontingenz eben. Umso wichtiger ist deshalb ein wissenschaftlich abgesichertes Prozessverständnis, basierend auf Wissensaustausch und Wissensproduktion.

Womit wir beim Motto der Tagung und des Bandes wären: „Vergangenheit analysieren, Zukunft gestalten".

Es kommt ziemlich selbstbewusst daher. Wir arbeiten sonst gerne mit Fragezeichen, auch um unseren Ansatz immer wieder selbst zu hinterfragen. Diesmal haben wir bewusst darauf verzichtet, um ein Ausrufezeichen zu setzen. Die Vergangenheit ist relevant, wenn wir effizient Zukunft gestalten möchten, oder neudeutsch: History matters!!

Mark Twain hält zwar dagegen: Wir lernen aus der Geschichte, dass wir nichts lernen. (Wenn er es nicht gesagt hat, so ist die Aussage doch gut erfunden.). Die scheinbar ernüchternde Einschätzung lässt sich freilich genauso leicht erklären. Denn Entscheider*innen in Politik, Wirtschaft, Wissenschaft etc. negieren bisweilen historische Fakten, oder sie begnügen sich – weil einfach und nach Gusto zu konfektionieren – gerne mit anekdotischer Evidenz, wenn es gilt Entscheidungen zu finden und zu fällen. Das wären freilich grob fahrlässige Strategien der Zukunftsgestaltung. Was wir stattdessen brauchen ist systematisch-empirische Evidenz! Objektivierbare Forschung im Labor der Vergangenheit!

Anders gewendet: Historiker*innen müssen liefern und sie können es: Es geht nicht um Patentrezepte, sondern um gesichertes Grundlagen- bzw. Entscheidungswissen. Der Bedarf danach wurde dem Verfasser im Jahr 1995 klarer denn je beim Wechsel an die RWTH. Die Erkenntnis mündete ebenso rasch in das WISOTECH Forschungs- und Lehrkonzept „Geschichte als Dialog der Gegenwart mit der Vergangenheit über die Zukunft"; will sagen: Dekonstruktion von Gegenwart und Rekonstruktion von Vergangenheit tragen zur Konstruktion von Zukunft bei; eine Synthese von Rückschau und Prognose. Es geht um einen bewusst vorwärts gerichteten Ansatz mit Anwendungsbezug weit jenseits einer

„Public History". Wenn das Fach ernst genommen werden möchte, kann es sich nicht auf eine kuschelige historische gegenwartsferne Besserwisserstrategie zurückziehen, in einer Situation, da es im Zuge der digitalen Globalisierung um Grundfragen der menschlichen Existenz geht.[1]

Diese Strategie brachte uns in der Vergangenheit viel Kritik ein in der „Zunft", die, so hat es bisweilen den Anschein, in einer Art Ancien Regime Manier, argwöhnisch ihre Pfründe kontrollierend, über Werkzeuge, Methoden und Produkte wacht. Wir sind trotzdem standhaft geblieben!! Und seit einiger Zeit wendet sich das Blatt. Das zeigen unter anderem eine ganze Reihe hochqualitativer innovativer und bewusst interdisziplinärer Forschungsprojekte, die das Institut umsetzte. Der Erfolg gibt uns recht. Und er dokumentiert die interdisziplinäre Anschlussfähigkeit. Nebenbei, und dahinter verbirgt sich keinerlei Überheblichkeit: Das Normale, der Mainstream, ist in der Regel weit entfernt von der Spitze, auch das hat die Geschichte gezeigt. Nicht von ungefähr ließen es sich der Präsident der IHK, Wolfgang Mainz und der Hauptgeschäftsführer, Michael F. Bayer, nicht nehmen, die Tagung mit zu verfolgen, was sämtliche Anwesenden als große Wertschätzung empfanden.

Damit sei nochmals kurz der Bogen zur Tagung und zum Band geschlagen. Die erhoffte Interdisziplinarität und Multimodalität spiegelt sich in den Themen und auch in den unterschiedlichen Biographien der Referent*innen. Wir deuten dies als Bestätigung des Ansatzes. Und es zeigt uns, dass wir uns in 50 Jahren fundamental entwickelt haben, als Wissenschaft und als Fach.

1969 dominierten noch vielfach die Talare und unter Ihnen der sprichwörtliche „Muff von 1000 Jahren". Geschichte kam – auch als Wissenschaft – noch weitgehend hermeneutisch-deskriptiv und verdrängend daher. Nur so konnte an der RWTH ein Schneider-Schwerte als Rektor reüssieren. Ein wachsendes kritisches Bewusstsein führte der Gesellschaft dann die unmittelbare Bedingtheit von Vergangenheit und Gegenwart so drastisch wie kaum je vor Augen; sei es in Bezug auf die unkritisch konsumierende Wirtschaftswundermentalität oder die aufkeimende, nach der dunklen NS-Vergangenheit fragende Unruhe. Befassung statt Verdrängung lautete endlich die Devise – und Demokratie wagen.

---

[1] Thomes, Paul/Peters, Robert, Ein Modell zur strukturierten Analyse von Veränderungen als Plädoyer für eine integrierte Vergangenheits-, Gegenwarts-, und Zukunftsperspektive, in: Scripta Mercaturae 47, 2018, S. 161-190.

Ein Ergebnis war die längst überfällige Demokratisierung der Universitäten und der Ausbau der wirtschafts- und sozialhistorischen Forschungsinstitutionen; so auch an der RWTH Aachen. Dass dazu seinerzeit eine Europaprofessur umgewidmet wurde, war Sparen an der falschen Stelle. Das gilt ebenso für die Alimentierung einer Rechtsprofessur aus den Ressourcen der Wirtschafts- und Sozialgeschichte 1995, oder das RWTH-Sparkonzept Technologiegeschichte 2011, das letztlich WISOTECH hervorbrachte. Wir haben trotzdem etwas daraus gemacht – und stehen nun doch vor dem Aus.[2] Letztlich kommt gerade eine Exzellenzuni an einer retrospektiven Selbsthinterfragung nicht vorbei. So bleibt die Hoffnung, dass das 150-jährige Jubiläum in Bezug auf die Fortführung des Faches eine positive Wirkung generiert, und dieser Band womöglich dazu beiträgt.

In diesem Sinne danke ich den Autorinnen und Autoren für den Aufwand, dem sie sich unterzogen, um die Vorträge in schriftliche Fassungen zu transferieren, hoffe, dass die Publikation Früchte trägt und wünsche nicht zuletzt, dass der Band von dem einen oder der anderen zumindest in Teilen gelesen wird.

Dank gilt sodann der IHK Aachen, neben der oben bereits gewürdigten persönlichen Präsenz, für die Überlassung der Tagungsräume, den organisatorischen und den kulinarischen Support. Der Förderverein Wirtschaftswissenschaften hat die Veranstaltung finanziell unterstützt und nicht zuletzt verantwortete Herr Tobias Dewes einmal mehr ebenso routiniert wie kreativ die Realisierung des Bandes.

---

[2] Ausführlich zur Geschichte von WISOTECH an der RWTH vgl. den folgenden Beitrag von Paul Thomes.

Next Stop Big Data? Erfahrungen mit der Digitalisierung von Geschichte und Geschichtswissenschaft

Christoph Rass und Sebastian Bondzio

Einführung[1]

Die Geschichtswissenschaft befindet sich bereits seit mehreren Jahrzehnten und auf mehreren Ebenen in einem Prozess, in dem sie sich Digitales aneignet, untersucht, produziert.[2] Als in der zweiten Hälfte des 20. Jahrhunderts der Einzug erst von Großrechnern, dann von *Personal Computern* in Wissenschaft und Arbeitswelt den Umgang mit und die Relevanzzuschreibungen an „Daten" revolutionierten, erreichten die Impulse solcher Vorgänge rasch auch Historiker/innen. Verbesserte Möglichkeiten quantifizierender Analysen, die dazu notwendige Erzeugung maschinenlesbarer Datensätze, Querverbindungen zwischen Geschichtswissenschaft und solchen Methoden affineren Nachbarwissenschaften führten erst zu Lernprozessen, dann zu Paradigmenwechseln. Namentlich in der Wirtschafts- und Sozialgeschichte gewann die Cliometrie schnell und international in einer Art und Weise an Gewicht, die weit über diejenigen Fachzweige hinaus reichte, die sich als historische Wirtschafts- und Sozialwissenschaften verstanden.[3]

Auf einer zweiten Ebene erzeugte der Siegeszug der Computer selbst eine zunehmend digital geprägte Vergangenheit, deren Geschichte es nun – zeithistorisch – zu erforschen galt. *The History of Computing* entwickelte sich seit den späten 1960er Jahren zu einem Forschungsfeld, das bald nicht mehr allein technik- und wissenschaftsgeschichtliche Perspektiven verfolgte, sondern sich ebenso für die

---

[1] Der besondere Dank der Autoren gilt Jessica Wehner, Maik Hoops und Joscha Hollmann für ihre Mitarbeit bei der Vorbereitung des Beitrages.
[2] Vgl. Ennals, J.Richard, History and computing. A collection of papers 1979-1981, London, 1981; Sly, A. J., A short history of computing, 2nd ed. Hatfield, 1976; Bernardou, Agiatis u.a. (Hg.), Cultural Heritage Infrastructures in Digital Humanities (Digital research in the arts and humanities), London, New York, 2018.
[3] Vgl. O. Ijere, Martin, Evolution of cliometrics or "the new economic history", Nsukka ,1978; Haupert, Michael, History of Cliometrics, in: Diebolt, Claude/Haupert, Michael (Hg.), Handbook of cliometrics, Berlin, Heidelberg, New York, Dordrecht, London, 2016, S. 3-32.

Sozial-, Wirtschafts- oder Unternehmensgeschichte öffnete wie für die Gesellschafts- und Kulturgeschichte.[4] Dies umso mehr, als Computer bzw. die Digitalisierung mehr und mehr vom hochspezialisierten analytischen Werkzeug mit exklusivem Zugang zu einer Normalität in der Arbeitswelt von Historiker/innen wurden, so dass sich die Frage nach der Digitalisierung nicht mehr nur mit Blick auf einen Untersuchungsgegenstand stellte, sondern die Reflexion der eigenen Methoden, Theorien, Kompetenzen und Praktiken erforderte.[5]

Was sich aus solchen Ansätzen entwickelt hat und wie Geschichtswissenschaft unter den Bedingungen einer rasch proliferierenden und sich zusehends akzelerierenden Digitalisierung der Welt als eine Disziplin zu gestalten wäre, darüber findet nun ebenfalls seit nahezu zwei Jahrzehnten eine intensive Debatte statt. Diese adressiert praktische Fragen wissenschaftlichen Arbeitens, der Fachkommunikation sowie der Vermittlung von Geschichte ebenso wie grundlegende Veränderungen der Quellengenese und der Quellenkritik und berührt vielfach nicht nur den methodischen, sondern auch den theoretischen Kern der Geschichtswissenschaft bzw. ihrer Teildisziplinen.[6]

Ein Jahrzehnt nachdem Chris Anderson mit seinem vieldiskutierten Beitrag in der Zeitschrift Wired „the end of theory" beschworen hatte, um auf den Übergang von einem Verständnis der Welt auf der Grundlage theoriebasierter Modelle hin zu Modellen auf der Grundlage von „massive amounts of data" und „applied mathematics" zu verweisen,[7] befasst sich die Geschichtswissenschaft intensiv mit *Big Data*, sind die kulturwissenschaftlich orientierten Vertreter/innen der *Digital Humanities* in einen fruchtbaren Dialog mit den Pionieren datengestützter Geschichtswissenschaft aus der Cliometrie getreten, hat ein breites Spektrum unterschiedlicher softwaregestützter Ansätze für den Umgang mit großen Textmengen,

---

[4] Vgl. Tatnall, Arthur (Hg.), History of Computing. Learning from the Past IFIP WG 9.7 International Conference, HC 2010, held as part of WCC 2010, Brisbane, Australia, September 20-23, 2010 proceedings (IFIP AICT 325), New York, 2010.
[5] Vgl. Crompton, Constance/Lane, Richard J./Siemens, Raymond G. (Hg.), Doing more digital humanities, London, New York, 2020.
[6] Vgl. Demantowsky, Marko/Pallaske, Christoph (Hg.), Geschichte lernen im digitalen Wandel, Berlin, 2015. Siehe dazu auch die Dokumentation der Tagung Geschichte im Digitalen Wandel Gerda Henkel Stiftung, .hist2011 - Geschichte im digitalen Wandel, 14.09.2011-15.09.2011 Berlin, 2019, https://lisa.gerda-henkel-stiftung.de/hist2011_geschichte_im_digitalen_wandel?nav_id=5458, (aufgerufen 26.08.2019).
[7] Vgl. Anderson, Chris, The End of Theory. The Data Deluge Makes the Scientific Method Obsolete, in: Wired, 23.06.08.

Bildern, Zahlen und Daten in der Wissenschaftspraxis Fuß gefasst, und sind digitale Methoden jenseits der Textverarbeitung und der Literaturverwaltung aus dem Alltag einer wachsenden Zahl von Fachwissenschaftler/innen kaum noch wegzudenken.[8]

Während der zugleich schleichende und revolutionäre Einzug des Digitalen in das Explanans und das Explanandum der Geschichtswissenschaft die Praktiken der Disziplin an vielen Stellen radikal verändert hat – manchmal mehr, manchmal weniger bewusst – ist die Frage, wie Geschichtswissenschaft unter der Bedingung der Digitalisierung künftig sein wird, noch nicht beantwortet. Dies umso mehr, als in unserer Gegenwart die mit den Schlagworten „Digitalisierung", „Big Data" und „Künstliche Intelligenz" verbundenen Prozesse eine weitere Stufe der Beschleunigung zu erreichen scheinen, ihnen im positiven wie auch im negativen Sinne schicksalhafte Bedeutung zugeschrieben wird, und der Druck, allerorten und zukunftsweisend auf sie zu reagieren, zusehends wächst.

Die Geschichtswissenschaft muss sich ins Digitale hineinreklamieren, während sie zugleich lernt, sich die Möglichkeitsräume des Digitalen für ihre Arbeitsweise zu erschließen. Dabei besteht die Herausforderung in der Praxis, die vier zentralen Innovationen der gegenwärtigen Phase der Digitalisierung, *Big Data*, *Data Mining*, künstliche Intelligenz und *Machine Learning*, in historische Arbeitsprozesse zu integrieren. Dies vollzieht sich vor allem in einem Prozess praktischen Lernens und Experimentierens in Forschungsvorhaben unterschiedlichen Zuschnitts. Die Geschichtswissenschaft bedient sich damit zunehmend komplexer digitaler Verfahren, die in ihrem Kern für Forschende nicht selten eine Black Box bleiben. Selten sind die Zeit und die Ressourcen gegeben, die Implikationen solcher Prozesse eingehend zu evaluieren und zu bewerten.

---

[8] Der Blog Peter Habers (†) hatte sich zu einer zentralen Plattform für den Austausch über Geschichte und digitale Medien entwickelt und dokumentiert einige wichtige Diskussionen und Anregungen, https://www.hist.net/.

Dies betrifft Aspekte der Validität wissenschaftlicher Arbeit und überhaupt die Folgen von digitalem Handeln in Forschung und Vermittlung.[9]

Dieser Beitrag bietet keine allgemeingültigen Antworten auf diese Herausforderung, sondern berichtet aus der Praxis einer Geschichtswissenschaft in ihren Bezügen zu methodischen Traditionen und innovativen Perspektiven, dem Kerngeschäft empirischer Forschung und der Erfahrung tiefgreifender Umwälzungen der Verfügbarkeit digitalen bzw. digitalisierten Quellenmaterials. Es geht um eine Disziplin im Umbruch zwischen der alltäglichen Nutzung etablierter digitaler Werkzeuge und dem Entstehen neuer digitaler Arbeitsumgebungen großer Reichweite, zwischen der Bedeutung von linearem Text für die Vermittlung und den Horizonten digitaler Publikationsformate, einer Forschungslandschaft im Strukturwandel, in der die Möglichkeiten einzelner Wissenschaftler/innen neu zugeschnitten werden und sich spezialisierte Institute ressourcenstark der digitalen Geschichtswissenschaft verschreiben.

Vor diesem Hintergrund werden im Folgenden exemplarisch zwei Perspektiven diskutiert: Erstens, was bedeuten *Big Data* und andere Ausformungen der Digitalisierung eigentlich für die Geschichtswissenschaft und ihren Umgang mit Quellen? Zweitens, wie verändern Verschiebungen analytischer Möglichkeiten damit verbundene Relevanzzuschreibungen an Geschichtswissenschaft und Historiker/innen die Möglichkeitsräume der Disziplin? Ausgangspunkt ist dabei die praktische wissenschaftliche Arbeit, die sich der Chancen und Herausforderungen der Digitalisierung bewusst ist, und diese aktiv in die Operationalisierung von Forschungsfragen einbindet. Es geht also um Eindrücke, Erfahrungen und Überlegungen aus Sicht akademischer Anwender auf digitalisierte Zugänge zu Quellen, digitalisierte Möglichkeiten für deren kritische Bearbeitung sowie digitalisierte Wegen der Vermittlung und der Diskussion von Befunden.

---

[9] Auf den großen Diskussionsbedarf zur Auswirkung digitaler Methoden auf Forschungsprozesse in der Geschichtswissenschaft haben etwa die Befunde der Sektion „Digital Humanities in der Analyse gespaltener Gesellschaften – Beispiele aus der Praxis" des 52. Deutschen Historikertags „Gespaltene Gesellschaften" verwiesen, https://www.historikertag.de/Muenster2018/sektionen/digitale-humanities-in-der-analyse-gespaltener-gesellschaften-beispiele-aus-der-praxis/.

Big Data und Quellen

Seit schon mehr als einem Jahrzehnt begleitet uns die gesellschaftliche Debatte darüber, wie *Big Data* [10] alle Aspekte unseres Lebens verändern wird bzw. bereits verändert. [11] Täglich, so scheint es, haben wir alle mit *Big Data* zu tun. Wir sind entweder Zielgruppe z. B. von Werbebotschaften, die von der Analyse solcher Daten abgeleitet werden, oder von Suchergebnissen bei Google oder Amazon oder Facebook, die uns stets im Abgleich mit gigantischen Datenbeständen – auch über uns ganz persönlich – vorgesetzt werden. [12] Facebook sammelt, als nur einer der großen Konzerne in diesem Feld, so viele Daten über einen sehr weit gefassten Kreis von Nutzer/innen, dass für personalisierte Werbeanzeigen mindestens 52.000 Attribute ausgewertet werden können. [13] In vielen Fällen kann *Big Data* in dieser Dimension nur dadurch entstehen, dass wir selbst Informationen bereitstellen. Die Freigabe von Informationen oder die Erlaubnis, Informationen über uns aufzuzeichnen, ist dabei zu einer zentralen Praxis geworden. [14]

Wir werden künftig erfahren, dass unsere Handlungs- und Gestaltungsmöglichkeiten ganz lebenswirklich immer stärker von dem *Datendouble* abhängen, das von uns auf diese Weise hergestellt wird. [15] Personenbezogene, automatische Rating-Systeme, die in chinesischen Städten getestet werden, künden davon ebenso wie die Bewertung von Kaufkraft oder Kreditwürdigkeit auf Grundlage großer,

---

[10] Big Data definiert sich nicht allein über den Umfang der Datensätze; als weitere Eigenschaften werden vorausgesetzt die "three 'v's: volume, variety and velocity". Holmes, Dawn E., Big data. A very short introduction (Very short introductions 539). First edition, impression: 1, Oxford, 2017, S. 16, Für eine umfassendere Definition siehe ebd., S. 14-26.

[11] Knorre, Susanne/Müller-Peters, Horst/Wagner, Fred, Die Big-Data-Debatte. Chancen und Risiken der digital vernetzten Gesellschaft, Wiesbaden, 2019.

[12] Vgl. Dommett, Katharine/Power, Sam, The Political Economy of Facebook Advertising, Election Spending, Regulation and Targeting Online, in: The Political Quarterly 90, 2019, S. 257-265.

[13] Die Zahl geht auf eine Datenerhebung von ProPublica zurück, in der über Crowdsourcing 52.235 unterschiedliche Interessenkategorien ermittelt werden konnten. Der Datensatz steht zum Download bereit unter https://www.propublica.org/datastore/dataset/facebook-ad-categories. Allerdings ist die Zahl der an Werbetreibende weiter gereichten Interessenattribute geringer und liegt nur bei 29.176.

[14] Vgl. Matsakis, Louise, The WIRED Guide to Your Personal Data (and Who Is Using It). Information about you, what you buy, where you go, even where you look is the oil that fuels the digital economy, in: Wired, 15.2.2019.

[15] Vgl. Los, Maria, Looking into the future. Surveillance, globalization and the totalitarian potential, in: Lyon, David (Hg.), Theorizing Surveillance. The Panopticon and beyond. London 2006, S. 69–94; Ericson, Richard V./Haggerty, Kevin D., The surveillant assemblage, in: British Journal of Sociology 51, 2000, S. 605-622.

personenbezogener Datensätze, die in liberalen Demokratien eher fahrlässig und weitgehend freiwillig verfügbar gemacht werden.[16] Täglich sind wir also auf unterschiedliche Weise in Interaktionen mit Institutionen begriffen, die *Big Data* herstellen, analysieren und auf dieser Grundlage handeln. Wir selbst agieren immer stärker beeinflusst davon, denn möglicherweise gehorcht unsere digitale Umgebung bereits dem Paradigma datenbasierter Echokammern.[17] Wir sind aber so gut wie nie – jedenfalls als Historiker/innen – mit der Auswertung von Datensätzen befasst, die sich im engeren Sinne als *Big Data* qualifizieren würden. Es sei denn, wir ergattern den Job eines *Verhaltensformers* im Silicon Valley.[18]

Die Vorstellung darüber, was *Big Data* ist und wie sie entsteht ist ganz wesentlich mit der Idee verbunden, dass *Big Data* durch und durch eine digitale Angelegenheit sei. Konventionelle, nicht-digitale Datenträger oder Methoden der Datenerhebung spielen im Diskurs keine nennenswerte Rolle. Kann es also rückschauend *Big Data* gar nicht geben? Was bedeutete das für die Geschichtswissenschaft? Könnten wir uns mit der Geschichtskultur der Gegenwart auf Grundlage großer Datensätze aus Twitter-Meldungen befassen, fallen aber historische Quellenkorpora prinzipiell nicht in die Kategorie *Big Data*?

Nun ließen sich die daraus für die Geschichtswissenschaft erwachsenden Fragen vertagen und als Teil des Übergangs begreifen, nach dem sich Historiker/innen in Zukunft vor allem mit primär digital erzeugten Quellen auseinandersetzen müssen. Dann etwa, wenn es die Geschichte digital beeinflusster Wahlen, der jüngsten und nächsten Wirtschaftskrisen, der Alltagskultur oder politischer Diskurse des frühen 21. Jahrhunderts zu schreiben gilt. Erste Erfahrungen dazu liegen aus der Befassung der Geschichtswissenschaft ebenso wie der Archive mit der Bearbeitung von Quellen vor, die, seit dem späten 20. Jahrhundert, nur digital vorliegen,

---

[16] Vgl. Wong, Karen/Dobson, Amy, We're just data: Exploring China's social credit system in relation to digital platform ratings cultures in Westernised democracies, in: Global Media and China 4, 2019, S. 220-232; Liang Fan u. a.: Constructing a Data-Driven Society: China's Social Credit System as a State Surveillance Infrastructure, in: Policy & Internet 10, 2018, S. 415-453. Siehe dazu auch aktuell Kreye, Adrian, Contra Social Scoring: Daten schützen vs. Daten nutzen. Es ist Zeit, sich gegen Dauerüberwachung zu wehren, in: Süddeutsche Zeitung, 13.9.2019.
[17] Diesen Effekt im Bereich der Wissenschaft diskutiert Nguyen, C. Thi, Echo Chambers and Epistemic Bubbles, in: Episteme 12, 2018, S. 1-21.
[18] Vgl. Hauck, Mirjam/Zuboff, Shoshana, "Facebook ist nicht die Dorfwiese", "Überwachungskapitalisten wissen alles über uns", in: Süddeutsche Zeitung, 7.11.2018.

also beispielsweise Akten, die dem Bundesarchiv auf Festplatten übergeben werden.[19]

Hinzu kommt die in Archiven und archivähnlichen Organisationen[20] ebenso wie in Forschungsprojekten aber auch von kommerziellen Anbietern weltweit massiv voran getriebene Digitalisierung von originär analogem Quellenmaterial bzw. die Herstellung von maschinenlesbarem historischen Datenmaterial.[21] Die Herausforderungen, den Umgang mit diesen Daten zu erlernen, ohne zusehends abhängiger von Spezialist/innen zu werden, für die schieren Massen digitaler Dokumente Sicherungs- und Zugangsstrategien zu entwickeln, und schließlich die exponentiell wachsenden Mengen digitalisierter Quellen für die Forschung handhabbar zu machen, befinden sich an vielen Stellen in Bearbeitung. Entsprechende Kompetenzen und Praktiken werden entwickelt, operationalisiert und erprobt. Wie sich in theoretischer, methodischer und praktischer Hinsicht dadurch Geschichtswissenschaft grundlegend verändert, bleibt allerdings noch unklar.[22]

Historiker/innen denken also darüber nach, mit welchen Methoden Geschichtswissenschaft in einer nahen Zukunft arbeiten wird und wie überhaupt mit dem nur noch digitalen Quellenmaterial jüngster Zeitschichten umzugehen sein wird. Der Übergang ins Digitale auf mehreren Ebenen mag durchaus das Potential haben, die Produktion von Geschichte über Vergangenheit durch die Geschichtswissenschaft stark zu verändern. Die Verfügbarkeit großer Datenmengen und die Bearbeitung dieser Daten, gestützt auf Werkzeuge wie künstliche Intelligenz und *Data Mining* oder *Text Mining*, erschließen derzeit viele faszinierende Möglichkeiten.

---

[19] Zum Schlagwort digitale Archivierung siehe http://www.bundesarchiv.de/DE/Navigation/Anbieten/Behoerden/Digitale-Archivierung/digitale-archivierung.html). Für die genauen Richtlinien zur Übergabe digitaler Bestände vgl. §5 des Bundesarchivgesetzes (BArchG) online https://www.bundesarchiv.de/DE/Content/Downloads/Rechtliches/bundesarchivgesetz.pdf?__blob=publicationFile.

[20] Damit wären im Bereich der Neuesten Geschichte beispielsweise Institutionen wie Yad Vashem, das United States Holocaust Memorial Museum (USHHM) oder der International Tracing Service (Arolsen Archives) bzw. auch die Deutsche Dienststelle (WASt) gemeint.

[21] Ein Beispiel dafür sind die Arolsen Archives, die einen Großteil ihrer Archivbestände mittlerweile online zur Verfügung stellen unter: https://arolsen-archives.org/.

[22] Dazu allgemein Malkmus, Doris J., Primary Source Research and the Undergraduate: A Transforming Landscape, in: Journal of Archival Organization 6, 2008, S. 47-70. Speziell zur European Holocaust Research Infrastructure siehe Blanke, Infrastructure as intermeditation – from archives to research infrastructures, in: JD 71, 2015, S. 1183-1202; Blanke, Tobias u.a., The European Holocaust Research Infrastructure Portal, in: Journal on Computing and Cultural Heritage (JOCCH) 10, 2017.

Digitale Formate erweitern die Modi, in denen Zugang zu Quellen gestaltet, Forschungsergebnisse dargelegt und Erzählungen über Geschichte vorgelegt werden können. Zugleich halten KI-gestützte *Bots* bereits Einzug in die Vermittlung von Geschichte in Bildungskontexten. Künftig wird diese Technologie vielleicht deutlich früher in Forschungsprozesse eingreifen.[23] Mit Blick nach vorn verändert sich unser Quellenmaterial rasant und manche gegenwärtig kanonisierten Methoden werden morgen womöglich nicht mehr adäquat sein.[24]

Mit Blick auf die bereits geschlossenen Epochen und die bestehende Überlieferung sind die Veränderungen kaum weniger rasant und radikal. Konventionelle Quellen werden in unglaublicher Geschwindigkeit digital verfügbar. Dabei tritt neben das schlichte Einscannen von Dokumenten, die dann als Bilddateien vorliegen und mit Metadaten versehen werden, oder das Abschreiben bzw. Exzerpieren von Daten bzw. Texten in Dateien, mehr und mehr die Herstellung maschinenlesbarer Datenextrakte.[25] Aus der Verbindung solcher Datenbestände und ihrer Online-Verfügbarkeit entstehen vielfältige neue Möglichkeiten. Der einzelnen Forscher/innen dadurch erschlossene Zugriff auf große Mengen vernetzter Dokumente und Daten ist in seiner Bedeutung wohl kaum zu überschätzen. Es fragt sich aber auch, wer sich die neuen Daten oder den Zugang zu ihnen, wer sich die Werkzeuge, die die neuen Methoden erfordern, leisten kann, wer sie bedienen kann und wer sie kontrolliert. Proprietäre Lösungen und Open Access-Angebote bei Publikationen, Software und Datenbanken befinden sich bereits jetzt in einem

---

[23] Vgl. Harari, Yuval Noah, 21 Lektionen für das 21. Jahrhundert, S. 7, durchgesehene Auflage. München, 2019. Zu sogenannten Bots in Bildungskontexten siehe Brooke, Sophia, The Teacher of the Future. AI in Education, in: Chatbots Magazine, 10.10.2018; Molnar, Gyorgy/Szuts, Zoltan, The Role of Chatbots in Formal Education 2018, https://www.researchgate.net/publication/327670400_The_Role_of_Chatbots_in_Formal_Education, (aufgerufen 02.09.2019).

[24] Dies lässt sich analog zur Digitalisierung der Literaturversorgung denken, die sich bereits seit Jahrzehnten entfaltet und zur Entwicklung neuer Strategien wissenschaftlichen Arbeitens geführt hat: es stehen immer größere Mengen relevanter Literatur immer schneller und zunehmend maschinenlesbar zur Verfügung, diese können mit Hilfe digitaler Werkzeuge erschlossen und vernetzt werden, das verändert die Art, in der wissenschaftliche Texte verarbeitet werden, die Auswirkungen gilt es zu reflektieren. Inzwischen wird kritisch diskutiert, inwiefern die Verfügbarkeit von digitalem Quellenmaterial und entsprechender Werkzeuge Forschungsfragen beeinflusst; vgl. van Dijck, José, Big Data, Grand Challenges. On digitization and humanities research, in: KWALON 21, 2016, S. 8-18.

[25] Vgl. Bondzio, Sebastian/Rass, Christoph, Data Driven History - methodische Überlegungen zur Osnabrücker Gestapo-Kartei als Quelle zur Erforschung datenbasierter Herrschaft, in: Archiv-Nachrichten Niedersachsen, Mitteilungen aus niedersächsischen Archiven 22, 2018, S. 124-138.

spannungsreichen Verhältnis bzw. Wettbewerb. Solche Zusammenhänge könnten künftig noch stärker wesentlich für die Verteilung von Macht und Agency in der Wissensproduktion bzw. in der Wissenschaft werden.[26]

Was aber ist eigentlich *Big Data* und was kann das Konzept für die Geschichtswissenschaft bedeuten, einmal mit Blick auf die Digitalisierung konventioneller Quellen, einmal auf die künftig und gegenwärtig bereits entstehenden Quellen neuer Art? Einfache Definitionen von *Big Data* kreisen um das schier ungeheure Volumen solcher Datensätze, die große Geschwindigkeit, mit der sie entstehen und wachsen – *Big Data* ist also eigentlich nicht abgeschlossen und damit auch keine Auswertung je stabil, sondern nur zeitpunktbezogen gültig –, die Varietät der enthaltenen Daten, die eben wenig strukturiert vorliegen, sowie den hohen Grad der Abdeckung einer Population oder eines Systems und daher ihre Skalierbarkeit; Datenpartikel, die in vielen Datensätzen gleich oder ähnlich enthalten sind, erlauben es, diese schon großen, wenig strukturierten und ständig schnell wachsenden Datensätze zu immer größeren Datenbeständen zu verbinden, was schließlich zur Erweiterung von *Big Data* entscheidend beiträgt.[27] Es ist allerdings, wie unter anderem Rob Kitchin jüngst bemerkte, nicht allein die Größe, die zählt.[28] Denn inzwischen wird durchaus kritisch diskutiert, ob „große" Datensätze immer „bessere" Ergebnisse ermöglichen. *Big Data* muss im Hinblick auf das Ziel seiner Anlage nutzbar bleiben, zusammengeführte Datensätze kompatibel sein. Ansonsten wird aus einem schier unerschöpflichen „data lake" schnell ein undurchdringlicher und damit wertloser „data swamp".[29]

Wenn wir als Historiker/innen über *Big Data* nachdenken, ist es von vornherein ein verlorenes Spiel, mit den Datenanalytiker/innen der Gegenwart darüber zu

---

[26] Vgl. Herb, Ulrich, Offenheit und wissenschaftliche Werke. Open Access, Open Review, Open Metrics, Open Science & Open Knowledge, in: Ulrich Herb (Hg.), Open Initiatives. Offenheit in der digitalen Welt und Wissenschaft (Saarbrücker Schriften zur Informationswissenschaft), Saarbrücken 2012, S. 11-44.

[27] Für verschiedene Beispiele siehe etwa Aiello, Luca Maria u.a. (Hg.), Linking Historical Ship Records to a Newspaper Archive. Social Informatics 2015; Lan/Longley, Geo-Referencing and Mapping 1901 Census Addresses for England and Wales, in: ISPRS International Journal of Geo-Information (IJGI) 8, 2019; Winchester, Ian Kent, The Linkage of Historical Records by Man and Computer. Techniques and Problems 1, 1970, S. 107-124.

[28] Vgl. Kitchin, Rob, Big Data, new epistemologies and paradigm shifts, in: Big Data & Society 1, 2014, S. 1-12.

[29] Vgl. Boyd, Danah/Crawford, Kate, Critical Questions for Big Data. Provocations for a Cultural, Technological, and Scholarly Phenomenon, in: Information, Communication & Society 15, 2012, S. 662-679.

streiten, ab wann Data „big" ist. Mit drei Milliarden Content-Einheiten pro Tag auf Facebook kann – muss und soll – die Geschichtswissenschaft nicht mithalten.[30] Hinsichtlich anderer genannter Eigenschaften von *Big Data* ist die Antwort weniger eindeutig: das Abdecken ganzer Systeme oder Populationen durch die Sammlung integrierter Daten aus unterschiedlichen Entstehungs-, Erhebung- oder Verarbeitungskontexten, so, dass diese Daten nicht mehr streng strukturiert sein müssen, der Bestand rasch und wenig reguliert wachsen kann und die Bearbeitung mit Hilfe komplexer Algorithmen offensteht. Aus dieser Perspektive könnte es für Historiker/innen um den Umgang bzw. die Digitalisierung von Daten gehen, die durch systematische Erzeugung und Archivierung durch große, zentral oder dezentral arbeitende Aufzeichnungssysteme entstanden sind, also etwa Verwaltungen. Damit wäre die Geschichtswissenschaft auf vertrautem Terrain. Ein durch das Konzept von *Big Data* inspirierter Zugang würde nun konventionelle Stichproben, exemplarische Betrachtungen oder die Nutzung von prozessgenerierten Statistiken ersetzen oder ergänzen und auf tiefer liegenden Ebenen der Überlieferung ansetzen, die durch entsprechend strukturierte digitale, maschinenlesbare sowie vernetzte Quellenbestände zugänglich werden. Umgekehrt könnte sich eine auf solche Quellen angewendete Quellenkritik, die fragt, wie sich Digitalisierung und Vernetzung von Daten auf deren Lesbarkeit und Interpretierbarkeit auswirken, auch Anregungen und Hinweise für gegenwartsbezogene Debatten bereithalten.[31]

Technologien der Digitalisierung, der Extraktion komplexer maschinenlesbarer Daten aus Digitalisaten sowie der Strukturierung und Aufbereitung solcher Daten ermöglichen es, zu rasch sinkenden Kosten bei schnell wachsender Geschwindigkeit und Präzision historische Dokumente so zu erschließen, dass sie nahezu vollständig maschinenlesbar werden. Komplexe Dokumentstrukturen, Handschriften, nicht standardisierte Orthographie, unterschiedliche Sprachen und Schriftsysteme

---

[30] 4.75 billion pieces of content shared daily" (Source: Facebook). Vgl. Noyes, Dan, The Top 20 Valuable Facebook Statistica - Updated September 2019, https://zephoria.com/top-15-valuable-facebook-statistics/, (aufgerufen 21.09.2019).
[31] Vgl. Günther, Wendy u.a., Debating big data. A literature review on realizing value from big data, in: The Journal of Strategic Information Systems 26, 2017, S. 191-209.

und selbst ihre materielle Einmaligkeit und Verletzlichkeit, Eigenschaften historischer Quellen also, die automatisierten Verfahren lange Zeit im Weg gestanden haben, verlieren ihre Bedeutung als prohibitive Faktoren.[32]

Dies gilt für gedruckte Quellen, wie uns große Datenbanken mit entsprechend erschlossenem Material zeigen. Ähnliches gilt aber auch immer stärker für eigentliches Archivgut, wie uns immer mehr Organisationen und Institutionen vor Augen führen, die entsprechend aufbereitete Quellenbestände verfügbar machen. Die Forschung kann also immer effizienter auf das Ausgangsmaterial zugreifen, aus dem in historischen Kontexten oder durch frühere wissenschaftliche Arbeit exemplarische bzw. selektive Auswertungen oder nicht im Detail überprüfbare Statistiken hergestellt wurden. Zugleich können durch immer komplexere Methoden der Suche und Vernetzung Prinzipien des *Data Mining* angewendet werden. So lassen sich Muster sowie deren Dynamiken aufzeigen und Verbindungen erkennen oder herstellen, die durchaus zu neuen Befunden oder Bewertungen über historische Prozesse beitragen können. Dabei wird nicht mehr allein Text-sondern auch bereits Bildmaterial verarbeitet.[33]

Die große Herausforderung liegt in diesem Feld im Übergang von der Digitalisierung zur Verbesserung einer komplexen Durchsuchbarkeit von Dokumenten, also quasi einer Indexierung, wie sie beispielsweise die Arolsen Archives (ehemals International Tracing Service, ITS) in Bad Arolsen jüngst an einem sehr großen Bestand so genannter *Care and Maintenance*-Akten aus dem Kontext der Flüchtlingskrise nach dem Zweiten Weltkrieg vorgestellt hat, zur Möglichkeit einer eigentlichen Analyse der Gesamtheit der in diesen Dokumenten enthaltenen Daten, wie sie exemplarisch – und im Rahmen einer kommerziellen Anwendung – durch die Dokumentensammlung „Post-War Europe: Refugees, Exile and Resettlement 1945 - 1950" im gleichen thematischen Feld umgesetzt worden ist.[34] In einem nächsten Schritte wäre dann etwa ein Zugriff auf solche Digitalisate und ihren

---

[32] Vgl. Sánchez, Joan-Andreau u.a., A set of benchmarks for Handwritten Text Recognition on historical documents, in: Pattern Recognition 94, 2019, S. 122-134

[33] Vgl. Maiwald, F. u.a., Photogrammetric Analysis of Historical Image Repositories for Virtual Reconstruction in the Field of Digital Humanities, in: Int. Arch. Photogramm, Remote Sens, Spatial Inf. Sci. XLII-2/W3, 2017, S. 447-452.

[34] Vgl. The National Archives: Post-War Europe. Refugees, Exile and Resettlement, 1945-1950, https://www.gale.com/binaries/content/assets/gale-us-en/primary-sources/archives-un-bound/primary-sources_archives-unbound_post-war-europe_refugees-exile-and-resettle-ment_1945-1950.pdf, (aufgerufen 23.09.2019).

extrahierten Datengehalt zu realisieren, der eigentliches *Data Mining* bzw. *Text Mining* anstelle verbesserter Suchfunktionen erlaubt.

Ein anderes Handlungsfeld ist die Herstellung großer maschinenlesbarer Datensätze, in denen sich historische Prozesse abbilden. Ein Beispiel hat das Bundesarchiv mit der digitalen Veröffentlichung der „Liste der jüdischen Einwohner im Deutschen Reich 1933-1945" vorgelegt, einer ex-post zusammengestellten Datenbank der jüdischen Einwohner/innen des Deutschen Reiches verbunden mit einem Auszug aus den 1938 erhobenen Volkszählungsdaten zu einem Datensatz mit Informationen zu rund 800.000 Personen, die direkt oder indirekt zu Opfern des NS-Staates wurden.[35] Dieser Datensatz ist in Zusammenarbeit zwischen Archiven, Gedenkstätten und anderen Institutionen mit Hilfe Hunderter Historiker/innen und Archivar/innen zusammengestellt worden und ließe sich als ein bemerkenswerter Akt von *Crowdsourcing* interpretieren.[36] Nun liegt ein Datensatz mit beträchtlichem Potential für die Forschung vor, denn er dokumentiert nicht nur Einzelschicksale von Opfern der Shoah aus Deutschland. Er deckt vielmehr diese Gruppe nahezu vollständig mit einer nicht kleinen Zahl von Attributen ab und ermöglicht auf diese Weise komplexe Analysen des Verfolgungsprozesses, etwa durch eine Geokodierung der Daten zur Untersuchung der räumlichen und zeitlichen Dimension oder durch Musteranalysen, die bislang verborgene Strukturen der Opfergruppen bzw. der Verfolgung sichtbar machen. Auf diese Weise lassen sich bestehende Befunde überprüfen und differenzieren. Natürlich darf die Auswertung eines so großen Datensatzes nicht mit einer vermeintlich vollständigen oder *wahren* Datafizierung verwechselt werden. Eine Quellenkritik, die mit solchen, nachträglich produzierten Daten- oder Dokumentensätzen umgehen kann, gilt es zu entwickeln.[37]

---

[35] Vgl. Zimmermann, Nicolai M., Die Liste der jüdischen Einwohner im Deutschen Reich 1933-1945, Vortrag auf dem Workshop "Datenbanken zu Opfern der nationalsozialistischen Gewaltherrschaft in Deutschland 1933-1945". Eine Weiterverarbeitung der Daten durch die Geokodierung der Adressdaten bietet bereits die Webseite https://www.mappingthelives.org/, (aufgerufen 23.09.2019).

[36] Vgl. Southall, Humphrey/Lafreniere, Don, Working with the public in historical data creation, in: Historical Methods, A Journal of Quantitative and Interdisciplinary History 52, 2019, S. 129-131.

[37] Vgl. Rehbein, Malte, Forum: M. Rehbein: Digitalisierung braucht Historiker/innen, die sie beherrschen, nicht beherrscht, 2015, www.hsozkult.de/debate/id/diskussionen-2905, (aufgerufen 16.09.2019).

Ein anderes Beispiel wären die in den 1990er Jahren händisch digitalisierten personenbezogenen Daten zu Einwanderer/innen, die zwischen den 1820er Jahren und dem Ersten Weltkrieg in New York angelandet sind. Die so genannten *Castle-Garden*-Daten umfassen immerhin rund 12 Millionen Personendatensätze, stehen online zur Verfügung und sind bisher noch nicht mit *Data Mining*-Methoden untersucht worden.[38] Die Geokodierung geografischer Informationen würde es ermöglichen, die Strukturen der transatlantischen Migration empirisch sehr dicht zu rekonstruieren und neue Analyseoptionen hinsichtlich der Verlaufsmuster sowie des Sozialprofils der Migrant/innen eröffnen; letztlich lassen sich Tausende Schiffspassagen über einen sehr langen Zeitraum sehr exakt modellieren.[39]

Solche Beispiele geben nur Ausblick auf das Potential schon verfügbarer, großer Datensätze, regen aber auch zum Nachdenken darüber an, wie viele vergleichbare Quellenbestände noch im Sinne von historischem *Big Data* zu erschließen wären. Die Werkzeuge, um solche Datensätze mit ihren Schwierigkeiten und Herausforderungen gut bearbeiten zu können, sind bisher in der Geschichtswissenschaft noch eher randständig. Gleichwohl, die Möglichkeiten zur effizienten Erzeugung großer, maschinenlesbarer Datensätze aus konventionellen Quellen weiten sich schnell aus.[40]

Dazu ein Beispiel aus der eigenen Forschungspraxis: An der Universität Osnabrück wird in einem von der Deutschen Forschungsgemeinschaft geförderten Projekt zwischen 2018 und 2021 die so genannte Osnabrücker Gestapokartei digitalisiert und ausgewertet. Sie umfasst mit rund 50.000 Karteikarten einen eher kleinen Datenbestand, dessen vollständige Digitalisierung allerdings bis vor sehr kur-

---

[38] Vgl. Wang, Hong, Immigration in America. Library services and information resources, in: Reference Services Review 40, 2012, S. 480-511.

[39] Zur Nutzung Geografischer Informationssysteme in der Geschichtswissenschaft allgemein vgl. Knowles, Anne/Hillier, Amy, Placing History. How Maps, Spatial Data, and GIS are Changing Historical Scholarship, Redlands, 2008; Schlichting, Kurt, Historical GIS. New Ways of Doing History, in: Historical Methods, A Journal of Quantitative and Interdisciplinary History 41, 2008, S. 191-196.

[40] Vgl. Putnam, Lara, The Transnational and the Text-Searchable: Digitized Sources and the Shadows They Cast, in: The American Historical Review 121, 2016, S. 377-402; Mitchell, Robert E., A Research Agenda for New Historians, in: Mitchell, Robert E. (Hg.), Human Geographies Within the Pale of Settlement. Order and Disorder During the Eighteenth and Nineteenth Centuries, Cham, Switzerland 2019, S. 229-261; Muehlberger, Guenter u.a., Transforming scholarship in the archives through handwritten text recognition. Transkribus as a case study, in: JD 75, 2019, S. 954-976.

zer Zeit noch am dafür notwendigen Arbeitsaufwand und dessen Kosten gescheitert wäre. Digitalisierung meint dabei nicht das Einscannen und die Erzeugung von Faksimiles, die in einem Projekt dieser Größenordnung heute bereits mit einem Budget von wenigen Tausend Euro geleistet werden kann. Gemeint ist die automatisierte und vollständige Extraktion aller in der Kartei durch Auftragungen auf den Karten enthaltenen Informationen. In der Vergangenheit hätten Mitarbeiter/innen eines solchen Projekts Jahre damit verbracht, diese Daten abzuschreiben, die Personalkosten hätten das Vorhaben so stark verteuert, dass eine Förderung unwahrscheinlich geworden wäre.[41] Inzwischen dauert es nur noch wenige Tage, 50.000 Karteikarten automatisch doppelseitig in hoher Qualität zu scannen, die Kosten sind vernachlässigbar. Mit Hilfe eines Dienstleisters, der Dokumente gestützt auf einen Algorithmus zur Erkennung von Maschinen- und Handschriften verarbeitet, können die Daten aus einer solchen Kartei in einem Bruchteil der Zeit und zu einem Bruchteil der Kosten, die eine händische Erhebung erfordert hätte, mit hoher Zuverlässigkeit bei der Erkennung von maschinen- und handschriftlichen Texten maschinenlesbar gemacht und in ein relationales Datenmodell überführt werden.[42]

Zwar sind auch prinzipiell kostenlose Softwarelösungen, wie etwa das Programmpaket Transkribus, verfügbar, die Forschungsprojekten prinzipiell hoch entwickelte Texterkennung zur Verfügung stellen. Ohne einen umfangreichen Apparat sind indes die Aufwendungen zur Entwicklung eines Workflows für komplexe Massendatenverarbeitung und eine Optimierung der Ergebnisse für einzelne Historiker/innen auf der Grundlage solcher Softwarelösungen für große Datenextraktionen außerhalb spezialisierter Institute nur schwer zu leisten.[43] Die Alternative besteht darin, kommerzielle Anbieter heranzuziehen, die auf der Grundlage ihrer

---

[41] Vgl. Rass, Christoph/Rohrkamp, René (Hg.), Deutsche Soldaten 1939-1945. Handbuch einer biographischen Datenbank zu Mannschaften und Unteroffizieren von Heer, Luftwaffe und Waffen-SS, Aachen, 2009.
[42] Vgl. Rass, Christoph/Bondzio, Sebastian, Allmächtig, allwissend und allgegenwärtig? Die Osnabrücker Gestapo-Kartei als Massendatenspeicher und Weltmodell, in: Archiv-Nachrichten Niedersachsen, Mitteilungen aus niedersächsischen Archiven 124, 2019.
[43] Vgl. Muehlberger u.a.; Lehenmeier, Constantin/Burghardt, Manuel, Usability statt Frustration. Eine Fallstudie zur Usability von Digital Humanities-Tools am Beispiel der OCR-Software Transkribus, in: Draude, Claudia/Sick, Bernhard (Hg.), Informatik 2019, Bonn, 2019, S. 97-105.

Erfahrungen und Expertise große Quellenbestände in ihrem fast vollständigen Informationsgehalt effizient und mit sehr hoher Qualität erschließen können. Derartige Lösungen sind relativ zu ihren Alternativen nicht prohibitiv teuer und sehr zuverlässig. Forschung wird dadurch allerdings von einem Markt für solche Dienstleistungen abhängig, auf dem diese – im Laufe der Zeit – konkurrenzbedingt zu sinkenden Kosten angeboten werden sollten. Werden also Dienstleister nicht nur für Archive, sondern auch für Forschungsprojekte solche Aufgaben extern übernehmen, oder werden Archivar/innen bzw. Historiker/innen die notwendigen Fähigkeiten erlernen, solche Werkzeuge auf entsprechendem quantitativem und qualitativem Niveau anzuwenden? Wird es möglich werden, in kleineren Forschungseinheiten entlang spezifischer Fragestellungen massiv Quellenmaterial zu digitalisieren und maschinenlesbar zu machen, oder werden größere Institute – vielleicht gar kommerzielle Anbieter – entweder über die notwendigen Fähigkeiten oder das notwendige Kapital verfügen, um bestimmte Bestände umfassend zu digitalisieren und diese dann der Forschung zur Nutzung anzubieten? Werden solche Möglichkeiten später einmal natürlicher Bestandteil von „Arbeitsumgebungen" sein, die so selbstverständlich genutzt werden, wie eine Textverarbeitungssoftware? Wird es also für Historiker/innen, die sich nicht dauerhaft im Bereich der *Digital History* spezialisieren möchten, einmal möglich sein, digitale Werkzeuge hoher Komplexität zu vertretbaren Kosten oder als öffentliches Gut allein mit Blick auf den besten Weg, ihre Forschungsfragen und Quellenkorpora zu bearbeiten, heranzuziehen und anzuwenden?

In dem kurz skizzierten Projekt zur Osnabrücker Gestapokartei haben Digitalisierung, Datenextraktion und Datenaufbereitung nur einen kleinen Teil des Budgets und wenige Monate der Projektlaufzeit in Anspruch genommen, bevor dann die Forschungsarbeit, die Analyse der erhobenen Daten, beginnen konnte. Diese wirft im nächsten Schritt ihrerseits Fragen zum Übergang von konventioneller datenbankgestützter Auswertungsarbeit zu komplexeren Methoden des *Data Mining* auf. Immerhin ist es nun also mit überraschend geringem Ressourcenaufwand möglich, das Entstehen, Wachsen und die Nutzung einer Personen- und Vorgangskartei der Geheimen Staatspolizei des „Dritten Reiches" auf der Ebene einzelner Auftragungen auf den Karteikarten von 1928 – als die Politische Polizei Preußens den Vorläufer der späteren Gestapokartei auflegte – bis zum letzten Eintrag kurz vor Kriegsende im Jahr 1945 zu simulieren. Der Forschung erschließen sich darüber nun nicht mehr nur Informationen über die Personen, die die Gestapo in ihrer Kartei erfasste, sondern auch über Praktiken der Überwachung und Repression und insbesondere die Wissensproduktion der Behörde selbst. So wird eine von der Gestapo in ihrer Kartei konstruierte Wirklichkeit sichtbar und gibt neue Einblicke in das Funktionieren der Institution.[44] Gegenstand der Forschung ist damit nicht mehr allein die Rekonstruktion von Überwachung und Repression, sondern auch das in hohem Maße von Informationsflüssen abhängige Innenleben eines Repressionsapparates.

Rasch sind solche Datenbestände überdies mit anderen Digitalisaten verknüpft, insbesondere, wenn die Datenmodelle gemeinsamen Regeln folgen, wie bei *Linked Open Data*.[45] Die Möglichkeit zu automatischen oder teilautomatischen Verknüpfung digitalisierter Quellen ist prinzipiell für jede Form von maschinenlesbarem Material gegeben, sobald sich etwa über „entity recognition and disambiguation" Ortsnamen, Personennamen, Datumswerte oder andere Inhaltselemente automatisiert zuverlässig identifizieren lassen.[46] Ist ein Regelwerk etabliert, das Schnittstellen zwischen Datenbeständen schafft, sind die grundlegenden Workflows ausgearbeitet und rationalisiert und führt die Relevanzzuschreibungen im Wissenschaftsbetrieb Ressourcenzuweisungen herbei, beginnt *Big Data* auch in der Geschichtswissenschaft retrospektiv zu wachsen.[47]

Die auf diesem Weg zu nehmenden Hürden sind allerdings nicht wenige und unterschiedlicher Art. Zum einen sind sich technischer Natur: Bisher funktioniert es bereits erstaunlich gut, einfach strukturierte Daten in der oben beschriebenen Art und Weise zu bearbeiten. Aber schon die Verknüpfung von großen Datensätzen auf Grundlage geteilter Variablen ist für historisches Material oft schwierig. Eine Folge ist, dass, nachdem Daten sehr effizient erfasst werden, ein sehr hoher Aufwand betrieben werden muss, bis diese auswertbar werden. Relational organi-

---

[44] Vgl. Rass/Bondzio, 2009.
[45] Vgl. Lindquist, Thea u.a., Using Linked Open Data to Enhance Subject Access in Online Primary Sources, in: Cataloging & Classification Quarterly 51, 2013, S. 913-928.
[46] Vgl. beispielhaft van Hooland, Seth u.a., Exploring entity recognition and disambiguation for cultural heritage collections, in: Digital Scholarship in the Humanities 30, 2015, S. 262-279.
[47] Vgl. dazu etwa die Georeferenzierung von Zensusdaten durch Abgleich mit Adressdatenbanken. Vgl. Lan, T./van Dijk, G./Longley, P., Geocoding historical census records in England and Wales, in: Fairbairn, David/Robson, Craig (Hg.), Proceedings of the geographical Information Science Research UK Conference (GISRUK 2019), Newcastle, 2019.

sierte Datensätze werden mühsam vereinheitlicht, um *Disambiguation* und *Record Linkage* oder überhaupt strukturierende Auswertungen zu ermöglichen. Textdaten werden aufwändig mit Tags ausgezeichnet, um sie zu erschließen.[48]

Zum anderen gibt es aber auch methodische Hürden. Sie stellen Historiker/innen vor ganz andere Fragen: Wie steht es um den genuinen Erkenntniswert so konstruierter Datenbestände? Bei der Osnabrücker Gestapo-Kartei handelt es sich um einen Wissensbestand, der in einem zusammenhängenden institutionellen Rahmen und zu bestimmten Zwecken angelegt worden ist. Sie Digitalisierung solcher, einzelner Quellenbestände eröffnet bestimmte Forschungsperspektiven, die Verbindung mehrerer solcher Datensätze andere, und es wäre bei jedem Schritt genau zu bedenken, welche Möglichkeitsräume geöffnet und welche geschlossen werden bzw. welche Konsequenzen die Umwandlung von Quellenmaterial in große und komplexe Datensätze und die Integration vieler solcher - ursprünglich distinkter - Datensätze haben können.[49] Die Beurteilung des Quellenwertes jedenfalls muss sich mit Prozessen der Digitalisierung und ihren direkten und indirekten Folgen befassen. Während *Entity Recognition* und *Disambiguation* oder *Record Linkage* viele neue Möglichkeiten eröffnen, darf die Faszination für die Potentiale der Digitalisierung nicht die Reflexion der methodischen und forschungspraktischen Konsequenzen für die Geschichtswissenschaft überholen.

Die gewaltigen Mengen der in Archiven weltweit erhaltenen historischen Massenquellen und die schnell voranschreitenden Möglichkeiten zu deren Digitalisierung, Erschließung und Vernetzung machen solche Überlegungen höchst aktuell. Allein aus dem „Zeitalter der Kartei" von den 1920er bis in die 1980er Jahre liegen unzählige große Quellenbestände vor, die sich uns nun auf vollkommen neue Art öffnen. Durch die sehr weitreichende Erfassung aller überlieferten Informationen zu Einzelereignissen werden sich künftig neue und zentrale Dimensionen

---

[48] Zur Verwendung von Tags vgl. Lee, Kangpyo u. a., Tag Sense Disambiguation for Clarifying the Vocabulary of Social Tags, in: Institute of Electrical and Electronics Engineers (Hg.), International Conference on Computational Science and Engineering, 2009, International Conference on Social Computing (SocialCom 2009), Piscataway, 2009, S. 729-734.

[49] Vgl. auch Mak, Bonnie, Archaeology of a digitization, in: Journal of the Association for Information Science and Technology 65, 2014, S. 1515-1526. Oder exemplarisch Roosen, Joris/Curtis, Daniel R., Dangers of Noncritical Use of Historical Plague Data, in: Emerg. Infect. Dis. 24, 2018, S. 103-110.

vieler historischer Prozesse detailliert modellieren lassen.[50] Wie wird daraus dann Geschichte? Es bedarf sicher auch der Anerkennung neuer Modi der Erzählung und Darstellung, wie sie etwa das *Data-Driven-Storytelling* vorschlägt.[51] Welche Wege wird die Geschichtswissenschaft einschlagen, nachdem sie Jahrhunderte lang vor allem linearen Text hervorgebracht hat? Möglicherweise sind digitale Formate, wie die sich in den letzten Jahren zunehmend verbreitende *Storymap*, ernstzunehmende Erweiterungen unserer Möglichkeiten, die wir in den Zyklus der Produktion, Qualitätssicherung und Kommunikation von Forschungsergebnissen einbeziehen sollten.[52]

Was also kann die Geschichtswissenschaft vom Umgang mit den wesentlichen Eigenschaften von *Big Data* lernen, um nicht nach schneller Konversion konventioneller Quellen in maschinenlesbare und strukturierte Daten am Aufbereitung- und Analyseaufwand zu scheitern? Wo beispielsweise liegt die Ideallinie zwischen einer aufwändigen Beseitigung von Unschärfen, einem Umgang mit Unschärfen, der sich wachsende Datenmengen zu Nutze macht, und der Wertschätzung von Unschärfen als historischem Untersuchungsgegenstand? Wie beurteilen wir, wann wir die Balance zwischen einem „guten" Datensatz und einem „großen" Datensatz hergestellt haben, um eine Fragestellung zu bearbeiten?

Big Data löst für die Geschichtswissenschaft nicht die alte Frage nach quantitativ oder qualitativ zugunsten eines *vermeintlich* übermächtigen induktiven Ansatzes auf. *Big Data* stellt diese Frage neu und erneut verhandeln wir bestenfalls über wechselseitiges Verständnis, Synergieeffekte und *Mixed Methods*. Dabei gibt es noch einen wichtigen anderen Aspekt zu diskutieren: Weder mit Bezug zum gegenwartsbezogenen Umgang mit *echtem Big Data*-Material, noch in Bezug auf *Big Data*-ähnliche Datenbestände in historischer Perspektive stimmt die Annahme, dass nun modellfrei, empirisch auf der Grundlage eines *authentischen* digitalen Abbildes von Gegenwart oder Vergangenheit gearbeitet werden kann. Wir

---

[50] Ein Beispiel dafür bietet das Projekt „Tribunal Archives as a Digital Research Facility" des Institute for War- Holocaust- and Genocide Studies (NIOD), https://www.niod.nl/en/news/tribunal-archives-digital-research-facility.

[51] Vgl. Henry Riche, Nathalie u.a. (Hg.), Data-driven storytelling (A K Peters visualization series), Boca Raton, London, New York, 2018.

[52] Vgl. Crampton, Jeremy W., Mapping. A critical introduction to cartography and GIS (Blackwell companions to the ancient world), Chichester, 2010. Sowie exemplarisch Malinverni, Eva u.a., Dissemination in archaeology. A GIS-based StoryMap for Chan Chan, in: JCHMSD ahead-of-print, 2019.

machen beträchtliche Fortschritte in der Datenanalyse, aber auch wenn wir stärker unmittelbar an prozessgeneriertem Datenmaterial ansetzen können, so ist nicht nur die Datenproduktion, sondern eben auch die Datenerhebung noch immer von systemischen und institutionellen Rahmungen bedingt und beeinflusst. Die Genese von Datenmaterial hängt von vielen Entscheidungen, Wahrnehmungen und Intentionen zahlreicher Akteure ab; dies sowohl mit Blick auf das Ausgangsmaterial als auch hinsichtlich der Verarbeitungsschritte bei Digitalisierung und Auswertung.[53]

Konstruktionen und Bedingtheiten auf vielen Ebenen bestimmen das Entstehen von *Big Data* ebenso wie den Umgang mit solchem Material. Bei genauerem Hinsehen wird jede Eigenschaft der Daten fragwürdig: Alle Daten entstehen komplex bedingt und repräsentieren niemals ein objektives Weltmodell; Datenerhebung und Datenanalyse – auch basierend auf KI-Algorithmen – sind auf vielfältige Weise von Vorannahmen und Entscheidungen abhängig, die sehr konventionell, naiv und „biased" sein können und den entstehenden Datensatz bzw. die Auswertungsergebnisse beeinflussen; Daten sprechen somit nie schlicht für sich selbst und kein Muster ist je ohne seine Interpretation signifikant; diese Interpretation wird immer Wissen über das beforschte Datenmaterial und seinen Kontext erfordern, es geht also wenig ohne die über Jahrhunderte angesammelten Wissensbestände und ihre kreative Mobilisierung.[54] Für den Umgang mit solchen Ambiguitäten könnten Historiker/innen geradezu Spezialist/innen sein.

Historiker/innen im digitalen Zeitalter

Künstliche Intelligenz setzt Wissenschaftler/innen nicht zuletzt dadurch unter Druck, dass Algorithmen inzwischen in der Lage sind, Texte zu generieren, die sich kaum noch von den Werken menschlicher Autor/innen unterscheiden lassen.[55] Zugleich werden komplexe Algorithmen auch in vielen Zweigen der Geschichtswissenschaft beim *Data Mining* oder bei der Visualisierung von Auswertungsergebnissen relevant. Die Frage, ob Wissenschaftler/innen noch die Logiken

---

[53] Vgl. Mazzocchi, Fulvio, Could Big Data be the end of theory in science? A few remarks on the epistemology of data-driven science, in: EMBO reports 16, 2015, S. 1250-1255.
[54] Vgl. Kitchin, 2014.
[55] Vgl. beispielhaft Simonite, Tom, The AI Text Generator That's Too Dangerous to Make Public. Researchers at OpenAI decided that a system that scores well at understanding language could too easily be manipulated for malicious intent, in: Wired, 02.14.2019.

ihrer Werkzeuge verstehen und zugleich nachvollziehbar dokumentieren können, über welche Schritte sie zu ihren Ergebnissen und Interpretationen gelangt sind, gewinnt dadurch wachsend Relevanz und wird zu einer Herausforderung für die Wissenschaftlichkeit selbst. Die Einschätzung der hervorgebrachten Befunde wird damit in zwei Dimensionen auch in den Kultur- bzw. Gesellschaftswissenschaften zunehmend schwierig. Geeignete Protokolle, die Dokumentation und Transparenz garantieren, befinden sich erst in der Entwicklung und finden derzeit eher in Nischen Anwendung. Wie sich also Vertreter/innen der Geschichtswissenschaft Kompetenzen und digitale Werkzeuge aneignen und zum Teil ihrer Ausbildung machen, ob sich diese Fähigkeiten in einem spezialisierten Zweig der Disziplin konzentrieren oder ob sie Teil eines breit genutzten Methodenkanons auf der Grundlage frei verfügbarer Software werden, welche Formen interdisziplinärer Zusammenarbeit mit Informatik oder Informationswissenschaft gefunden werden, welche Rolle kommerzielle Anbieter digitaler Dienstleistungen sowie proprietäre Softwarelösungen spielen; die Antworten auf solche Fragen werden anzeigen, ob sich innerhalb der Geschichtswissenschaft ein digitaler und ein analoger Zweig entwickeln, wo die Geschichtswissenschaft ihren Platz im Zeitalter der Digitalisierung findet und ob sie künftig in ihrer Breite abhängig von Spezialist/innen und externen Anbieter/innen wissenschaftlicher bzw. technischer Dienstleistungen wird, ob sie in der Schnelllebigkeit digitaler Kommunikation verwässert oder ihre Praktiken nachhaltiger Wissensproduktion und der Bereitstellung von kulturellem Orientierungswissen durch die kritische Befragung von Vergangenheit und Geschichte(n) angemessen ins Digitale übersetzen kann.[56] Die Allokation von Forschungsmitteln hängt künftig wahrscheinlich stärker als bisher vom digitalen Kapital von Forscher/innen, Institutionen und schließlich Gesellschaften ab.

Solche Fragen stellen sich im Kleinen wie im Großen. Innerhalb einzelner Projektzyklen werden Softwarelösungen durch leistungsfähigere Möglichkeiten obsolet, wandeln sich Ansätze und Technik. Wird heute ein sehr großer Quellenbestand in einem Archiv digitalisiert und dauert ein solcher Prozess möglicherweise mehrere Jahre, ist es dann bereits zu Beginn angezeigt, Entscheidungen über die spätere Datenextraktion oder eine Texterkennung zu treffen? Oder werden die technischen Möglichkeiten schon wieder ganz anders aussehen, wenn die erste

---

[56] Vgl. Manoff, Marlene, Archive and Database as Metaphor. Theorizing the Historical Record, in: Portal, Libraries and the Academy 10, 2010, S. 385-398.

Projektphase abgeschlossen ist? Vor diesem Hintergrund heißt es für Archivar/innen und Historiker/innen zu lernen, auf eine raschere Entwicklung ihrer Werkzeuge zu reagieren, als dies in der bisherigen Geschichte der Disziplin der Fall war. Vor diesem Hintergrund heißt es für die Wissenschaftsförderung mit Bedacht zu entscheiden, ob Digitalisierungsstrategien in konzentrierten und großen Projekten geplant werden – also entsprechend umfangreiche Digitalisierungsvorhaben umzusetzen sind –,[57] oder ob eine Vielzahl kleinerer Projekte in Angriff genommen wird, bei denen kürzere Laufzeiten einen sichereren Planungshorizont bieten, unterschiedliche technische und methodische Lösungen erprobt werden können, aber schließlich auch ein übergreifender Standardisierungsprozess eingesteuert werden muss.[58]

In einem solchen Prozess wird es wahrscheinlich ebenso zu Spezialisierungen zwischen den Produzent/innen und den Nutzer/innen von Datensätzen kommen, wie zwischen unterschiedlichen Klassen von analytischen Fähigkeiten. *Historical Data Analyst* könnte ein neues Berufsfeld werden. Aufwändige und spezifische Werkzeuge werden neben Standardlösungen zum Einsatz kommen, dies allerdings mit stark unterschiedlichen Reichweiten. Diese Spezialisierungen sind notwendig, werden aber auch eine weitere „digital divide" hervorbringen und über das Profil der beteiligten Wissenschaftler/innen hinaus das Profil der Geschichtswissenschaft beeinflussen.[59]

Je komplexer die Technologie wird, desto stärker werden, wie derzeit bereits im Feld der *Digital Humanities*, dabei diejenigen Institutionen oder Wissenschaftskollektive an Möglichkeiten gewinnen, die sich ressourcenstark und spezialisiert positionieren können. Werden solche Organisationen Werkzeuge für eine wissenschaftliche Allgemeinheit bauen oder, weil so eine neoliberale Forschungswelt

---

[57] Ein Beispiel dafür bietet das Projekt „Tribunal Archives as a Digital Research Facility" des Institute for War- Holocaust- and Genocide Studies (NIOD), https://www.niod.nl/en/news/tribunal-archives-digital-research-facility.

[58] Digitalisierung und Erschließung archivalischer Quellen. DFG erbittet zum dritten Mal Anträge zur Digitalisierung forschungsrelevanter archivalischer Quellen 2019, https://www.dfg.de/foerderung/info_wissenschaft/info_wissenschaft_19_22/index.html, (aufgerufen 21.09.2019).

[59] Vgl. Pierce, Joy, Digital Divide, in: Hobbs, Renee/Mihailidis, Paul/Cappello, Gianna (Hg.), The international encyclopedia of media literacy (The Wiley Blackwell-ICA international encyclopedias of communication) 2019, S. 1–8.

funktioniert, mit den Werkzeugen die Forschung in diesem Bereich oligarchisieren, um „Drittmittel" anzuziehen? Ähnliches gilt auch im Bereich der Archive: wer digital ist und online geht, wer Quellen schließlich per *Push Service* verbreiten kann, der generiert „Nutzung". Archive rechnen schon heute mit *Klicks* und *Likes* ihre Nutzungsfrequenzen vor.[60] Eine Institution, der dies gelingt, wird ein Relevanzzuwachs zuteil, eine wichtige Institution wird Ressourcenzuteilungen erhalten. Welche Konsequenzen wird es haben, wenn sich Wahrnehmung, Nutzung und dann auch Forschung und Wissensproduktion auf solche Zentren konzentrieren? Andere bleiben zurück und werden sich Nischen suchen müssen, die „Exzellenzinitiative" der Bundesregierung gibt ein Beispiel für derartige Prozesse.[61]

Im Zeitalter des analogen Archivs verliefen Archivierung und Nutzung nach einem überschaubaren Regelwerk ab. Eine gewisse Chancengleichheit war gegeben und vor allem die jeweilige Forschungsfrage hat Wissenschaftler/innen in bestimmte Archive geführt. Auf der Ebene einfacher Digitalisierung von Findmitteln und Quellenbeständen oder auch des Aufbaus integrierter Informationsspeicher in diesem Bereich haben sich bereits Standards und Praktiken etabliert und der Forschung vielfach neue Möglichkeiten verschafft. Die Aneignung entsprechender Kompetenzen ist bereits in die Ausbildung von Historiker/innen eingegangen.[62]

---

[60] Vgl. The National Archives, Digital services and archive audiences, Local Authority archives 2014. A research study 2014, https://www.nationalarchives.gov.uk/documents/archives/Digital_Services_and_Archive_Audiences_2014.pdf, (aufgerufen 17.09.2019).
[61] Die "Exzellenzinitiative des Bundes und der Länder zur Förderung von Wissenschaft und Forschung an deutschen Hochschulen" war ein Förderprogramm, das laut DFG darauf abzielte "gleichermaßen Spitzenforschung und die Anhebung der Qualität des Hochschul- und Wissenschaftsstandortes Deutschland in der Breite zu fördern und damit den Wissenschaftsstandort Deutschland nachhaltig zu stärken, seine internationale Wettbewerbsfähigkeit zu verbessern und Spitzen im Universitäts- und Wissenschaftsbereich sichtbar zu machen." zit. nach DFG Website, https://www.dfg.de/foerderung/programme/exzellenzinitiative/
Kritisiert wurde hier die selektive Förderung und Hierarchisierung von "Nicht-Elite-Universitäten" und "Elite-Universitäten", die Benachteiligung kleinerer Universitäten durch geringere Chancen auf Elite-Titel sowie die finanzielle Vernachlässigung von Nicht-Elite-Universitäten. Hierzu: Kap. 4.4 Deutungskämpfe um „faule Professoren" und Elite-Universitäten, in: Neumann, Ariane, Die Exzellenzinitiative. Deutungsmacht und Wandel im Wissenschaftssystem. Wiesbaden, 2015. Auch: https://www.academics.de/ratgeber/exzellenzinitiative-exzellenzstrategie#subnav_kritik_an_exzellenzinitiative_und_exzellenzstrategie Anke Wilde in: academics, 2019.
[62] Vgl. beispielhaft Koller, Guido, Geschichte digital. Historische Welten neu vermessen. 1. Aufl., Stuttgart, 2016; Malkmus, 2008.

Zunehmend stark wird Forschung künftig aber auch dadurch bestimmt werden, wer Art und Inhalt der Digitalisierung bestimmt und wer die Werkzeuge komplexer Analysen verbunden mit privilegiertem Zugang zu den großen Datensätzen meistert, die gerade und künftig entstehen. Angesichts aktueller Entwicklungen stellt sich dabei auch die Frage, wie lange der Kosmos der digitalen Online-Quellen bzw. -Archive noch mit den etablierten Logiken und unter der Voraussetzung grundsätzlicher Chancengleichheit navigiert werden kann? Wie lange noch werden die Standards der Datenschutz- und Archivgesetzgebung in einem sich globalisierenden Datenbestand historischer Quellen Wirkung haben?

Exemplarisch wird dies am Umgang mit Personendaten von NS-Opfern deutlich. Diese sind im deutschen Datenschutz- und Archivrecht gut geschützt. Schon innerhalb Europas divergiert der archivrechtliche Datenschutz aber beträchtlich. Sobald dann Aktenmaterial digitalisiert und online gestellt ist, spielen die Grenzen von Rechtsräumen nur noch eine untergeordnete Rolle. Ein solcher Vorgang lässt sich bei den personenbezogene Akten zu *Displaced Persons* beobachten.[63] Im Bundesarchiv, in Landes- und Kommunalarchiven sind Akten, die diese Personengruppe betreffen, nach dem deutschen Archivrecht zugänglich. Personenbezogene Informationen werden dabei besonders geschützt. Für Dokumente zu *Displaced Persons* sind indes die Arolsen Archives in Bad Arolsen eines der wichtigsten Archive weltweit. Der ITS besitzt einen der größten Quellenbestände zu NS-Opfern, der zugleich bereits weitgehend digitalisiert ist. Als internationale Organisation unterliegen die Arolsen Archives nicht dem deutschen Archivrecht .[64] Nun hat der ITS in den vergangenen Jahren sukzessive – und sehr zum Nutzen der Forschung – einen riesigen Bestand an personenbezogenen *Care and Maintenance*-Akten (CM/1) freigegeben und online gestellt.[65] Dabei wurden alle Dokumente entfernt, die medizinische Untersuchungen oder Befunde betreffen, eine

---

[63] Vgl. Rass, Christoph/Bondzio, Sebastian/Tames, Ismee, People on the Move. Revisting Events and Narratives of the European Refugee Crisis (1930-1950s), in: Henning Borggräfe (Hg.): Freilegungen. Wege, Orte und Räume der NS-Verfolgung, Göttingen 2016, S. 36–55; Hennies, Lukas/Huhn, Sebastian/Rass, Christoph, Gewaltinduzierte Mobilität und ihre Folgen. "Displaced Persons" in Osnabrück und die Flüchtlingskrise nach dem Zweiten Weltkrieg, in: Osnabrücker Mitteilungen 123, 2018, S. 183-231.

[64] Siehe, https://arolsen-archives.org/content/uploads/its_jahresbericht_2013.pdf

[65] Das von der Stiftung „Erinnerung, Vergangenheit, Zukunft" geförderte Projekt „Transnationale Erinnerung an NS-Zwangsarbeit und Migration" bearbeitet eine Stichprobe von rund 1.000 Akten aus diesem Bestand.

Anonymisierung der Akten gab es allerdings nicht.[66] Nach deutschem Archivrecht könnte man das Handeln des ITS für eine zweifelhafte Entscheidung halten.[67] Vielleicht stellt der Mut des ITS in dieser Angelegenheit aber auch unsere Auffassung von Archivnutzung und Datenschutz in Frage und regt zur Suche nach Lösungen an, die dem digitalen Zeitalter angemessen sind. Jedenfalls stehen über *Displaced Persons* nun weitreichende personenbezogene Informationen online zur Verfügung. Die zur gleichen Personengruppe bzw. einzelnen Personen in deutschen Archiven vorhandenen Akten dagegen bleiben weiter eingeschränkt zugänglich. Für diejenigen *Displaced Persons*, die in den 1940er und 1950er Jahren nach Australien auswandern konnten, finden sich dann allerdings im Australischen Nationalarchiv in Canberra personenbezogene Akten online, die im Zuge der Selektion für die Aufnahmen in Australien entstanden sind. Dort hat man schlicht alle Dokumente digitalisiert und online veröffentlicht, inklusive der in diesem Kontext erhobenen medizinischen Daten.[68]

Große digitale Archive, die letztlich immer leichter vervielfältigt werden können und sich unter sehr unterschiedlichen Rahmenbedingungen vernetzen werden, stellen damit neue Anforderungen an den Gesetzgeber. Eine neue Rahmung geschichtswissenschaftlicher Arbeit wird nötig, deren Potentiale und Herausforderungen uns in ersten Ansätzen die European Holocaust Research Infrastructure vorführt.[69]

Dabei wird die Digitalisierung nicht nur auf der Seite der Forschung – wer passt sich am effizientesten den neuen Bedingungen an –, sondern auch auf der Seite der Archive bestimmte Phänomene weiter verstärken. Gab es in der Welt analoger bzw. teildigitaler Archive Pfadabhängigkeiten und Konjunkturen von Nutzung,

---

[66] https://arolsen-archives.org/suchen-erkunden/suche-online-archiv/.

[67] Schutzfrist für Archivgut des Bundes sind 30 Jahre nach Entstehung der Unterlagen (§11, Abs. 1 BArchG), 10 Jahre nach dem Tod der Person (Abs. 2), ist der Tod nicht festzustellen, 100 Jahre nach Geburt, kann auch der Geburtstag nicht festgestellt werden 60 Jahre nach Entstehung der Unterlagen (§11, Abs. 2 BArchG). Eine Schutzfristenverkürzung ist nach §12 Abs. 2 BArchG möglich, wenn "die Nutzung für ein wissenschaftliches Forschungs- oder Dokumentationsvorhaben oder zur Wahrnehmung berechtigter Belange unerlässlich ist, die im überwiegenden Interesse einer anderen Person oder Stelle liegen".

[68] Über die Website der National Archives Of Australia sind etliche Digitalisate von Namenslisten, Dokumenten und Akten mit persönlichen Angaben von Displaced Persons frei verfügbar, https://recordsearch.naa.gov.au/SearchNRetrieve/Interface/SearchScreens/BasicSearch.aspx.

[69] Zum Projekt vgl., https://www.ehri-project.eu/about-ehri.

Bedeutung und Relevanzzuschreibung, so wird auch die komplexe Digitalisierung von Archiven und archivähnlichen Institutionen verbunden mit immer aufwändigerer Aufbereitung von Archivbeständen für die Online-Nutzung sowie der Nutzung sozialer Medien zur Steigerung der Sichtbarkeit bestimmter Institutionen und Bestände beitragen. Gepaart mit wachsendem Einfluss von künstlicher Intelligenz und Algorithmen bei der Auswahl von Quellenmaterial führt dies möglicherweise dazu, dass solche Mechanismen die Nutzungsfrequenz von Archivgut bzw. Quellenmaterial deutlich strukturieren bzw. hierarchisieren. Je stärker dabei KI-gestützte, automatisierte Suchverfahren relevant werden, desto wichtiger wird es, darauf zu achten, dass – ähnlich wie bei Amazon oder Google – Historiker/innen nicht mehr nur noch *mehr davon* finden, was in mit ihrem Profil für übereinstimmend gehalten wird. Es wird sicher notwendig, neue Techniken zu finden – oder alte anzupassen –, um das Abgelegene, Andere oder Marginale zu entdecken.[70]

Die Zukunft großer digitaler und online verfügbarer Archive wird bereits mit weitreichenden Visionen versehen. Beispielsweise im Kontext der sogenannten „Disintermediation", also der Beseitigung von Gatekeepern und Vermittlern zwischen der Überlieferung und einer auf diese Quellen zugreifenden Öffentlichkeit.[71] Damit verbindet sich die Vision eines KI-basierten, unmittelbaren Zugangs zu digitalisierten historischen Archiven, bei dem Nutzer/innen basierend auf ihren Fragen, ihren Präferenzen, ihrem Profil oder ihrem Aufenthaltsort mit Quellen beschickt werden. Die Entwicklung entsprechender Systeme rangiert durchaus bereits prominent in den Entwicklungsparadigmen bedeutender archivähnlicher

---

[70] Vgl. Smith, Ryan P, How Artificial Intelligence Could Revolutionize Archival Museum Research, https://www.smithsonianmag.com/smithsonian-institution/how-artificial-intelligence-could-revolutionize-museum-research-180967065/, (aufgerufen 17.09.2019); Cowlishaw: Using Artificial Intelligence to Search the Archive, 2019, https://www.bbc.co.uk/rd/blog/2018-10-artificial-intelligence-archive-television-bbc4, (aufgerufen 17.09.2019); Fenlon, Katrina u.a., Toward a Computional Framework for Library and Archival Education Report on Preliminary Literature and Curriculum Review, 2019; Riedl, Martin/Betz, Daniela/Padó, Sebastian, Clustering-Based Article Identification in Historical Newspapers, in: Alex, Beatrice u.a. (Hg.), Proceedings of the 3rd Joint, Stroudsburg, PA, USA, S. 12-17.

[71] Die Diskussion zum Vortrag von Rass, Christoph „Chancen und Herausforderungen von Online-Archiven zu den NS-Verbrechen für Forschung und Vermittlung" beim Gedenkstättenseminar der Arolsen Archives vom 27-29.06.2019 in Bad Arolsen gab einige Einblicke in diese Debatte.

Institutionen,[72] deren Nutzer/innen ganz überwiegend nicht Wissenschaftler/innen, sondern Privatpersonen sind, und werden mit Blick auf die Folgen für die Geschichtswissenschaft seit Beginn der gegenwärtigen Digitalisierungskonjunktur kritisch diskutiert.[73] Digitalisierung, künstliche Intelligenz und Telekommunikation bis zum Smartphone würden so jedem Nutzer und jeder Nutzerin an jedem Ort, mit einer Wolke aus historischen Dokumenten umgeben können, aus der heraus sich überall entlang personalisierbarer Frageperspektiven Schichten und Facetten von Geschichte erschließen. Dabei handelt es sich um eine durchaus bemerkenswerte Vision des digitalen, transparenten und offenen Archivs. Gesellschaft könnte so tatsächlich immer und überall Zugriff auf ihre historische Überlieferung haben und sich mit ihr auseinandersetzen. Damit wäre ein wichtiger Zweck von Archiven auf neue Art erfüllt: der demokratische Zugang zu einem Kern des kulturellen Erbes jeder Gesellschaft, ihrer historischen Überlieferung, muss prinzipiell jedem in der Gesellschaft offenstehen.[74]

Der Verweis darauf, dass der Anteil professioneller Wissenschaftler/innen unter den Archivnutzer/innen relativ zu nicht primär wissenschaftlich arbeitenden Nutzer/innen zurückgeht, während die Zahl der Anfragen an vielen Orten durchaus weiter steigt, dass also eine breite(re) Öffentlichkeit und sehr unterschiedliche Interessen die Zielgruppe von Archiven und archivähnlichen Institutionen stärker zu bestimmen beginnen – ein Befund, der insbesondere für Archive im Kontext von Holocaust und Zweitem Weltkrieg gilt –, scheint solche Überlegungen der Disintermediation geradezu herauszufordern. Kommerzielle Anbieter historischer Informationen, so etwa die genealogischen Informationsdienste Ancestry oder Myheritage setzen bereits seit einiger Zeit im Internet nicht nur auf personalisierte Werbung und ein „Feed" mit profilscharfen, automatisch erzeugten Rechercheergebnissen, sondern arbeiten auch an noch weitreichenderen Nutzungen des von

---

[72] Vgl. dazu auch allgemeiner die Beiträge Schöggl-Ernst, Elisabeth/Stockinger, Thomas/Wührer, Jakob (Hg.), Die Zukunft der Vergangenheit in der Gegenwart. Archive als Leuchtfeuer im Informationszeitalter (Veröffentlichungen des Instituts für Österreichische Geschichtsforschung), Wien, 2019.

[73] Vgl. Rosenzweig, Roy, Scarcity or Abundance? Preserving the Past in a Digital Era, in: Augst, Thomas/Carpenter, Kenneth E. (Hg.), Institutions of reading. The social life of libraries in the United States (Studies in print culture and the history of the book), Amherst, Mass. 2007, S. 310-342, hier S. 334-336.

[74] Vgl. §10, Abs. 1 BArchG "Jeder Person steht nach Maßgabe dieses Gesetzes auf Antrag das Recht zu, Archivgut des Bundes zu nutzen." Dazu auch Szekely, Ivan, Do Archives Have a Future in the Digital Age?, in: Journal of Contemporary Archival Studies 4, 2017, Article 1.

ihnen aufbereiteten historischen Datenmaterials und geben so eine Vorschau auf das Denk- und Machbare.[75]

Der KI-gestutzte, automatisierte Zuschub von Quellenmaterial aus einer unübersehbaren Menge von Dokumenten, die in großen, vernetzten Beständen verfügbar sind, würde in der Tat einen ganz neuen Zugang zu Geschichte ermöglichen. Ein Indikator für künftige Entwicklungen mag in diesem Zusammenhang auch der virtuelle Zeitzeuge sein, der die Fragen seines Gegenübers zur Shoah KI-basiert auf der Grundlage von Tausenden und Abertausenden Interviews mit Zeitzeug/innen beantwortet.[76]

Als ideale Nutzer/innen werden dabei, bleiben wir im Kontext von Holocaust und Zweiten Weltkrieg, kritische Bürger/innen unterschiedlicher Generationen imaginiert, die entlang ihrer Fragen und/oder entlang ihrer Wege etwa Dokumente über Opfer der Shoah zu Kenntnis nehmen können – zu denken wäre an digitale Stolpersteine mit breiter Kontextualisierung in einem komplexen Wissenssystem, in das Nutzer/innen auf diese Weise einsteigen können. Ebenso denkbar wäre aber auch, dass dabei durch die Interessen von Nutzer/innen etablierte Pfadabhängigkeiten der Dokumentselektion durch einen dienstbaren Algorithmus zu sich selbst verstärkenden Narrativen werden, in denen nicht passendes Material die Rezipienten/innen gar nicht mehr erreicht. Nutzer/innen könnten allerdings auch Neonazis sein, die Täter/innen des Holocaust verehren. In ähnlicher Art und Weise gehen viele Überlegungen von den transparenten, gut geführten Archiven liberaler Demokratien aus, nicht von den Möglichkeiten eines geschichtspolitisch motivierten Bombardements mit ausgewählten, leicht verfügbar gemachten Quellen als *Convenience Product*, das erwünschte Narrative verstärkt und kritische Perspektiven marginalisiert.[77]

---

[75] Dazu ist eine Patentanmeldung von Google aufschlussreich: Han, Funjung/Curtis, Ross E./Carbonetto, Peter, Discovering Population Structure From Patterns of Identity-By-Descent, https://patents.google.com/patent/US20190147973A1/en, (aufgerufen 21.09.2019).

[76] So zum Beispiel das von der Shoah Foundation entwickelte Hologramm Pinchas Gutters: https://www.yadvashem.org/de/education/newsletter/10/holograms-and-remembrance.html

[77] Vgl. Walach, Thomas (Hg.), Das Unbewusste und die Geschichtsarbeit. Theorie und Methode einer öffentlichen Geschichte, Wiesbaden, 2019; Assmann, A., Der lange Schatten der Vergangenheit: Erinnerungskultur und Geschichtspolitik, 2006.

Besteht also die Gefahr, dass sich der Umgang mit historischen Quellen auf, so, wie es sich vielfach bereits abzeichnet, dem häufig unbedachten und wenig transparenten Umgang mit Wissen und Information im Internet angleicht?[78] Es mag gute Gründe dafür geben, dass sich die Institutionen und Professionen, die bei der Herstellung von Geschichte nach Regeln wissenschaftlicher Arbeit die Funktion von Kurator/innen, Übersetzer/innen und Vermittler/innen übernehmen – und dies in einer Vielstimmigkeit, die keine zentrale Kontrolle zulässt, kritischen Positionen Gehör garantiert und eine fortlaufende intersubjektive Prüfung aller Befunde, Thesen und Narrative hervorbringt –, weder leichtfertig in den Strudel unbedachter Digitalisierung von Kommunikation im Kontext einer Geschichtskultur begeben, noch sich von der Faszination des technisch Machbaren überrollen lassen. Eine Anpassung der Geschichtswissenschaft und der Geschichtsvermittlung in all ihren Facetten, die einen bewusst gestaltenden Umgang mit dem augenblicklichen Umbruch ermöglicht, ist indes unumgänglich.[79]

Neu zu bewerten ist dabei die Frage, wo Dokumente und Quellen wie, wozu und von wem genutzt werden, welche Kompetenzen gegeben sein sollten, welcher Aufwand zu treiben ist, welche Hilfestellungen verfügbar sein müssen, um einen quellenkritischen Umgang zu ermöglichen, und welche Akteure sich in diesem Szenario wie und mit welchen Funktionen bzw. Aufgaben positionieren. Neu zu bewerten wäre dann ebenfalls, wer die Gatekeeper sind, wenn die Geschichtswissenschaft nicht mehr primär mit ihren Methoden Überlieferungen aus einer Vergangenheit in Geschichte übersetzt. Sicher ist, dass es Gatekeeper geben wird, der Zugang reguliert wird, und dass neue Antworten auf die Frage gefunden werden müssen, wer in einer Gesellschaft die Aufgabe der ständigen kritischen Befragung von Vergangenheit und Geschichte übernimmt?

Vielleicht tritt dabei an die Stelle der kollektiven Arbeit am unendlichen Text des historischen Narrativs die Diskussion von Details mit den Nutzer/innen von Archiven, denen alle Dokumente zur Verfügung stehen, um ihnen zu helfen, ihren Sinn in Geschichte zu finden. Unternehmen wie der genealogische Datenprovider

---

[78] Eine kritische Perspektive hierzu bieten Speck, Reto/Links, Petra, The Missing Voice. Archivists and Infrastructures for Humanities Research, in: International Journal of Humanities and Arts Computing 7, 2013, S. 128-146.
[79] Vgl. Rehbein, 2015.

Ancestry führen uns die Ambivalenz dieser Entwicklung vor Augen.[80] Einerseits sind solche Unternehmen in der Lage, gewaltige Datenbestände global zu erfassen und digital zur Verfügung zu stellen. Der Nutzen solcher Daten- bzw. Dokumentenbanken, nicht nur für private Familienforschung, sondern auch für wissenschaftliche Arbeiten, etwa im Bereich der Migrationsforschung, ist offenkundig.[81] Andererseits gibt ein solcher Datendienst einen durchaus positivistischen Modus der Quellenarbeit vor, hinterfragt selbstverständlich nicht die kulturelle Praxis der Familienforschung bzw. deren Funktion und Bedeutung und treibt zugleich die Kommerzialisierung des Zugangs zu Quellen aus öffentlichen Archiven voran. Das meiste von Ancestry digitalisierte Material wäre kostenfrei, aber analog in Archiven zu finden. Im Gegenzug für den vereinfachten Zugang und die Maschinenlesbarkeit der Quellen werden, durchaus nachvollziehbar, Nutzungsgebühren fällig. Schreitet eine kommerzialisierte Digitalisierung also voran, wird künftig die Zahlungsfähigkeit schnellen und effizienten Zugang zu historischen Dokumenten ermöglichen. Die alternativen, konventionellen Nutzungsmodi werden im Vergleich dazu nicht mehr konkurrenzfähig sein. Das wird für Vor- und Nachteile in der Forschungspraxis sorgen, die sich gegenwärtig schon bei den Nutzungsmöglichkeiten kommerzieller wissenschaftlicher Datenbanken mit Quellensammlungen abzeichnet.[82] Zugleich werden große digitale Quellenbestände, die leicht online erreichbar und durchsuchbar sind, tendenziell häufiger und intensiver genutzt, während ein aufwendigerer Zugang dazu beiträgt, bestimmte Archive weiter zu marginalisieren. Mit der Digitalisierung werden einerseits die Nutzungsgewohnheiten und -möglichkeiten von Social Media also womöglich stärker prägend beim Umgang mit historischer Überlieferung werden als die konventionellen und stark auf primär wissenschaftlichen Zugang zum Archivgut geprägten Protokolle. Andererseits werden in einer Forschungslandschaft, in denen nationale Grenzen, Rechtsräume und Forschungspolitiken eine untergeordnete Rolle spielen, weil praktisch weltweit zugängliche digitale Archive in den Vordergrund

---

[80] Vgl. Jiang, Peng u.a., Family History Discovery through Search at Ancestry, in: Piwowarski, Benjamin u.a. (Hg.), SIGIR '19. Proceedings of the 42nd International ACM SIGIR Conference on Research and Development in Information Retrieval July 21-25, 2019, Paris, France, New York, 2019, S. 1389-1390.

[81] Vgl. Abramitzky, Ran/Platt Boustan, Leah/Eriksson, Katherine, Europe's Tired, Poor, Huddled Masses. Self-Selection and Economic Outcomes in the Age of Mass Migration, in: American Economic Review 102, 2012, S. 1832-1856.

[82] Vgl. Hennies/Huhn/Rass, 2018.

treten, kommerzielle Angebote, die entsprechend potenten Forschungsteams Möglichkeitsräume öffnen, breiteren Raum einnehmen.

Erkenntnisse

Ein Umbruch wie die Digitalisierung, die nach dem Siegeszug des Personal Computers und des Internets gegenwärtig gestützt auf *Big Data* und künstliche Intelligenz in eine neue Phase eintritt, scheint auf den ersten Blick vor allem ungeahnte Möglichkeiten hervorzubringen. Für unsere Disziplin ist die Anwendung digitaler Werkzeuge, die uns helfen, Wissen zu organisieren, zu analysieren und unsere Befunde zu kommunizieren zunächst einmal eine große Chance. Gleiches gilt für den sich in kurzen Zyklen revolutionierenden Zugang zu konventionell aufgezeichneten und nun *en masse* digitalisierten Quellen einerseits, der Erschließung von Zugängen zum digitalen Quellenmaterial der jüngsten und kommenden Zeitgeschichte andererseits. Die damit verbundenen Prozesse verändern rasant die Arbeit einzelner Historiker/innen, ihre Kommunikation mit der Fachöffentlichkeit sowie der Gesellschaft, den Zuschnitt und die Reichweite unterschiedlich groß dimensionierter Forschungsprojekte und schließlich den Umgang mit Quellen aller Art in allen Arten von Archiven. Weltweit befindet sich Geschichtswissenschaft in einer Suchbewegung, in der auf ganz unterschiedliche Weise das Potential des Digitalen erprobt und ausgelotet wird.

Etablierte Strukturen werden dadurch verflüssigt und das bringt ganz selbstverständlich einen Wettbewerb um Bedeutung und Deutungsmacht zwischen quantitativen und qualitativen, analogen und digitalen Schulen bzw. Wissenschaftszweigen hervor, der im besten Fall zu einem fruchtbaren Dialog und nicht zu einem Verdrängungskampf wird. Fatal wäre das Szenario eines wechselseitigen Ausschlusses von datenbasierter Analyse der Vergangenheit und postmodernem Narrativ über die Produktion von Deutungen dieser Vergangenheit als Geschichte.

Empirisch orientiert wird die Geschichtswissenschaft in der Lage sein, immer feinere, datengestützte Modelle sozialer Prozesse in Gegenwart und Vergangenheit zu entwickeln und dabei Momentaufnahmen zugunsten dynamischer Modelle, Aggregation zugunsten von Skalierbarkeit, Vereinfachung zugunsten von wachsender Komplexität hinter sich zu lassen. Solche Modelle aus historischer Tiefenschärfe heraus gegenwartsbezogen entwickelt bieten große Chancen. Aber auch für andere Ansätze erschließen sich beträchtliche Potentiale: Historiker/innen werden auf immer komplexere Art und Weise schnell wachsende Datenbestände miteinander verbinden und immer differenzierter mit ihnen umgehen können. Selektive Materialauswahl aus pragmatischen Gründen wird so abgelöst durch die Bearbeitung immer größerer Dokumentkorpora bzw. Datenmengen, die historische Fragestellung immer umfassender und detaillierter beantwortbar machen. Neue Materialien werden Eingang in die Forschung finden: Serielle, personenbezogene Quellenbestände müssen durch die Digitalisierung nicht länger mehr nur als Lückenfüller in biografischen Untersuchungen dienen, sondern werden als kulturelle Artefakte erkennbar, die neben den Auskünften über historische Ereignisse, die sie beschreiben, außerdem die Spuren wesentlicher kultureller Praktiken der Moderne in sich tragen und damit als Wissensspeicher selbst zu Quellen werden.

Dabei diskutieren in den *Digital Humanities* diejenigen miteinander, die meinen, dass neue Methoden der Statistik, des *Mappings*, der Visualisierung sowie der teilautomatisierten oder automatisierten Datenanalyse konventionelle Ansätze schließlich ersetzen, mit denjenigen, die glauben, dass es zu einer Synthese traditioneller und digitaler Methoden kommen wird. Technikeuphorie unter dem Eindruck ständiger Ausweitung der Möglichkeiten steht im diskursiven Wettstreit mit Stimmen, die diesen tiefgreifenden transformativen Prozess auch als Risiko wahrnehmen.[83] Auf beiden Seiten wird es in den nächsten Jahren Erfolgserlebnisse, aber auch Enttäuschungen geben. Bisher nur Imaginiertes wird Wirklichkeit werden und die Arbeit der Historiker/innen weiter digitalisieren. In einer nächsten Phase mögen sich vielleicht neue Strukturen verfestigen und neue fachliche Orthodoxien herausbilden, die Möglichkeitsräume zu Gunsten eines neuen Kanons wieder schließen. Ob sich der theoretische und methodische Kern des Faches dabei tatsächlich grundlegend verändern oder eher ins Digitale übersetzt wird, ist eine der spannenden Zukunftsfragen unserer Disziplin.

---

[83] Vgl. Duff, Wendy/Craig, Barbara/Cherry, Joan, Historians' Use of Archival Sources: Promises and Pitfalls of the Digital Age, in: The Public Historian 26, 2004, S. 7-22; Rimmer, Jon u.a., An examination of the physical and the digital qualities of humanities research, in: Information Processing & Management 44, 2008, S. 1374-1392.

Literaturverzeichnis

Abramitzky, Ran/Platt Boustan, Leah/Eriksson, Katherine, Europe's Tired, Poor, Huddled Masses. Self-Selection and Economic Outcomes in the Age of Mass Migration, in: American Economic Review 102, 2012, S. 1832-1856.

Aiello, Luca Maria u.a. (Hg.), Linking Historical Ship Records to a Newspaper Archive, Social Informatics, 2015.

Anderson, Chris, The End of Theory. The Data Deluge Makes the Scientific Method Obsolete, in: Wired, 23.06.08.

Assmann, A., Der lange Schatten der Vergangenheit: Erinnerungskultur und Geschichtspolitik, 2006.

Bernardou, Agiatis u.a. (Hg.), Cultural Heritage Infrastructures in Digital Humanities (Digital research in the arts and humanities), London, New York, 2018.

Blanke, Tobias, Infrastructure as intermediation – from archives to research infrastructures, in: JD 71, 2015, S. 1183-1202.

Blanke, Tobias u.a.: The European Holocaust Research Infrastructure Portal, in: Journal on Computing and Cultural Heritage (JOCCH) 10, 2017.

Bondzio, Sebastian/Rass, Christoph, Data Driven History - methodische Überlegungen zur Osnabrücker Gestapo-Kartei als Quelle zur Erforschung datenbasierter Herrschaft, in: Archiv-Nachrichten Niedersachsen. Mitteilungen aus niedersächsischen Archiven 22, 2018, S. 124-138.

Boyd, Danah/Crawford, Kate, Critical Questions for Big Data. Provocations for a Cultural, Technological, and Scholarly Phenomenon, in: Information, Communication & Society 15, 2012, S. 662-679.

Brooke, Sophia, The Teacher of the Future. AI in Education, in: Chatbots Magazine, 10.10.2018.

Cowlishaw, Using Artificial Intelligence to Search the Archive, 2019, https://www.bbc.co.uk/rd/blog/2018-10-artificial-intelligence-archive-television-bbc4, (aufgerufen 17.09.2019).

Crampton, Jeremy W., Mapping. A critical introduction to cartography and GIS (Blackwell companions to the ancient world), Chichester, 2010.

Crompton, Constance/Lane, Richard/Siemens Raymond (Hg.), Doing more digital humanities, London, New York, 2020.

Haggerty Richard, The surveillant assemblage, in: British Journal of Sociology 51, 2000, S. 605-622.

Demantowsky, Marko/Pallaske, Christoph (Hg.), Geschichte lernen im digitalen Wandel, Berlin, 2015.

Digitalisierung und Erschließung archivalischer Quellen, DFG erbittet zum dritten Mal Anträge zur Digitalisierung forschungsrelevanter archivalischer Quellen 2019, https://www.dfg.de/foerderung/info_wissenschaft/info_wissenschaft_19_22/index.html, (aufgerufen 21.09.2019).

Dommett, Katharine/Power, Sam, The Political Economy of Facebook Advertising. Election Spending, Regulation and Targeting Online, in: The Political Quarterly 90, 2019, S. 257-265.

Duff, Wendy/Craig, Barbara Craig/Cherry, Joan, Historians' Use of Archival Sources: Promises and Pitfalls of the Digital Age, in: The Public Historian 26, 2004, S. 7-22.

Ennals, J. Richard, History and computing. A collection of papers 1979-1981, London, 1981.

Fenlon, Kartina u.a., Toward a Computional Framework for Library and Archival Education. Report on Preliminary Literature and Curriculum Review, 2019.

Günther, Wendy u.a., Debating big data. A literature review on realizing value from big data, in: The Journal of Strategic Information Systems 26, 2017, S. 191-209.

Han, Eunjung/Curtis, Ross/Carbonetto, Peter, Discovering Population Structure From Patterns of Identity-By-Descent, https://patents.google.com/patent/US20190147973A1/en, (aufgerufen 21.09.2019).

Harari, Yuval Noaḥ, 21 Lektionen für das 21. Jahrhundert. 7., durchgesehene Auflage. München, 2019.

Hauck, Mirjam, Shoshana Zuboff, "Facebook ist nicht die Dorfwiese". "Überwachungskapitalisten wissen alles über uns", in: Süddeutsche Zeitung, 7.11.2018.

Haupert, Michael, History of Cliometrics, in: Diebolt, Claude/ Haupert, Michael (Hg.), Handbook of cliometrics, Berlin, Heidelberg, New York, Dordrecht, London, 2016, S. 3-32.

Hennies, Lukas/Huhn, Sebastian/Rass, Christoph, Gewaltinduzierte Mobilität und ihre Folgen. "Displaced Persons" in Osnabrück und die Flüchtlingskrise nach dem Zweiten Weltkrieg, in: Osnabrücker Mitteilungen 123, 2018, S. 183-231. [Hennies/Huhn/Rass, 2018]

Herb, Ulrich, Offenheit und wissenschaftliche Werke. Open Access, Open Review, Open Metrics, Open Science & Open Knowledge, in: Herb, Ulrich (Hg.), Open Initiatives. Offenheit in der digitalen Welt und Wissenschaft (Saarbrücker Schriften zur Informationswissenschaft, Saarbrücken, 2012, S. 11-44.

Holmes, Dawn E., Big data. A very short introduction (Very short introductions 539). First edition, impression: 1. Oxford, 2017.

Ijere, Martin, Evolution of cliometrics or "the new economic history", Nsukka, 1978.

Jiang, Peng u.a., Family History Discovery through Search at Ancestry, in: Piwowarski, Benjamin u.a. (Hg.), SIGIR '19. Proceedings of the 42nd International ACM SIGIR Conference on Research and Development in Information Retrieval July 21-25, 2019, Paris, France, New York, 2019, S. 1389-1390.

Kitchin, Rob, Big Data, new epistemologies and paradigm shifts, in: Big Data & Society 1, 2014, S. 1-12. [Kitchin, 2014]

Knorre, Susanne/Müller-Peters, Horst/Wagner, Fred, Die Big-Data-Debatte. Chancen und Risiken der digital vernetzten Gesellschaft, 1. Auflage, Wiesbaden, 2019.

Knowles, Anne/Hillier, Amy, Placing History. How Maps, Spatial Data, and GIS are Changing Historical Scholarship, Redlands, 2008.

Koller, Guido, Geschichte digital. Historische Welten neu vermessen, 1. Auflage., Stuttgart, 2016.

Kreye, Adrian, Contra Social Scoring: Daten schützen vs. Daten nutzen. Es ist Zeit, sich gegen Dauerüberwachung zu wehren, in: Süddeutsche Zeitung, 13.9.2019.

Lan/Longley, Geo-Referencing and Mapping 1901 Census Addresses for England and Wales, in: ISPRS International Journal of Geo-Information (IJGI) 8, 2019.

Lan, T./van Dijk, G./Longley, P., Geocoding historical census records in England and Wales, in: Fairbairn, David/Robson, Craig (Hg.), Proceedings of the geographical Information Science Research UK Conference (GISRUK 2019), Newcastle, 2019.

Lee, Kangpyou, Tag Sense Disambiguation for Clarifying the Vocabulary of Social Tags, in: Institute of Electrical and Electronics Engineers (Hg.), International Conference on Computational Science and Engineering, 2009. International Conference on Social Computing (SocialCom 2009), Piscataway, NJ, 2009, S. 729-734.

Lehenmeier, Constantin/Burghardt, Manuel, Usability statt Frustration. Eine Fallstudie zur Usability von Digital Humanities-Tools am Beispiel der OCR-Software Transkribus, in: Draude, Claudia/Sick, Bernhard (Hg.) Informatik 2019, Bonn, 2019, S. 97-105.

Liang, Fan u.a., Constructing a Data-Driven Society: China's Social Credit System as a State Surveillance Infrastructure, in: Policy & Internet 10, 2018, S. 415-453.

Lindquist, Thea u. a., Using Linked Open Data to Enhance Subject Access in Online Primary Sources, in: Cataloging & Classification Quarterly 51, 2013, S. 913-928.

Los, Maria, Looking into the future. Surveillance, globalization and the totalitarian potential, in: David Lyon (Hg.), Theorizing Surveillance. The Panopticon and beyond, London, 2006, S. 69-94.

Maiwald, F. u.a., Photogrammetric Analysis of Historical Image Repositories for Virtual Reconstruction in the Field of Digital Humanities, in: Int. Arch. Photogramm. Remote Sens. Spatial Inf. Sci. XLII-2/W3, 2017, S. 447-452.

Mak, Bonnie, Archaeology of a digitization, in: Journal of the Association for Information Science and Technology 65, 2014, S. 1515-1526.

Malinverni, Eva u.a., Dissemination in archaeology. A GIS-based StoryMap for Chan Chan, in: JCHMSD ahead-of-print, 2019.

Malkmus, Doris J., Primary Source Research and the Undergraduate: A Transforming Landscape, in: Journal of Archival Organization 6, 2008, S. 47-70. [Malkmus, 2008]

Manoff, Marlene, Archive and Database as Metaphor. Theorizing the Historical Record, in: Portal. Libraries and the Academy 10, 2010, S. 385-398.

Matsakis, Louise, The WIRED Guide to Your Personal Data (and Who Is Using It). Information about you, what you buy, where you go, even where you look is the oil that fuels the digital economy, in: Wired, 15.2.2019.

Mazzocchi, Fulvio, Could Big Data be the end of theory in science? A few remarks on the epistemology of data-driven science, in: EMBO reports 16, 2015, S. 1250-1255.

Mitchell, Robert E., A Research Agenda for New Historians, in: Mitchell, Robert E. (Hg.), Human Geographies Within the Pale of Settlement. Order and Disorder During the Eighteenth and Nineteenth Centuries, Cham, Switzerland, 2019, S. 229-261.

Molnar Gyorgy/Szuts Zoltan, The Role of Chatbots in Formal Education 2018, https://www.researchgate.net/publication/327670400_The_Role_of_Chatbots_in_Formal_Education, (aufgerufen 02.09.2019).

Muehlberger, Guenter u.a., Transforming scholarship in the archives through handwritten text recognition. Transkribus as a case study, in: JD 75, 2019, S. 954–976. [Muehlberger, 2019]

Neumann, Arianne, Die Exzellenzinitiative. Deutungsmacht und Wandel im Wissenschaftssystem, Wiesbaden, 2015.

Nguyen, C. Thi, Echo Chambers and Epistemic Bubbles, in: Episteme 12, 2018, S. 1–21.

Noyes, Dan, The Top 20 Valuable Facebook Statistica - Updated September 2019 2019, https://zephoria.com/top-15-valuable-facebook-statistics/, (aufgerufen 21.09.2019).

Pierce, Joy, Digital Divide, in: Hobbs Renee/Mihailidis, Paul/Cappello, Gianna (Hg.), The international encyclopedia of media literacy (The Wiley Blackwell-ICA international encyclopedias of communication), 2019, S. 1–8.

Putnam, Lara, The Transnational and the Text-Searchable: Digitized Sources and the Shadows They Cast, in: The American Historical Review 121, 2016, S. 377-402.

Rass, Christoph/Bondzio, Sebastian, Allmächtig, allwissend und allgegenwärtig? Die Osnabrücker Gestapo-Kartei als Massendatenspeicher und Weltmodell, in: Archiv-Nachrichten Niedersachsen. Mitteilungen aus niedersächsischen Arichven 124, 2019.

Rass, Christoph/Bondzio, Sebastian/Tames, Ismee, People on the Move. Revisting Events and Narratives of the European Refugee Crisis (1930-1950s), in: Borggräfe, Henning (Hg.), Freilegungen. Wege, Orte und Räume der NS-Verfolgung, Göttingen, 2016, S. 36–55.

Rass, Christoph/Rohrkamp René (Hg.), Deutsche Soldaten 1939-1945. Handbuch einer biographischen Datenbank zu Mannschaften und Unteroffizieren von Heer, Luftwaffe und Waffen-SS, Aachen, 2009. [Rass/Bondzio, 2009]

Rehbein, Malte, Forum: M. Rehbein: Digitalisierung braucht Historiker/innen, die sie beherrschen, nicht beherrscht 2015, www.hsozkult.de/debate/id/diskussionen-2905, (aufgerufen 16.09.2019). [Rehbein, 2015]

Riche, Nathalie u.a. (Hg.), Data-driven storytelling (A K Peters visualization series), Boca Raton, London, New York, 2018.

Riedl, Martin/Betz, Daniela/Padó, Sebastian, Clustering-Based Article Identification in Historical Newspapers, in: Beatrice Alex u.a. (Hg.), Proceedings of the 3rd Joint, Stroudsburg, PA, USA, S. 12-17.

Rimmer, Jon u.a., An examination of the physical and the digital qualities of humanities research, in: Information Processing & Management 44, 2008, S. 1374-1392.

Roosen, Joris/Curtis, Daniel R., Dangers of Noncritical Use of Historical Plague Data, in: Emerg. Infect. Dis. 24, 2018, S. 103-110.

Rosenzweig, Roy, Scarcity or Abundance? Preserving the Past in a Digital Era, in: Augst, Thomas E./Carpenter, Kenneth E. (Hg.), Institutions of reading. The social life of libraries in the United States (Studies in print culture and the history of the book), Amherst, Mass., 2007, S. 310-342.

Sánchez, Joan-Andreau, u.a., A set of benchmarks for Handwritten Text Recognition on historical documents, in: Pattern Recognition 94, 2019, S. 122-134.

Schlichting, Kurt, Historical GIS. New Ways of Doing History, in: Historical Methods: A Journal of Quantitative and Interdisciplinary History 41, 2008, S. 191-196.

Schöggl-Ernst, Elisabeth/Stockinger, Thomas/Wührer, Jakob (Hg.), Die Zukunft der Vergangenheit in der Gegenwart. Archive als Leuchtfeuer im Informationszeitalter (Veröffentlichungen des Instituts für Österreichische Geschichtsforschung), Wien, 2019.

Simonite, Tom, The AI Text Generator That's Too Dangerous to Make Public. Researchers at OpenAI decided that a system that scores well at understanding language could too easily be manipulated for malicious intent, in: Wired, 02.14.2019.

Sly, A. J., A short history of computing. 2nd ed., Hatfield, 1976.

Smith, Ryan P., How Artificial Intelligence Could Revolutionize Archival Museum Research, https://www.smithsonianmag.com/smithsonian-institution/how-artificial-intelligence-could-revolutionize-museum-research-180967065/, (aufgerufen 17.09.2019).

Southall, Humphrey/Lafreniere, Don, Working with the public in historical data creation, in: Historical Methods: A Journal of Quantitative and Interdisciplinary History 52, 2019, S. 129-131.

Speck, Reto/Links, Petra, The Missing Voice. Archivists and Infrastructures for Humanities Research, in: International Journal of Humanities and Arts Computing 7, 2013, S. 128-146.

Gerda Henkel Stiftung, hist2011 - Geschichte im digitalen Wandel, 14.09.2011-15.09.2011, Berlin, 2019, https://lisa.gerda-henkel-stif-tung.de/hist2011_geschichte_im_digitalen_wandel?nav_id=5458, (aufgerufen 26.08.2019).

Szekely, Ivan, Do Archives Have a Future in the Digital Age?, in: Journal of Contemporary Archival Studies 4, 2017, Article 1.

Tatnall, Arthur (Hg.), History of Computing. Learning from the Past IFIP WG 9.7 International Conference, HC 2010, held as part of WCC 2010, Brisbane, Australia, September 20-23, 2010 proceedings (IFIP AICT 325), New York, 2010.

The National Archives, Post-War Europe. Refugees, Exile and Resettlement, 1945-1950, https://www.gale.com/binaries/content/assets/gale-us-en/primary-sources/archives-unbound/primary-sources_archives-unbound_post-war-eu-rope_refugees-exile-and-resettlement_1945-1950.pdf, (aufgerufen 23.09.2019).

The National Archives, Digital services and archive audiences: Local Authority archives 2014. A research study 2014, https://www.nationalarchives.gov.uk/doc-uments/archives/Digital_Services_and_Archive_Audiences_2014.pdf, (aufgeru-fen 17.09.2019).

van Dijck, José, Big Data, Grand Challenges. On digitization and humanities research, in: KWALON 21, 2016, S. 8–18.

van Hooland, Seth u.a., Exploring entity recognition and disambiguation for cultural heritage collections, in: Digital Scholarship in the Humanities 30, 2015, S. 262–279.

Walach, Thomas (Hg.), Das Unbewusste und die Geschichtsarbeit. Theorie und Methode einer öffentlichen Geschichte, Wiesbaden, 2019.

Wang, Hong, Immigration in America. Library services and information re-sources, in: Reference Services Review 40, 2012, S. 480-511.

Winchester, Ian Kent, The Linkage of Historical Records by Man and Computer. Techniques and Problems 1, 1970, S. 107-124.

Wong, Karen Li Xan/Dobson, Amy, We're just data: Exploring China's social credit system in relation to digital platform ratings cultures in Westernised de-mocracies, in: Global Media and China 4, 2019, S. 220-232.

Zimmermann, Nicolai M., Die Liste der jüdischen Einwohner im Deutschen Reich 1933-1945, Vortrag auf dem Workshop "Datenbanken zu Opfern der nati-onalsozialistischen Gewaltherrschaft in Deutschland 1933-1945".

Augmenting Human Intellect

Gabriele Gramelsberger

> *There is another revolution under way, and it is far*
> *more important and significant than [the industrial*
> *revolution]. It might be called the mental revolution.*
> *(Vannevar Bush, 1958)*

1963 veröffentlichte der Computerpionier Douglas Engelbart am Stanford Research Institute in Menlo Park einen Abschlussbericht mit dem Titel: *Augmenting Human Intellect: A Conceptual Framework*.[1] In Engelbarts Bericht wurde ein Forschungsprogramm beschrieben, das mit der Entwicklung digitaler Computer eine weltweite Ausgestaltung fand und immer noch findet. Dieses Forschungsprogramm wurde von Engelbart wie folgt skizziert:

"By 'augmenting human intellect' we mean increasing the capability of man to approach complex problem situation, to gain comprehension, to suit his particular needs, and to derive solutions to problems [… by] more rapid comprehension, better comprehension, the possibility of gaining useful degree of comprehension in situation that previously was too complex, speedier solutions, better solutions, and the possibility of finding solutions to problems that before seemed insoluble."[2]

Mit komplexen Situationen meinte Engelbart kommunikative Alltagssituationen an alltäglichen Orten wie Arztpraxen oder Anwaltsbüros. Das Verhalten des menschlichen Intellekts in diesen Situationen lasse sich, so Engelbart, analysieren und modellieren; es folge dem H-LAM/-Modell: „Human using Lauguage, Artifacts, Methodology, in which he is trained."[3] Weiter schrieb er: „The system we want to improve can thus be visualized as trained human being together with his artifacts, language, and methodology."[4] Der Fokus, das wird schnell deutlich, lag

---

[1] Im selben Jahr veröffentlichte Nobert Wiener sein Buch God and Golem Inc.
[2] Engelbart, Douglas, Augmenting Human Intellect: A Conceptual Framework, Summery Report (AFOSR-3223), Menlo Park, CA, 1963, S. 1.
[3] Engelbart, 1963, S. 11.
[4] Engelbart, 1963, S. 9.

auf dem trainierten Menschen in seiner maschinellen Umgebung und die Augmentierung des Intellekts wurde durch eben diese maschinelle Umgebung möglich. Das, was Engelbart unter Intelligenz verstand, wurde zwar klassisch mit dem Computerparadigma gleichgesetzt, das "synergetisch" aus einfachen Funktionen und Schaltungen komplexere Funktionen und Programme ableite. Computerintelligenz, in anderen Worten, ist für Engelbart ein emergentes Phänomen dieser basalen Schaltungen; ebenso wie menschliche Intelligenz aus neuronalen Verschaltungen emergiere. Doch – ohne in die Debatten der Philosophie des Geistes eintauchen zu wollen – ist das Interessante an seinem Konzept, dass es nicht um die Ersetzung des Menschen durch intelligente Maschinen, sondern um dessen Verstärkung ging; insbesondere um die Intelligenzverstärkung durch Computersysteme: „We will have amplified the intelligence of the human by organizing his intellectual capabilities into higher levels of synergistic structuring. What possesses the amplified intelligence is the resulting H-LAM/T system in which the LAM/T augmentation means represent the amplifier of the humans intelligence."[5] Engelbart wollte genau diese "Superstruktur" schaffen, in der Mensch und Maschine immer enger miteinander verbunden wurden und in der die Maschinen insofern zur Verstärkung der menschlichen Intelligenz dienten, als sie neue synergetische Strukturen schufen. Die Idee der Intelligenzverstärkung entlarvte die Visionen einer vollkommen autonomen Künstlichen Intelligenz als Mythos. Folgerichtig meinte Engelbart auch, dass das was man als "Künstliche Intelligenz" betiteln könne, schon seit Jahrhunderten co-evolviere.

Co-Evolution von Mensch und (intelligenter) Maschine

Maschinen sind ambivalente Konstrukte, die einerseits von Menschen geschaffen werden, denen wir jedoch andererseits eine gewisse Autonomie in ihre Betriebsfunktion einschreiben. Im Unterschied zum Menschen, folgen Maschinen einem bestimmten Typus der rationalen Formbestimmung, der sich durch eine Optimierungslogik auszeichnet. Diese Optimierungslogik kann mechanisch im geringsten Kraftverlust oder funktional in der effektivsten Ausführung bestehen. Es ist diese Optimierungslogik, die die Maschinen in Teilbereichen den Menschen überlegen

---

[5] Engelbart, 1963, S. 19.

machen, da sie schneller, präziser oder ausdauernder Funktionen ausführen können – sei dies in Fabriken, Büros oder zuhause. Die Rede von der „Verstärkung"
des Menschen hat hierin ihren Ursprung.

Schalten

Maschinen lasen sich als gebauter Ausdruck einer syntaktischen Hermeneutik re-
gelbasierter Bewegungen verstehen. Ob Uhren, Windmühlen oder frühe Automa-
ten; die regelbasierten Bewegungen sind gleichmäßig oder entsprechen harmoni-
schen Übersetzungsverhältnissen. Doch unter diesen regelbasierten Bewegungen
gibt es eine besondere Bewegungsform, die zur Entwicklung mechanischer Maschinen führte, die rechnen können. Es war niemand Geringerer als Gottfried Wilhelm Leibniz, der sowohl die Staffelwalze wie das Sprossenrad erfand, um damit
alle vier Grundrechenarten zu automatisieren.[6] Bei einer Staffelwalze bewegen
unterschiedlich lange Zähne ein bewegliches Zahnrad; bei einem Sprossenrad
muss ein Zahn angehoben werden, der alle seine Vorgänger mit anhebt. Diese
Interpretation von Bewegung als Differenzbildung auf Basis von Gleichmäßigkeit
wurde erst Ende des 19. Jahrhunderts durch das Rekursionsprinzip symbolisch
darstellbar.

Logisch folgen Maschinen der Idee des Geregelt-Seins, des Determinismus oder
der Formalisierung, Mechanisierung und Automatisierung – wie dieser Dreiklang
von Sybille Krämer in ihrem Buch *Symbolische Maschinen* beschrieben wurde.[7]
Praktisch folgen sie der geschilderten Optimierungslogik. Nirgends treffen sich
die logische und praktische Auffassung der Maschinen besser als in Rechenma-
schinen, die Bewegung so realisieren, dass daraus logische Regelkreise gestaltet
werden können. Es war Charles S. Peirces der 1886 den ersten, elektrischen Lo-
gikschaltkreises entwarf – 50 Jahre vor Claude Shannon und dessen Schaltalgebra

---

[6] Vgl. Leibniz, Gottfried W., Machina Arithmeticae Dyadicae Numeros dyadicos machinam
addere, (Manuskripte vor 1676, LH XLII, 5, Bl. 29r), Gottfried Wilhelm Leibniz Bibliothek,
Hannover.
[7] Vgl. Krämer, Sybille, Symbolische Maschinen. Die Geschichte der Formalisierung in historischem Abriß, Darmstadt, 1988; Krämer, Sybille, Berechenbare Vernunft. Kalkül und Rationalisierung im 17. Jahrhundert, Berlin, New York, 1991.

(Boolesche Logik), die seither alle Computer antreibt.[8] Doch erst mit John von Neumanns Idee eines Digitalrechners und der „von-Neumann-Architektur" finden Computer ihre bis heute aktuelle Ausgestaltung, die Engelbarts Vision des Intellektverstärkers wahr werden lassen.[9]

Speichern

Das Entscheidende an dieser Entwicklung ist, dass das Co-Evolutionsverhältnis zwischen Mensch und Rechenmaschine respektive Mensch und Logikmaschine ein wesentlich komplexeres ist, als das zwischen Mensch und mechanischer Maschine. Der Unterschied generiert sich aus dem, von Engelbart in seinem H-LAM/T-Modell definierten Umstand, dass „Language" neben Artefakten und Methoden nun eine zentrale Rolle spielen kann, um synergetische Strukturen zu schaffen. Language – also Sprache – ist dabei sowohl formal-logisch wie semiotisch als Zeichensystem zu verstehen, als auch kommunikativ als Verständigungssystem geschriebener wie gesprochener Sprache. In Engelbarts Konzeption des Intellektverstärkers sind es die Zeichenprozesse, die vom Menschen in die Maschine wandern und dort ihre eigene Logik und Dynamik entfalten.

Doch Sprache leistet weitaus mehr. Was mit Peirce und Shannon auf der logischen Ebene anfing, nahm 1945 mit Vannevar Bushs Konzept des Memex-Systems als elektronisches Archivsystem, Anleihen am menschlichen Gedächtnis und seiner assoziativen Funktion.[10] Für den elektromechanischen Comparator, den Bush gemeinsam mit Shannon zur Entschlüsselung von kryptographischen Code baute, orientierte er sich am menschlichen Gehirn und seiner Funktionsweise.[11] Der

---

[8] Vgl. Peirce, Charles S., Letter 1886, Peirce to A. Marquand, in: Ders., Writings of Charles S. Peirce, 5. Bd., Indianapolis, 1993, S. 421-423; Shannon, C., A Mathematical Theory of Communication, in: Bell System Technical Journal, 27, 1948, S. 379–423, 623–656.

[9] Vgl. Von Neumann, John, Entwicklung und Ausnutzung neuerer mathematischer Maschinen (1954), in: Ders., Collected Works, 5. Bd.: Design of Computers, Theory of Automata and Numerical Analysis (hg. Von Taub, A. H.), Oxford, 1963, S. 248-268.

[10] Bush, der mit dem Differential Analyzer bereits in den 1930er Jahren den fortschrittlichsten elektromechanischen Computer seiner Zeit baute der gewöhnliche Differentialgleichungen lösen konnte, stand vor dem Problem, Informationen für diese Berechnungen speichern zu müssen. Vgl. Busch, Vanevar, As We May Think, (The Atlantic Monthly, 176(1), 1945, S. 101–108), in: Nyce, James/Kahn, Paul (Hg.), From Memex to Hypertext: Vannevar Bush and the Mind's Machine, London, 1991, S. 85–111.

[11] Vgl. Nyce/Kahn, 1991.

Comparator setze die mentalen Operationen „Suchen" und „Assoziieren" für Zeichenketten elektromechanisch um.[12] Der Schritt vom Comparator zum Memex-System war funktional ein kleiner, aber technisch betrachtet ein großer. Bush setzte trotz aller Fehleranfälligkeit des Materials auf die Mirkofilmtechnologie, die das Herzstück des Memex-Systems werden sollte. Mit Mikrofilm ließen sich zu jener Zeit Unmengen an Informationen auf kleinstem Platz speichern: „A library of a million volumes could be compressed into one end of a desk."[13]

Die Idee, sich am menschlichen Gehirn zu orientieren und dessen Verarbeitungsweise von Informationen zu imitieren, sah Bush in der Operation der Assoziation gegeben. „Which is interesting," wie Belinda Barnet in ihrem Überblicksartikel zum Memex-System schreibt, „because Bush's model of mental association was itself technological; the mind "snapped" between allied items, an unconscious movement directed by the trails themselves, trails "of brain or of machine"."[14] Sein elektromechanisches Modell der Assoziation führte zum ersten künstlichen Neuron von Warren McCulloch und Walter Pitts.[15] Im Kontext des Memex-Systems sollte es helfen, Unmengen an Daten effektiver zu strukturieren. Bücher, Aufzeichnungen aller Art, Gespräche und mehr sollten so gespeichert und jederzeit wieder abrufbar werden, wie in einem externen Gehirn. Memex war nicht von ungefähr die Abkürzung für Memory Extender. Heute kennen wir diese Vision als die Hypertext-Verlinkung des Internets, die zum globalen Gedächtnis par excellence geworden ist.

Lernen

Eine weitere, äußerst einflussreiche Co-Evolution von Mensch und Rechen-beziehungsweise Logikmaschine ist die des Lernens. Bereits 1950 sprach Alan

---

[12] Vgl. Burke, Collin, A Practical View of the Memex: The Career of the Rapid Selecto, in: Nyce, James/Kahn, Paul (Hg.), From Memex to Hypertext: Vannevar Bush and the Mind's Machine, London, 1991, S. 135–164; Barnet, Belinda, Memory Machines: The Evolution of Hypertext, London, 2013.

[13] Busch, 1991, S. 93.

[14] Barnet, Belinda, The Technical Evolution of Vannevar Bush's Memex, in: DHQ: Digital Humanities Quarterly, 2(1), 2008, http://www.digitalhumanities.org/dhq/vol/2/1/000015/000015.html. Barnet zitiert hier Vannevar Bush, Pieces of the Action, New York (William Morrow), 1970, S. 191.

[15] Vgl. McCulloch, Warren/ Pitts, William, A logical calculus of the ideas immanent in nervous activity, in: Bulletin of Mathematical Biophysics, 5, 1943, S. 115–133.

Turing in seinem Essay *Computing Machinery and Intelligence* von lernenden Maschinen.[16] Maschinen könnten, so Turing, intelligent sein; nicht weil sie – wie dies die klassische KI lange verfolgte – das „Denken" lernen, sondern weil sie in ihrem Verhalten trainiert werden könnten. Ebenso wie Menschen „regulated by laws of behaviour"[17] seien, lasse sich die absichtsvolle Motivation der Auswahl und der Einsatz von Regeln als Lernen bezeichnen. Wenn dies zutreffend sei, so Turing, hieße dies, dass sich Maschinen durch die klassischen, behavioristischen Lernstrategien der negativen und positiven Verstärkung trainieren lassen.

"The machine has to be so constructed that events which shortly preceded the occurrence of a punishment signal are unlikely to be repeated, whereas a reward signal increased the probability of repetition of the events which led up to it. These definitions do not presuppose any feelings on the part of the machine, I have done some experiments with one such child machine, and succeeded in teaching it a few things."[18]

Turings Essay beginnt daher dem Hinweis auf Maschinen, "[…] whose manner of operation cannot be satisfactorily described by its constructors because they have applied a method which is largely experimental."[19] Tatsächlich kennen wir heute diese experimentellen Maschinen, die Turing lediglich andeutete, und zwar als *Deep Learning Artificial Neural Networks* (DNNs).[20]

Von Beginn an entwickelte sich die Künstliche Intelligenz (KI) Forschung in zwei Richtungen, die als neuronale und symbolische KI bezeichnet werden. Nachdem die neuronale KI mit dem McCulloch-Pitts-Neuron und der Analogie zum menschlichen Gehirn den Auftakt machte,[21] wurde sie schnell von der symboli-

---

[16] Vgl. Turing, Alan, Computing Machinery and Intelligence, in: Mind, 49, 1950, S. 433–460.
[17] Turing, 1950, S. 452.
[18] Turing, 1950, S. 457.
[19] Turing, 1950, S. 435.
[20] Die Entwicklung zeigt, dass nicht alles bereits bei Turing nachzulesen ist. Vgl. Dotzler, Bernhard/Kant/Turing, Zur Archäologie des Denkens der Maschine, in: Philosophisches Jahrbuch, 96(1), 1989, S. 115–131; Engemann, Christoph/Sudmann, Andreas (Hg.), Machine Learning - Medien, Infrastrukturen und Technologien der Künstlichen Intelligenz, Bielefeld (Transcript), 2018.
[21] Vgl. McCulloch, Warren S./Pitts, Walter, A logical calculus of the ideas immanent in nervous activity, in: The Bulletin of Mathematical Biophysics, 5(4), 1943, S. 115–133; Rosenblatt, Frank, The Perceptron: A probabilistic model for information storage and organization in the brain, in: Psychological Review, 65(6), 1958, S. 386.

schen KI an den Rand gedrängt, denn mit einzelnen Neuronen war es nicht möglich, komplexe Denkweisen wie die Assoziation darzustellen. Symbolischen KI hingegen zielte auf die direkte Delegation von Funktionen der menschlichen Intelligenz an Maschinen, wie eben logisches Schlussfolgern. Doch mit neuen Ansätzen, die es ermöglichten, neuronale Netze zu „belohnen" oder zu „bestrafen", indem durch Fehlerrückführung wichtige neuronale Verbindungen verstärkt und unwichtige eliminiert wurden, wurde die neuronale KI in den 1980er Jahren wieder interessanter.[22] 1988 entwickelte Kunihiko Fukushima mit dem *Neocognitron* ein komplexes, „tiefes" Netzwerk mit mehreren, neuronalen Schichten („Deep Learning") und Fehlerrückführung („Backpropagation"), das in der Lage war, visuelle Muster zu erkennen.[23] Vorbild der Architektur des *Neocognitrons* war der visuelle Kortex von Primaten.

Die von da an immer komplexer werdenden Neuronalen Netzwerke – am erfolgreichsten für die Mustererkennung wurden *Convolutional Neural Networks* (CNNs) – sowie die verbesserte Computerinfrastruktur schnellerer Rechner und umfangreicherer Speicherkapazitäten gewannen derart an Bedeutung, dass mittlerweile die neuronale KI unter dem Stichwort „Maschine Learning" die symbolische KI überflügelt.[24] Mit Machine Learning lassen sich heute Handschriften maschinell entziffern, gesprochene Sprache oder auch Bilder erkennen wie auch Melodien identifizieren. Selbstfahrende Autos, medizinische Bilddiagnosesysteme oder Sprachübersetzungen sind Anwendungsszenarien von Machine Learning basierend auf Deep Learning Methoden. Damit erweitert sich das Einsatzgebiet von Engelbarts beschriebene Supersystem respektive H-LAM/T-System erheblich.

Co-Evolution – Verstärkung oder Wettbewerb?

Schalten, Speichern und Lernen sind maschinelle Kulturtechniken, die aus der Co-Evolution von menschlichem Gehirn und intelligenter Maschinen resultieren.

---

[22] Vgl. Ackley, David H./Hinton, Geoffrey E./Sejnowski Terrence J., A learning algorithm for Boltzmann machines, in: Cognitive Science, 9(1), 1985, S. 147–169.
[23] Vgl. Fukushima, Kunihiko, Neocognitron: A hierarchical neural network capable of visual pattern recognition, in: Neural Networks, 1(2), 1988, S. 119–130.
[24] Vgl. Hinton, Geoffrey E./Osindero, Simon, The Yee-Whye, A fast learning algorithm for deep belief nets, in: Neural Computation, 18(7), 2006, S. 1527–1554.

Folgt man der Definition von Kulturtechniken, wie sie Horst Bredekamp und Sybille Krämer geben, dann befördern Kulturtechniken „die Leistungen der Intelligenz durch Versinnlichung und exteriorisierende Operationalisierungen des Denkens."[25] Als solche konstituieren sie die menschliche Zivilisation seit Jahrtausenden wie die Kulturtechniken des Schreibens, Rechnens und Aufzeichnens. Der Unterschied zu diesen alten Kulturtechniken liegt jedoch in der Autonomie der maschinellen Kulturtechniken, die über eine Verstärkungs- und Erweiterungsfunktion hinaus selbständig werden und dem Menschen als „intelligentes" Gegenüber entgegentreten können. Dies wirft die Frage auf, ob überhaupt noch von einer Co-Evolution gesprochen werden kann, oder ob die Maschinen und die an sie delegierten Kulturtechniken zunehmend mit uns in Wettbewerb treten. Denn eine maßgebliche Tendenz, die sich aktuell beobachten lässt, ist die zunehmende Entkopplung von Mensch und Maschine. Verstärkung und Entkopplung münden in einen Wettbewerb, den Menschen zunehmend weniger gewinnen können. Physisch zeigt sich dies in der Verdrängung durch Fertigungsroboter in den menschenleeren Fabrikhallen seit den 1960er Jahren; intellektuell durch die Zunahme der immensen Rechenkapazitäten der Computer seit den 1970er Jahren und den immer neuen Wettbewerbsfeldern von Mensch und Maschine an, insbesondere im Bereich der Spiele:[26] 1996 schlug der IBM Computer *Deep Blue* den amtierenden Schachweltmeister.[27] 2011 gewann Watson, das symbolische KI-System von IBM, das Gesellschaftsspiel *Jeopardy* gegen menschliche Mitspieler. Was Watson auszeichnete war nicht nur seine immense Wissensbasis (Wikipedia), sondern seine Algorithmen der natürlichen Sprachverarbeitung, des Information Retrievals und der automatisierten Inferenz.[28] 2016 schlug *AlphaGo* von Google Deep Mind den mehrfachen Go-Europameister.[29] Aktuell kündet sich ein neues

---

[25] Bredekamp, Horst/Krämer, Sybille, Kultur, Technik, Kulturtechnik: Wider die Diskurisvierung der Kultur, in: Dies. (Hg.), Bild Schrift Zahl, München, 2003, S. 11–22.

[26] Von Beginn an ist die Entwicklung intelligenter Maschinen im Kontext des Spiels verortet, denn Spiele stellen soziale Aspekt in den Mittepunkt formalisierter Handlungen. Vgl. Gramelsberger, Gabriele/Rauzenberg, Markus/Wiemer, Serjoscha/Fuchs, Mathias, Mind the Game! Die Exteriorisierung des Geistes ins Spiel gebracht, in: Zeitschrift für Medienwissenschaften, 21, 2019, S. 29–38.

[27] Vgl. Hsu, Feng-hsiung, Behind Deep Blue. Building the computer that defeated the world chess champion, Princeton, 2002.

[28] Vgl. Ferruci, David/Brown, Eric/Chu-Carroll, Jennifer, u.a., Building Watson: An overview of the DeepQA project, in: AI Magazine, 313, 2010, S. 59–79.

[29] Vgl. Silver, David/Huang, Aja/Maddiso, Chris J. u.a., Mastering the game of Go with deep neural networks and tree search, in: Nature, 529, 2016, S. 484–489.

Wettbewerbsfeld an und zwar im Bereich der Mustererkennung. Im Falle der Bilderkennung markierte das Jahr 2015 mit ResNet-152 die Wende zugunsten der Maschinen: „ResNet-152 shows only 3.57% error, which is better than human errors for this task at 5%."[30] Der Erfolg des Machine Learning hat hier seinen Ursprung.

Die wirtschaftlichen und gesellschaftlichen Folgen solcher Entkoppelungen sind Thema der Industrialisierung von Beginn an und gewinnen mit der Debatte um Industrie 4.0 aktuell an Dynamik; inklusive aller ethischen Belange.[31] Denn vor dem Hintergrund der vierten industriellen Revolution – Industrie 4.0 in Deutschland genannt – stellt sich diese Frage drängender denn je, insofern Industrie 4.0 auf die Verschaltung cyber-physischer Systeme zielt. Doch ob wir Menschen noch unter die physischen Systeme fallen werden oder nur die Roboter und Maschinen, ist offen – auch wenn das Stichwort hier „Kollaboration" zwischen Mensch und Maschine lautet.[32]

> „Die vierte industrielle Revolution soll Mensch und Maschine näher zusammenbringen: Aufgaben werden gemeinsam bewältigt und Arbeitsbereiche werden geteilt. Wie bei der Zusammenarbeit zwischen Menschen, ist auch bei der Zusammenarbeit zwischen Mensch und Maschine die Interaktion eine Grundvoraussetzung für erfolgreiches Zusammenarbeiten. In Verbindung mit autonomen Systemen ergeben sich interessante Fragestellungen: Was ist mit Autonomie bei technischen Systemen gemeint? Gibt es Spannungen zwischen der Autonomie der Maschinen und der Autonomie der Menschen? Was muss Interaktion leisten, um die verschiedenen autonomen Akteure erfolgreich zusammenarbeiten zu lassen?"[33]

---

[30] Alom, Md Zahangir/Taha, Tarek M./Yakopcic, Christopher, u.a., The History Began from AlexNet: A Comprehensive Survey on Deep Learning Approaches, in: arXiv.org, 2018, arXiv:1803.01164, S. 4.

[31] Vgl. Bendel, Oliver, Überlegungen zur Disziplin der Maschinenethik, in: Aus Politik und Zeitgeschichte (Künstliche Intelligenz), 6-8, 2018, S. 34–38.

[32] Vgl. Schircks, Arnulf D./Drenth, Randy/Schneider, Roland (Hg.), Strategie für Industrie 4.0: Praxiswissen für Mensch und Organisation in der digitalen Transformation, Wiesbaden, 2017; Reinheimer, Stefan (Hg.), Industrie 4.0: Herausforderungen, Konzepte und Praxisbeispiele, Wiesbaden, 2017.

[33] Trenkle, Andreas/Furmans, Kai, Der Mensch als Teil von Industrie 4.0: Interaktionsmechanismen bei autonomen Materialflusssystemen, in: Vogel-Heuser, Birgit/Bauernhansl, Thomas/ten Hompel, Michael (Hg.), Handbuch Industrie 4.0, 3. Bd., Wiesbaden, 2017, S. 45-59, 45.

Die Antworten auf obige Fragen sind wohl weniger im Individuellen, als im Sozialen zu finden. Dass wir Menschen uns individuell so rapide wie unsere Maschinen verändern, ist unwahrscheinlich, da unsere evolutionäre Plastizität eher beschränkt ist. Ob wir durch die Erfahrung mit Künstlicher Intelligenz intelligenter werden oder vielleicht sogar dümmer, ist schwer zu beantworten. Ob wir anders denken werden, ebenso. Was hingegen wesentlich plastischer ist, ist das Soziale. Und es ist kein Zufall, dass der aktuelle Erfolg der „intelligenten" Maschinen vor allem im Sozialen – inklusive der Arbeit – liegt. Denn bei genauer Betrachtung der Co-Evolution von Mensch und (intelligenter) Maschine zeigt sich folgendes: Was beide Traditionen der KI – die symbolische wie neuronale – gemein haben, ist, dass ihre Leistungsfähigkeit und damit ihr aktueller Durchbruch auf der extremen Vergrößerung der Datengrundlage basiert. Hier kommt Bushs Vision des Memex voll zum Tragen. Was nämlich bislang als Zufall formalisiert wurde, um Variation in das Regelwerk Künstlicher Intelligenzen einzuführen, wird aktuell durch *Big Data* ersetzt. In eben dieser Ersetzungsleistung liegt der aktuelle Erfolg der KI, insbesondere des Machine Learning begründet. Diese Ersetzung hat jedoch einen Preis, denn diese Datengrundlage ist eine ausschließlich virtuelle. „Virtuell" bezeichnet hier im Sprachgebrauch der Informatiker und Ingenieure bereits digital aufbereitete Datengrundlagen wie Bilddaten im Internet oder inhaltliche Datengrundlagen des Text-Minings wie die von Wikipedia. Der aktuelle Erfolg der Künstlichen Intelligenz liegt also im Virtuellen und letzteres wird durch das Internet 2.0, durch *Common Sense* Datenontologien wie Concept Net, oder die Standardisierung der Maschine-Maschine-Kommunikation (M2M) des Internets der Dinge zunehmend KI-affiner gestaltet.[34]

Dies alles sind zumeist soziale Daten und der Erfolg der augmentierten menschlichen Intelligenz liegt, genau genommen, in der Virtualisierung des Sozialen und in der ausgreifenden KI-affinen Datafizierung der Welt. Ohne den Zugang über virtuelle Daten, wäre die Künstliche Intelligenz „blind" respektive „dumm." Die Co-Evolution von Mensch und (intelligenter) Maschine besteht daher in einer Umstrukturierung von gigantischem Ausmaß: In der Implementierung der Welt in das geschlossene Mensch-Maschine-Supersystem durch Sensorik. In jedem

---

[34] Vgl. Allhutter, Doris, Of 'Working Ontologists' and 'High-quality Human Components'. The Politics of Semantic Infrastructures. In: Ribes, David/Vertesi, Janet (Hg.), Handbook of Digital STS. A Field Guide for Science & Technology Studies, Princeton, 2018, S. 326-348.

Smartphone oder modernen Auto steckt mehr Sensorik als in manchem Forschungslabor an der Universität. Damit schottet sich das Supersystem zunehmend von der realen Umwelt ab; doch, und das ist das Bedenkliche daran, es sind weniger die Maschinen als die Menschen, die hier abgeschottet werden. Welche Folgen dies für unsere Gestaltung der Zukunft haben wird, ist jedoch noch unklar.

Literaturverzeichnis

Ackley, David H./Hinton, Geoffrey E./Sejnowski, Terrence J., A learning algorithm for Boltzmann machines, in: Cognitive Science, 9(1), 1985.

Allhutter, Doris, Of 'Working Ontologists' and 'High-quality Human Components'. The Politics of Semantic Infrastructures, in: Ribes, David/Vertesi, Janet (Hg.), Handbook of Digital STS. A Field Guide for Science & Technology Studies, Princeton, 2018.

Alom, Md Zahangir/Taha, Tarek M./Yakopcic, Christopher, u.a., The History Began from AlexNet: A Comprehensive Survey on Deep Learning Approaches, in: arXiv.org, 2018.

Barnet, Belinda, The Technical Evolution of Vannevar Bush's Memex, in: DHQ: Digital Humanities Quarterly, 2(1), 2008, http://www.digitalhumanities.org/dhq/vol/2/1/000015/ 000015.html.

Barnet, Belinda, Memory Machines: The Evolution of Hypertext, London, 2013.

Bendel, Oliver, Überlegungen zur Disziplin der Maschinenethik, in: Aus Politik und Zeitgeschichte (Künstliche Intelligenz), 6-8, 2018.

Bredekamp, Horst/Krämer, Sybille, Kultur, Technik, Kulturtechnik: Wider die Diskurisvierung der Kultur, in: Dies. (Hg.), Bild Schrift Zahl, München, 2003.

Busch, Vanevar, As We May Think, (The Atlantic Monthly, 176(1), 1945. [Busch, 1991]

Elwood, Shannon C., A Mathematical Theory of Communication, in: Bell System Technical Journal, 27, 1948.

Dotzler, Bernhard, Kant und Turing: Zur Archäologie des Denkens der Maschine, in: Philosophisches Jahrbuch, 96(1), 1989.

Engemann, Christoph/Sudmann, Andreas (Hg.), Machine Learning - Medien, Infrastrukturen und Technologien der Künstlichen Intelligenz, Bielefeld, 2018.

Engelbart, Douglas, Augmenting Human Intellect: A Conceptual Framework, Summery Report (AFOSR-3223), Menlo Park, CA (Stanford Research Institute), 1963. [Engelbart, 1963]

Ferruci, David/Brown, Eric/Chu-Carroll, Jennifer, u.a., Building Watson: An overview of the DeepQA project, in: AI Magazine, 313, 2010.

Fukushima, Kunihiko, Neocognitron: A hierarchical neural network capable of visual pattern recognition, in: Neural Networks, 1(2), 1988.

Gramelsberger, Gabriele/Rauzenberg, Markus/Wiemer, Serjoscha/Fuchs, Mathias, Mind the Game! Die Exteriorisierung des Geistes ins Spiel gebracht, in: Zeitschrift für Medienwissenschaften, 21, 2019.

Hinton, Geoffrey E./Osindero, Simon, The Yee-Whye, A fast learning algorithm for deep belief nets, in: Neural Computation, 18(7), 2006.

Hsu, Feng-hsiung, Behind Deep Blue. Building the computer that defeated the world chess champion, Princeton, 2002.

Krämer, Sybille, Symbolische Maschinen. Die Geschichte der Formalisierung in historischem Abriß, Darmstadt, 1988.

Krämer, Sybille, Berechenbare Vernunft. Kalkül und Rationalisierung im 17. Jahrhundert, Berlin, New York, 1991.

Leibniz, Gottfried W., Machina Arithmeticae Dyadicae Numeros dyadicos machinam addere, (Manuskripte vor 1676, LH XLII, 5, Bl. 29r), Gottfried Wilhelm Leibniz Bibliothek, Hannover.

McCulloch, Warren/Pitts, William, A logical calculus of the ideas immanent in nervous activity, in: Bulletin of Mathematical Biophysics, 5, 1943.

Nyce, James/Kahn, Paul (Hg.), From Memex to Hypertext: Vannevar Bush and the Mind's Machine, London, 1991. [Nyce/Kahn, 1991]

Peirce, Charles S., Letter 1886, Peirce to A. Marquand, in: Ders.: Writings of Charles S. Peirce, 5. Bd., Indianapolis, 1993.

Reinheimer, Stefan, (Hg.), Industrie 4.0: Herausforderungen, Konzepte und Praxisbeispiele, Wiesbaden, 2017.

Rosenblatt, Frank; The Perceptron: A probabilistic model for information storage and organization in the brain, in: Psychological Review, 65(6), 1958.

Schircks, Arnulf D./Drenth, Randy/Schneider, Roland (Hg.), Strategie für Industrie 4.0: Praxiswissen für Mensch und Organisation in der digitalen Transformation, Wiesbaden, 2017.

Silver, David/Huang, Aja/Maddiso, Chris J. u.a., Mastering the game of Go with deep neural networks and tree search, in: Nature, 529, 2016.

Trenkle, Andreas/Furmans, Kai, Der Mensch als Teil von Industrie 4.0: Interaktionsmechanismen bei autonomen Materialflusssystemen, in: Vogel-Heuser, Birgit/Bauernhansl, Thomas/ten Hompel, Michael (Hg.), Handbuch Industrie 4.0, 3. Bd., Wiesbaden, 2017.

Turing, Alan, Computing Machinery and Intelligence, in: Mind, 49, 1950. [Turing, 1950]

Von Neumann, John, Entwicklung und Ausnutzung neuerer mathematischer Maschinen (1954), in: Ders.: Collected Works, 5. Bd.: Design of Computers, Theory of Automata and Numerical Analysis (hg. von A. H. Taub), Oxford, 1963.

Industrie 4.0 – Die vierte industrielle Revolution?

Adjan Hansen-Ampah und Wolfgang Merx

1. Einleitung

Industrie 4.0 (I. 4.0) hat sich seit einigen Jahren in Deutschland als eines der zentralen Themen in den Bereichen der Wissenschaft und vor allem der Industrie etabliert. Am 1. April 2011 wurde der Begriff zum ersten Mal einer breiten Öffentlichkeit im Rahmen der Hannover-Messe präsentiert. Die aus Vertretern von Wirtschaft, Wissenschaft und Politik bestehende *Initiative „Industrie 4.0"* nutzte die Messe, um ihre Ideen einer von ihr so bezeichneten vierten industriellen Revolution als sogenanntes *Zukunftsprojekt* vorzustellen[1]. Die dadurch mehr oder weniger proklamierte vierte industrielle Revolution sollte der Meinung der Initiative nach durch den verstärkten Einsatz Cyber-Physischer (Produktions-)Systeme (CPS bzw. CPPS) im Rahmen einer *Smart Factory* geschehen, welche – so die Erwartung – industrielle Prozessketten entscheidend erweitern und verbessern und damit – als Kernziel – Deutschland als Produktionsstandort sichern können.

Hinter der Initiative standen Henning Kagermann, seinerzeit Präsident der Deutschen Akademie der Technikwissenschaften (acatech), Wolf-Dieter Lukas (Bundesministerium für Bildung und Forschung – BMBF) und Wolfgang Wahlster (Deutsches Forschungszentrum für Künstliche Intelligenz), denen es in den darauffolgenden Monaten gelang, Industrie 4.0 als Thema der *Promotorengruppe Kommunikation* der *Forschungsunion Wirtschaft – Wissenschaft* als beratendes Gremium der deutschen Bundesregierung zu platzieren und daraus resultierend im Januar 2012 einen *Arbeitskreis Industrie 4.0* zu gründen. In der Gründung dieses Arbeitskreises war neben Kagermann auch Siegfried Dais (Robert Bosch GmbH) involviert; Teil der Promotorengruppe war zusätzlich Johannes Helbig (Deutsche Post DHL). In den Jahren 2012 und 2013 wurden von diesem Gremium

---

[1] Vgl. Kagermann, Henning, Lukas Wolf-Dieter, Wahlster, Wolfgang, Industrie 4.0: Mit dem Internet der Dinge auf dem Weg zur 4. Industriellen Revolution 2011, Düsseldorf 2011, Nr.13, S. 2, https://www.dfki.de/fileadmin/user_upload/DFKI/Medien/News_Media/Presse/Presse-Highlights/vdinach2011a13-ind4.0-Internet-Dinge.pdf (aufgerufen 07.10.19).

richtungsweisende Umsetzungsempfehlungen bezüglich der weiteren Entwicklung von Industrie 4.0 veröffentlicht.[2]

Wie es zu der expliziten Begriffswahl *Industrie 4.0* und der vermeintlichen Fortsetzung der industriellen Revolutionen kam, wird seitens der Initiatoren lediglich durch den technischen Aspekt kurz erläutert:

> „Die vertikale Vernetzung eingebetteter Systeme mit betriebswirtschaftlichen Prozessen in Fabriken und Unternehmen und deren horizontale Vernetzung zu verteilten, in Echtzeit steuerbaren Wertschöpfungsnetzwerken führen [...] nun zur vierten Stufe der Industrialisierung."[3]

Eine der Kernthesen der o. g. Umsatzempfehlungen lautet:

> „Im Mittelpunkt der Industrie 4.0 steht der Mensch (Beschäftigte, Management, Zulieferer, Kunden), der seine Fähigkeiten mittels technischer Unterstützung erweitert und so in der Smart Factory zum ‚kreativen Schöpfer' und vom reinen ‚Bediener' zum Steuernden und Regulierenden wird."[4]

Angesichts der Entwicklungen, die in den Jahren nach 2012 eintraten, scheint diese These hinsichtlich I. 4.0 tatsächlich nur eine Empfehlung geblieben und nicht in die Praxis überführt worden zu sein, rückte vor allem die technische Seite von I. 4.0 in den Mittelpunkt der Öffentlichkeit, was an zahlreichen entsprechenden Berichten in Fachzeitschriften der Bereiche Maschinen- und Anlagenbau, Elektronik sowie weiterer Industriebranchen deutlich wird.

Die allgemeine Presse zeichnet hingegen ein anderes Bild und hebt seit einigen Jahren hervor, dass Deutschland jahrelang die Weiterentwicklung der informationstechnischen Infrastruktur sowohl hinsichtlich der Endverbraucher (Breitbandausbau) als auch in Bezug auf Industrie und Wirtschaft eher halbherzig vorantrieb.[5] Im Jahr 2015 bescheinigte außerdem das Bundesministerium für Wirtschaft und Energie (BMWi), dass Deutschland in allen digitalen Belangen bestenfalls im

---

[2] Vgl. Forschungsunion/acatech (Hg.), Umsetzungsempfehlungen für das Zukunftsprojekt Industrie 4.0, Abschlussbericht des Arbeitskreises Industrie 4.0, 2013.

[3] Forschungsunion/acatech, 2013, S. 10.

[4] Ebd. S. 3.

[5] Vgl. Kollmann, Tobias, Zu wenig Gründer: Deutschland ist digital abgehängt, manager magazin, http://www.manager-magazin.de/unternehmen/it/a-856084.html, (aufgerufen 16.09.2012).

Mittelfeld angesiedelt ist und bezüglich der digitalen Wirtschaft selbst von einem aufstrebenden Schwellenland wie China überflügelt wird.[6]

Vor diesem Hintergrund ist es also kaum verwunderlich, dass die Bundesregierung zusammen mit Wirtschafts- und Industrieverbänden die Digitalisierung als Megatrend aufgefasst hat, die Entwicklung der digitalen Wirtschaft stärker vorantreibt und diese mit der in Deutschland traditionell starken Industrie als – wie zuvor beschrieben – *Zukunftsprojekt Industrie 4.0* verbinden möchte.[7] Genauso wenig verwunderlich ist, dass der innovations- und wachstumsverheißende Begriff Industrie 4.0 seit seiner Einführung einen beispiellosen und anhaltenden Hype unter BranchenvertreterInnen sowie in den direkt beteiligten Wissenschaften ausgelöst hat und sogar *Spin-off*-Begriffe für im Zusammenhang mit I. 4.0 zu sehende Trends wie Arbeiten 4.0[8] bzw. ‚‚Arbeit 4.0', ‚Technik 4.0' und ‚Organisation 4.0'"[9] hervorbringt.

Betrachtet man nun die zahlreichen Veröffentlichungen zu Industrie 4.0, fallen mehrere diskussionswürdige Punkte auf. Zum einen wird der Diskurs rund um I. 4.0 in der breiten Öffentlichkeit vor allem von der (Innovations-, Wirtschafts- und Sozial- bzw. Arbeits-) Politik sowie von einzelnen Unternehmen, Industrieverbänden und Gewerkschaften geführt. Die wissenschaftlichen Beiträge zu I. 4.0 werden hingegen vor allem aus technischen Disziplinen geleistet. Soziale und gesellschaftliche Aspekte werden im wissenschaftlichen Diskurs häufig allenfalls in Zusammenhang mit Arbeiten 4.0 behandelt. Des Weiteren gibt es seit Erscheinen des hier diskutierten Begriffs zwar damit verbundene Schlagwörter und Umsetzungsempfehlungen,[10] allerdings fehlt nach wie vor eine einheitliche und explizite Definition des Begriffs Industrie 4.0, die über den Verweis auf die vierte industrielle Revolution hinausgeht. Ferner hat sich Deutschland in den vergangenen

---

[6] BMWi (Hg.), Monitoring-Report Wirtschaft DIGITAL 2015, 2015, S. 39.
[7] Vgl. Forschungsunion/acatech, 2013, S. 80.
[8] Vgl. BMAS, Grünbuch Arbeiten 4.0, 2015.
[9] Ortmann, Ulf/Guhlke, Bianca, Leitfaden Technikakzeptanz: Konzepte zur sozial- und humanverträglichen Gestaltung von Industrie 4.0, http://www.its-owl.de/fileadmin/PDF/Publikationen/2015-01-05-Leitfaden_Technologieakzeptanz_Konzepte_zur_sozial-_und_humanvertraeglichen_Gestaltung_von_Industrie_4.0.pdf.pdf, (aufgerufen 2014), S. 2.
[10] Vgl. Forschungsunion/acatech, 2013.

Jahrzehnten trotz der im internationalen Vergleich starken industriellen Stellung immer mehr zu einer Dienstleistungsgesellschaft entwickelt.[11]

Die angesprochenen Punkte werfen nun die folgenden Fragen auf: Ist bereits absehbar, dass Industrie 4.0 tatsächlich als vierte industrielle Revolution mit entsprechend weitreichenden gesamtgesellschaftlichen Konsequenzen betrachtet werden kann? Wenn nicht, wie ist es dann zu erklären, dass die Zukunftsvision trotzdem eine solche mediale und wissenschaftliche Resonanz erzeugt?

Das Ziel dieser Arbeit ist die Beantwortung der eben gestellten Fragen aus soziohistorischer und techniksoziologischer Perspektive. Dazu wird zunächst bestimmt, was von *offizieller* Seite als Industrie 4.0 zu verstehen ist (Kapitel 2). Darauf folgt eine Darstellung bisheriger soziologischer Forschung zu I. 4.0, um ableiten zu können, inwiefern diese Arbeit sich von der aufgeführten Forschung abhebt (Kapitel 3). Im nächsten Teil der Arbeit erfolgt eine Diskussion bisheriger industrieller Revolutionen, indem diese nachgezeichnet und in Hinblick auf ihre gesellschaftliche Wirkung bewertet werden (Kapitel 4). Kapitel 5 wendet sich erneut I. 4.0 zu und versucht sich an einer techniksoziologischen Beschreibung dieses Phänomens. Zum Abschluss wird diese Arbeit kurz resümiert und ein Fazit darüber gezogen, wie I. 4.0 hinsichtlich der Auswirkungen als soziales Phänomen eingeordnet werden kann.

2. Was ist Industrie 4.0?

Wie bereits in der Einleitung angesprochen, wird in der technischen Literatur zu Industrie 4.0 zumeist weder eine umfangreiche Definition oder gar eine kritische Betrachtung des Begriffs selbst noch eine einheitliche Beschreibung der konkreten (sozio-)technischen Umsetzungsformen sowie deren Folgen angeboten.[12] Stattdessen verweisen Veröffentlichung wie *Industrie 4.0-Readiness* darauf, dass „[der] Begriff Industrie 4.0 [...] für die vierte industrielle Revolution [steht]."[13]

---

[11] Vgl. Lotter, Wolf, Schichtwechsel. brand eins (7/2015), 2015, S. 36.
[12] Vgl. Ittermann, Peter/Niehaus, Jonathan/Hirsch-Kreinsen, Hartmut, Arbeiten in der Industrie 4.0. Trendbestimmungen und arbeitspolitische Handlungsfelder, 2015, S. 14.
[13] Lichtblau, Karl/Stich, Volker/Bertenrath, Roman/Blum, Matthias/Bleider, Martin/Millak, Agnes/Schröter, Mortiz, Industrie 4.0-Readiness, 2015, S. 11; Vgl. auch BMBF (Hg.), Zukunftsbild "Industrie 4.0", 2013.

Häufig wird diese Aussage um ein Schaubild ergänzt, das die zeitliche Entwicklung aller bisherigen Revolutionen sowie deren technische Auslöser aufzeigen soll (vgl. Abbildung 1).

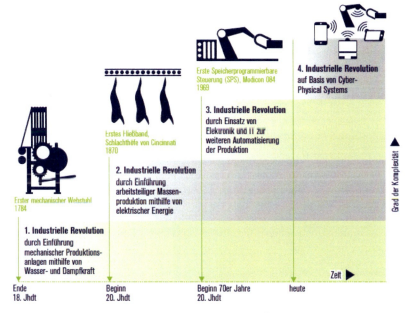

Abbildung 1: Die vier Stufen der Industriellen Revolution[14]

Als Kern dieser *vierten Revolution* werden Cyber-Physische Systeme genannt. Diese Systeme verbinden das Physische, d. h. Produktionssysteme mit Sensoren und Aktuatoren, mit Datennetzwerken wie bspw. das Internet.[15] Obwohl es bereits Umsetzungsempfehlungen gibt,[16] wird nur selten dargelegt, wie eine konkrete Umsetzung von Industrie 4.0 im Betrieb aussehen könnte, auch „weil der Fächer des Möglichen dafür schlicht zu groß ist."[17] Stattdessen werden oft mit CPS verbundene Schlagwörter in den Raum geworfen, wie Internet der Dinge (bzw. Internet of Things – IoT), Smart Factory, Smart Building etc. Sabine Pfeiffer, deren

---

[14] Vgl. Forschungsunion/acatech, 2013, S. 17.
[15] Vgl. BMBF, 2013, S. 10.
[16] Vgl. Forschungsunion/acatech, 2013.
[17] Pfeiffer, Sabine, Industrie 4.0 und die Digitalisierung der Produktion – Hype oder Megatrend? Aus Politik und Zeitgeschichte, 65 (31/32), 2015, S. 4.

Sicht auf I. 4.0 im nächsten Kapitel behandelt wird, ordnet die Vielzahl von Anwendungsszenarien in vier übersichtliche Dimensionen:[18]

- „Webbasierte und mobile Kommunikation"
- „Produktionsdurchdringende und -übergreifende Vernetzung"
- „Neue Robotik- und Produktionstechnologien"
- „Körpernahe datengenerierende Geräte".

Nach dieser kurzen Übersicht des technischen Verständnisses von I. 4.0 beschäftigt sich das folgende Kapitel mit der soziologischen Perspektive auf das Thema.

3. Soziologische Forschung zu Industrie 4.0

Wie aufgezeigt, ist Industrie 4.0 in erster Linie eine techniklastige und wirtschaftspolitische Zukunftsvision. Dementsprechend gering ist der bisherige Anteil der soziologischen Literatur unter den Veröffentlichungen zu dem Thema, wobei jedoch besonders die Arbeits- und Industriesoziologie unter diesen hervorsticht. Besonderes Augenmerk legt die soziologische Forschung auf die Gestaltung von I. 4.0 zur Verbesserung der Arbeitsorganisation[19] und der betrieblichen Akzeptanz[20] sowie zur Anpassung an menschliche und gesamtgesellschaftliche Bedürfnisse[21]. Diese Ansätze werden nun vorgestellt.

Die ersten beiden Ansätze fassen Industrie 4.0 als eine „disruptive Prozessinnovation"[22] auf, die sich auf unterschiedliche Dimensionen des Betriebs auswirkt:[23]

---

[18] Vgl. Pfeiffer, Sabine, Industrie 4.0. Schriftliche Stellungnahme beim öffentlichen Fachgespräch des Ausschusses für Bildung, Forschung und Technikfolgenabschätzung, Bundesdrucksache 18(18)166 g vom 01. Dezember 2015, http://www.bundestag.de/blob/389692/4700320897bb1fc031a6cb27af2ce293/a-drs-18-24-70-data.pdf, S. 1.

[19] Vgl. Hirsch-Kreinsen, Hartmut,Wandel von Produktionsarbeit – „Industrie 4.0", 2014a.

[20] Vgl. Ortmann, Ulf/Guhlke, Bianca, Leitfaden Technikakzeptanz: Konzepte zur sozial- und humanverträglichen Gestaltung von Industrie 4.0, http://www.its-owl.de/fileadmin/PDF/Publikationen/2015-01-05 Leitfaden_Technologieakzeptanz_Konzepte_zur_sozial-_und_humanvertraeglichen_Gestaltung_von_Industrie_4.0.pdf.pdf (aufgerufen 2014).

[21] Vgl. Pfeiffer, 2015c.

[22] Hirsch-Kreinsen, 2014a, S. 5.

[23] Vgl. Ortmann/Guhlke, 2014, S. 4.

- Organisation insgesamt
- Produktionsmanagement und technische ExpertInnen
- Aufgaben und Tätigkeitsstrukturen
- Mensch-Maschine-Interaktion

So können widersprüchliche Auswirkungen auf die Qualifikationen der Shopfloor-MitarbeiterInnen (Qualifikationsanreicherung vs. Dequalifizierung und Substitution von FacharbeiterInnen) sowie Hierarchieebenen (Übernahme von Planungs- und Steuerungsfunktionen auf Shopfloor-Ebene und Hierarchieabbau vs. komplexitätsbedingt neue und erweiterte Planungsaufgaben im Management) erwartet werden.[24] Widersprüchliche Tendenzen sind auch hinsichtlich der Mensch-Maschinen-Interaktion (MMI) auszumachen. Verwiesen wird auf das bekannte Problem, dass die Komplexität von automatisierten Systemen zu groß ist, um vom Personal effektiv kontrolliert zu werden. Bekannt wurde diese Situation als „»ironies of automation« (Lisanne Bainbridge), wonach automatisierte Prozesse auf Grund ihres hohen Routinecharakters bei Störungen nur schwer zu bewältigende Arbeitssituationen erzeugen."[25] Für die Gestaltung der Arbeitsorganisation von Industrie-4.0-Betrieben und für die Bewältigung der anwachsenden Komplexität gibt es nach Hirsch-Kreinsen „kein ‚one-best-way'."[26] Allerdings kristallisieren sich für ihn zwei Gestaltungsoptionen heraus, die als Idealtypen und Pole auf einem Kontinuum angesehen werden können. Auf der einen Seite gibt es die „Polarisierte Organisation", in der hochqualifizierte IngenieurInnen und aufgewertete Fachkräfte mit hohen Handlungsspielräumen auf der dispositiven Ebene stehen und einige wenige angelernte ArbeiterInnen und abgewertete Fachkräfte auf der ausführenden Ebene einfache und repetitive Aufgaben übernehmen, die im Arbeitsablauf übrigbleiben. Der zweite Gestaltungstypus wird „Schwarm-Organisation" bezeichnet und ist davon geprägt, dass es im Prinzip nur eine Ebene von hochqualifizierten IngenieurInnen und aufgewerteten Fachkräften gibt, die gleichberechtigt hohe Handlungsspielräume genießen. Da es sich, wie bereits dargelegt, um ein Kontinuum mit zwei gegensätzlichen Idealtypen handelt, ist davon

---

[24] Vgl. Hirsch-Kreinsen, Hartmut, Welche Auswirkungen hat "Industrie 4.0" auf die Arbeitswelt? WISO direkt, 2014, S. 2f.; Hirsch-Kreinsen, Hartmut, Industrie 4.0: Entwicklungsperspektiven von Arbeit. Technologieschub mit eindeutigen Konsequenzen? ifo Schnelldienst, (10/2015), S. 14.

[25] Hirsch-Kreinsen, 2015, S. 14, Hervorhebung im Original.

[26] Hirsch-Kreinsen, 2014b, S. 3.

auszugehen, dass sich in der tatsächlichen Umsetzung unterschiedliche Mischformen bilden.[27]

Da dieser technisch induzierte Wandel von Produktionsarbeit, wie zuvor beschrieben, verschiedene Dimensionen beeinflusst, ist damit zu rechnen, dass es auf verschiedenen Ebenen und unter unterschiedlichen Arbeitnehmergruppen zu Akzeptanzproblemen bei der Einführung von Industrie-4.0-Techniken kommen kann. Um ebendiese Akzeptanzprobleme für einführende Betriebe zu senken, werden im *Leitfaden Technikakzeptanz*[28] zwei Konzepte für die Technikgestaltung vorgeschlagen: Zum einen die techniksoziologische Technikfolgenabschätzung, um I. 4.0 sozialverträglich zu gestalten; Zum anderen das organisationspsychologisch ausgerichtete User Centered Design (UCD), um Industrie 4.0 humanverträglich zu gestalten. Bei dem ersten Konzept geht es darum, „unterschiedliche Beschäftigtengruppen im Industriebetrieb – mit ihren unterschiedlichen Interessen, Erwartungen und Befürchtungen – an einem umfassenden Gestaltungsprozess zu beteiligen,"[29] während letzteres Konzept „bedeutet, die zukünftigen Anwender technischer Anlagen – mit ihren jeweiligen Anforderungen und Fähigkeiten – in den Entwicklungsprozess der Anlage unmittelbar einzubeziehen."[30]

Bezüglich der sozialverträglichen Technikgestaltung leiten die AutorInnen des Leitfadens die möglichen Konfliktfelder von den Ausführungen Hirsch-Kreinsens[31] ab und identifizieren die o. g. vier Ebenen. Für die AutorInnen des Leitfadens ist klar, dass die Einführung von Industrie 4.0 auf allen aufgeführten Ebenen Fragen und Konfliktpotenziale aufwirft,[32] die nicht im Einzelnen erörtert werden sollen. Wie bereits vorweggenommen, ist der Lösungsansatz die Technikfolgenabschätzung im Industriebetrieb. Dazu sollen in einem ersten Schritt Interviews mit VertreterInnen aus allen beteiligten bzw. betroffenen Gruppen geführt werden, um die Interessen, Erwartungen und Befürchtungen dieser Gruppen zu identifizieren sowie um die betriebsübergreifenden Fragen nach den von I. 4.0 herbeigewünschten Änderungen, den ungelösten Aufgaben, den Zuständigkeiten und den allgemeinen Befürchtungen zu klären.[33] In einem zweiten Schritt werden die

---

[27] Vgl. Hirsch-Kreinsen, 2014b, S. 4; Hirsch-Kreinsen 2015, S. 15.
[28] Vgl. Ortmann/Guhlke, 2014.
[29] Ebd., S. 1.
[30] Ebd.
[31] Vgl. Hirsch-Kreinsen, 2014a.
[32] Vgl. ebd., S. 5ff.
[33] Vgl. ebd., S. 8f.

Ergebnisse des Interviews in Workshops genutzt, um ein gemeinsames Leitbild zu entwickeln, das die eingeschätzten Veränderungen und Risiken beinhaltet. Der letzte Schritt der Technikfolgenabschätzung beinhaltet einen weiteren Workshop. In diesem sollen „die Beteiligten und Betroffenen des betrieblichen Innovationsprozesses sich über Ansätze verständigen, um die identifizierten Befürchtungen, Konflikte und Probleme zu bearbeiten."[34] Aus der erfolgreichen Technikfolgenabschätzung soll nach Ortmann und Guhlke die Möglichkeit erwachsen, die Wünsche und Befürchtungen aller relevanten Gruppen einzubeziehen und in dem Sinne die Technik sozialverträglich zu gestalten. Gegenüber der sozialverträglichen Gestaltung führen die beiden AutorInnen zwei Alternativen an. Zum einen könnte die stärkste Gruppe bewusst die Standpunkte anderer Gruppen ignorieren und somit die eigenen Interessen durchsetzen. Bei dieser Methode ist mit Gegenwehr zu rechnen. Zum anderen kann die Strategie der „‚[subversiven] Innovation'"[35] genutzt werden. Hierbei handelt es sich um eine Methode, „die Interessen und Befürchtungen der Beteiligten stillschweigend zu berücksichtigen,"[36] indem die Technik eingeführt wird, ohne eine Änderung im Tagesgeschäft irgendeiner Gruppe zu bewirken. Es ist also deshalb mit Akzeptanz zu rechnen, weil im Prinzip „nichts verändert wird."[37]

Das Ziel der humanverträglichen Technikgestaltung ist es, Technik möglichst lernförderlich und auf die Fähigkeiten und Bedarfe der NutzerInnen zugeschnitten zu entwickeln und fokussiert sich deshalb auf das Konfliktfeld der Mensch-Maschine-Schnittstelle.[38] Als Methode wird „das User-Centered-Design Verfahren (UCD-Verfahren)"[39] vorgeschlagen, das wiederum aus mehreren Arbeitsschritten besteht, aber als Gesamtverfahren iterativ ist.[40] Im ersten Schritt werden Nutzungskontext und Nutzergruppe spezifiziert, z. B. mithilfe eines Kontextinterviews, in dem der Arbeitsprozess beobachtet und diskutiert wird.[41] Die so gesammelten Daten ermöglichen die Modellierung von Arbeitsabläufen. Dadurch wird es möglich, im nächsten Schritt eine Liste von Nutzungsanforderungen zu erstel-

---

[34] Ebd., S. 10.
[35] Ebd., S. 11.
[36] Ebd.
[37] Ebd., S. 11.
[38] Vgl. ebd., S. 12f.
[39] Ebd., S. 13.
[40] Vgl. ebd., S. 14.
[41] Vgl. ebd., S. 15.

len, die in Form von Use Cases, Szenarien, oder Persona-Beschreibungen gespeichert werden können.[42] Der dritte der vier iterativen Schritte beinhaltet die Entwicklung von „User Interface Designs oder Prototypen,"[43] die Gestaltungsregeln und Normen wie DIN EN ISO 9241 folgen und bereits erahnen lassen, wie die spätere Technik aussehen wird. Diese Entwürfe können im letzten Schritt mithilfe von Methoden wie der „Methode des ‚Lauten Denkens'", „Beobachtung", oder „Befragung"[44] hinsichtlich der vorher erarbeiteten Kriterien evaluiert werden. Sollten nicht alle Kriterien erfüllt worden sein, fängt der iterative UCD-Prozess von vorne an, bis das Ziel „einer besseren Nutzung und Bedienung intelligenter technischer Systeme sowie die Steigerung der Transparenz und des Systemvertrauens solcher Systeme" erreicht und die „Erweiterung von Handlungsspielräumen der menschlichen Nutzer"[45] erwirkt wurde.

Nur indem Industrie 4.0 durch Technikfolgenabschätzung im Industriebetrieb und User Centered Design sozialverträglich bzw. humanverträglich konzipiert wird, ist nach beiden AutorInnen des Leitfadens auch die Möglichkeit geboten, dass die neue I.-4.0-Technik im Betrieb auf Akzeptanz stößt.

Während die ersten beiden untersuchten Zugänge zu Industrie 4.0 dem öffentlichen Leitbild der Promotoren folgen und so von einem disruptiven Wandel ausgehen, geht der dritte Ansatz kritischer mit dem Begriff der industriellen Revolution um. Die Argumentation lautet, dass der Diskurs zu I. 4.0 eben nicht „die kausale Folge eines realen Stands technischer Entwicklungen, sondern diskursanalytisch betrachtet ein Fall professionellen *agenda-buildings*"[46] ist. Denn neben dem Befund, dass CPS keine neue Technik darstellen, sondern seit vierzig Jahren bekannt sind, ist hervorzuheben, dass bereits der Begriff *industrielle Revolution* umstritten ist. Nach dieser Argumentation kann man daher bezüglich I. 4.0 nicht eindeutig von einer Revolution sprechen. Als widersprüchlich kann weiterhin aufgefasst werden, dass die Frage, ob und wodurch eine Revolution ausgelöst wird, sich erst im Nachhinein beantworten lassen wird und es deshalb eigentlich zu früh ist, eine Revolution auszurufen.[47]

---

[42] Vgl. Hirsch-Kreinsen, 2014a, S. 15f.
[43] Ebd., S. 16.
[44] Ebd., S. 18.
[45] Ebd., S. 19.
[46] Pfeiffer, 2015c, S. 5, Hervorhebung im Original.
[47] Vgl. Pfeiffer, 2015c, S. 5f.

Auch mit den hinter I. 4.0 stehenden Versprechungen wird kritischer umgegangen. So hebt Pfeiffer hervor, dass I. 4.0 nicht automatisch mit einer Bereicherung der Gesellschaft in Form einer Aufwertung von Industriearbeit und „[verbesserten] Weiterbildungs- und Vereinbarkeitschancen" einhergeht und dass diese Technik Arbeit nicht automatisch „demografiesensibel und sozialer gestaltet."[48] Denn viele der prognostizierten Vorteile für ArbeiterInnen in der Industrie, z. B. Selbstorganisation oder bessere Work-Life-Balance, sind bereits heute möglich, werden aber kaum umgesetzt.[49] Zudem birgt die von der Industrie gewünschte Automatisierung und Flexibilisierung auch das Potenzial, Menschen, die repetitive und simple Tätigkeiten vollziehen, zu ersetzen.[50] Auch die herbeigewünschten technischen und wirtschaftlichen Vorteile wie eine hohere (Ressourcen- und Energie-)Effizienz[51] oder ein höheres Wirtschaftswachstum[52] werden sich nicht durch die Einführung einer neuen Technik von selbst einstellen,[53] da oftmals etwa Technik, die Komplexität beherrschbarer machen soll, die Komplexität weiter steigert.[54] Es drängt sich folglich die Frage auf, wieso gerade I. 4.0 die propagierten Vorteile bieten soll, wo jedoch zu erwarten ist, dass diese Vorteile nicht der Technik immanent sind.[55]

Dieser von Industrie 4.0 induzierte Wandel von Produktionsarbeit wird von Pfeiffer nicht isoliert, sondern in Zusammenhang mit allgemein beobachtbaren Wandlungserscheinungen betrachtet, was an Publikationen zum breiter aufgestellten

---

[48] Ebd., S. 7.
[49] Vgl. Pfeiffer, Sabine, Digitalisierung, Arbeit und Beschäftigung. Das Beispiel Industrie 4.0. Vortrag bei der 6. Engineering- und IT-Tagung "Digitale Arbeitswelt gestalten!", Adam Opel AG Rüsselsheim, [Vortragsfolien], 17.09.2015, http://www.sabine-pfeiffer.de/files/downloads/Pfeiffer-2014-EngineeringTagung.pdf, S. 4f.
[50] Vgl. Pfeiffer, Sabine, Der Mensch kann Industrie 4.0. Keynote auf der High-Level Podiumsdiskussion der Plattform Industrie 4.0 während der Hannover Messe am 13. April 2015. [Vortragsfolien], http://www.sabine-pfeiffer.de/files/downloads/Pfeiffer-2015-71Prozent-Industrie40.pdf, S. 1; Pfeiffer, Sabine, Robotics and Industry 4.0 - discourse, development and consequences. 2nd European TA conference. The Next Horizon of Technology Assessment. [Vortragsfolien], http://www.sabine-pfeiffer.de/files/downloads/2015_Pfeiffer_Industry40_Robotic.pdf, S. 1ff
[51] Vgl. Pfeiffer, 2014, S. 5; Pfeiffer, 2015c, S. 7.
[52] Vgl. Pfeiffer, 2015c, S. 6.
[53] Vgl. ebd., S. 7.
[54] Vgl. Pfeiffer, Sabine, Arbeit 4.0 - das Ende der Beruflichkeit wie wir sie kennen? [Vortragsfolien], 17.09.2015, http://www.sabine-pfeiffer.de/files/downloads/Pfeiffer-2015-Arbeit40-Beruflicheit.pdf, S. 3.
[55] Vgl. Pfeiffer, 2014, S. 4f.

Thema *Arbeiten 4.0*[56] ersichtlich wird. Grundsätzlich rät Pfeiffer dazu, I. 4.0 mit Vorsicht zu betrachten und kritisch zu hinterfragen, wer Nutznießer der neuen Technik ist.[57] Eine zentrale Forderung ist deshalb, dass neue Produktionstechniken von Grund auf partizipativ – und zwar mit *allen* relevanten Akteuren – sowie gesamtgesellschaftlich gestaltet werden sollte,[58] da trotz aller Möglichkeiten der neuen Technik der Mensch und seine Beruflichkeit immer noch als die kreative und treibende Kraft hinter Fähigkeiten wie Innovation und Zukunftsbewältigung zu sehen sind und deshalb trotz I. 4.0 unverzichtbar bleiben werden.[59]

Während also die zuerst beschriebenen soziologischen Zugänge Industrie 4.0 als tatsächlich existierende, disruptive Innovation und Revolution darstellen, geht der dritte Zugang bedeutend kritischer mit dem Begriff der industriellen Revolution sowie mit ihren Versprechungen um. Im folgenden Teil der Arbeit wird diese kritische Haltung übernommen und untersucht, inwiefern I. 4.0 als industrielle Revolution angesehen werden kann. Dazu wird im nächsten Kapitel die Entwicklung der industriellen Produktion in Hinblick auf ihre gesellschaftliche Wirkung untersucht.

4. Die bisherigen industriellen Revolutionen

In diesem Kapitel werden die bisherigen industriellen Revolutionen, also die erste bis dritte industrielle Revolution, kurz vorgestellt und diskutiert, um nachfolgend eine adäquate Einschätzung von Industrie 4.0 als eventuell vierte industrielle Revolution zu erlauben.

4.1 Die ursprüngliche industrielle Revolution

Wie im vorigen Kapitel dargelegt, ist der Begriff *industrielle Revolution* nicht unumstritten. In der Geschichtswissenschaft spricht man von zwei Auslegungen bzw. Verständnissen der ursprünglichen industriellen Revolution,[60] die seit den

---

[56] Vgl. etwa Pfeiffer, 2015a.
[57] Vgl. Pfeiffer, 2014, S. 5f.
[58] Vgl. Pfeiffer, 2014, S. 6; Pfeiffer, 2015c, S. 8; Pfeiffer, 2015d, S. 2.
[59] Vgl. Pfeiffer, 2015a, S. 5.
[60] Vgl. u.a. Berg, Maxine/Hudson, Pat, Rehabilitating the Industrial Revolution. The Economic History Review, 45 (1),1992; Harley, C. Knick/Crafts, Nicholas F. R., Simulating the Two Views of the British Industrial Revolution, The Journal of Economic History, 2000;

1920er-Jahren[61] immer wieder für Diskussionen sorgen. Zum einen gibt es das weite Verständnis, zum anderen das enge Verständnis der industriellen Revolution.

Das weite Verständnis kann als das traditionelle Verständnis aufgefasst werden,[62] das auch in Schulbüchern und auf Informationsseiten[63] oder in Online-Enzyklopädien wie Wikipedia[64] zur *industriellen Revolution* vorzufinden ist. Demnach ist die industrielle Revolution die Bezeichnung für verschiedene sozioökonomische Konsequenzen der in den englischen Webereien des 18. Jahrhunderts eingeführten Mechanisierung.[65] Beispiele dieser nachgesagten Konsequenzen sind auf ökonomischer Seite z. B. ein starkes Produktivitäts- und Wirtschaftswachstum. Die von den sogenannten Traditionalisten aufgeführten sozialen Folgen sind u. a. „the deployment of female and child labour, regional specialization, and demographic development"[66] sowie das Aufkommen der neuen gesellschaftlichen Klasse des Proletariats,[67] das mit der Abnahme der Landwirtschaft einherging.[68]

Mit den ersten quantitativen Untersuchungen bildete sich das enge Verständnis der Industriellen Revolution heraus, welches die Tragweite der Mechanisierung, zumindest in den ersten Jahren, infrage stellt. So wurden zeitgenössische Zensusdaten und Statistiken als Grundlage für Berechnungen genommen, die ergeben, dass es – entgegen weitläufiger Vorstellungen – im 18. Jahrhundert, d. h. auch nach Einführung der Mechanisierung, keine umgreifenden sozioökonomischen Umwälzungen gab.[69] Die Effekte der Mechanisierung beschränkten sich vielmehr auf einzelne Wirtschaftsbereiche wie eben die Textil- oder Metallherstellung.

Temin, Peter, Two Views of the British Industrial Revolution. The Journal of Economic History, 57 (1), 1997.

[61] Vgl. Berg/Hudson, 1992, S. 24; Hoppit, Julian, Counting the Industrial Revolution. The Economic History Review, 43 (2), 1990, S. 173.

[62] Vgl. Temin, 1997, S. 63.

[63] Vgl. Paeger, Jürgen, Das Zeitalter der Industrie. Die Industrielle Revolution: Kohle und Kapitalismus prägen die Welt. Teil I: Kohle, Dampfmaschine und Stahl. Der Beginn der industriellen Revolution in England. Ökosystem Erde, 2014, http://www.oekosystem-erde.de/html/industrielle_revolution.html.

[64] Vgl. Wikipedia, Industrielle Revolution, https://de.wikipedia.org/wiki/Industrielle_Revolution (aufgerufen 13.01.2016).

[65] Vgl. etwa Harley/Crafts, 2000.

[66] Berg/Hudson, 1992, S. 27.

[67] Vgl. Berg/Hudson, 1992, S. 42.

[68] Vgl. Hoppit, 1990, S. 175.

[69] Vgl. Berg/Hudson, 1992, S. 24f.; Hartwell, Ronald M., Was There an Industrial Revolution? Social Science History, 14 (4), 1990, S. 568; Hoppit, 1990, S. 174.

Diese Entdeckung führte dazu, dass einige WissenschaftlerInnen den Begriff der Revolution in Zusammenhang mit der Industrialisierung ablehnen und stattdessen andere Begriffe verwenden, die stärker die *graduelle* Natur der Industrialisierung darstellen, beispielsweise *industrielle Evolution.*[70]

VerfechterInnen der traditionellen Sichtweise entgegnen wiederum mit zweierlei Kritik. Einerseits wird darauf hingewiesen, dass quantitative Untersuchungen, vor allem diejenigen, die fast ausschließlich ökonomische Kenndaten wie Wirtschaftswachstum und Produktivitätssteigerung in den Blick nehmen, nicht alleine ausreichen, um ein so facettenreiches Phänomen wie eine industrielle Revolution adäquat zu erfassen – zumal auch subjektive Berichte von Zeitzeugen auf das Revolutionäre in der Industrialisierung hinweisen.[71] Andererseits kritisieren quantitativ arbeitende Traditionalisten die Nutzung falsch aggregierter und nicht repräsentativer Daten und nutzen deshalb ihrerseits statistische Verfahren, die ihre Sichtweise auf die industrielle Revolution bestärken.[72] So kommt es zwischen Traditionalisten und sogenannten Gradualisten zu einem statistischen Tauziehen, ohne dass klar erkennbar wäre, welche Seite die Realität besser abbildet. Ziel dieser Ausführung ist nicht, das Phänomen der *industriellen Revolution* in Zweifel zu ziehen oder dieser gar mithilfe einer „soziologischen Theorie der Revolution"[73] das Revolutionäre abzusprechen, sondern eine Sichtweise auf das Phänomen zu etablieren, die es ermöglicht, die nachfolgenden Revolutionen, somit auch die ausgerufene und zu überprüfende vierte industrielle Revolution, mit dem ursprünglichen Phänomen zu vergleichen. Dabei wird in Anlehnung an Harley und Crafts, die eine versöhnliche Position zwischen Traditionalisten und Gradualisten einnehmen,[74] ein Verständnis der industriellen Revolution vorgeschlagen, die sich nicht allein auf eine explosionsartige Veränderung von Wirtschaftsindikatoren – die ohnehin als Indikatoren gesamtgesellschaftlicher Entwicklung umstritten sind[75] – verlässt. Vielmehr soll die industrielle Revolution als das Phänomen ver-

---

[70] Vgl. Hoppit, 1990, S. 173f.
[71] Vgl. Berg/Hudson, 1992, S. 26f.; Hartwell, 1990, S. 568.
[72] Vgl. Temin, 1997, S. 80.
[73] Dahrendorf, Ralf, Über einige Probleme der soziologischen Theorie der Revolution. European Journal of Sociology, 2 (1), 1961.
[74] Vgl. Harley/Crafts, 2000, S. 839.
[75] Vgl. etwa Genovese, F. C., Measuring Human Development. American Journal of Economics and Sociology, 49 (4), S. 457-458. doi: 10.2307/3487540, 1990; Talberth,

standen werden, das *die Industrialisierung* hervorbrachte und mit den daraus resultierenden soziotechnischen Innovationen und der beginnenden Konzentrierung auf urbane Umgebungen einen Prozess der strukturellen Veränderung der Gesellschaft auslöste.

4.2 Die zweite industrielle Revolution

Betrachtet man die Literatur zur zweiten industriellen Revolution, fallen zwei Dinge auf: Zum einen, dass bereits die Überschriften andeuten, dass diese Revolution weitaus weniger kontrovers diskutiert wird als die erste; Zum anderen, dass allgemein sehr viel weniger Literatur für die zweite Revolution existiert als für die ursprüngliche.

Der technische Ursprung dieser zweiten Revolution, die etwa ab 1860 ihren Lauf nahm,[76] liegt in der Entwicklung der „Dezentralisierung der Antriebe"[77] und der Elektrisierung sowie in der vermehrten Nutzung wissenschaftlicher Methoden in den USA.[78] Dies ermöglichte das rapide Wachstum neuer Industriebereiche wie die Chemieindustrie[79] sowie die Einführung der Automatisierung, die wiederum Prozessoptimierungsmethoden wie Taylorismus und Fordismus und damit erst die Massenproduktion ermöglichten. Die Folge der beträchtlichen Erhöhung des Industrieoutputs war eine Senkung der Stückkosten, was wiederum für eine Vergünstigung von (ehemals Luxus-)Produkten und eine Erhöhung der Löhne sorgte[80]. Wie die berühmte Anekdote beschreibt, konnte der bei Ford angestellte Arbeiter sich so eine von ihm selbst mitgefertigte *Tin Lizzie* leisten, was „für damalige Verhältnisse ein unerhörter Luxus"[81] war.

John/Cobb, Clifforf/Slattery, Noah, The Genuine Progress Indicator 2006. A Tool for Sustainable Development, 2007.

[76] Vgl. Atkeson, Andrew/Kehoe, Patrick J., Modeling the Transition to a New Economy: Lessons from Two Technological Revolutions The American Economic Review, 97 (1), 2007, S. 64.

[77] Warnecke, Hans-Jürgen, Die fraktale Fabrik. Revolution der Unternehmenskultur, Berlin, 1992, S. 15.

[78] Vgl. Sutthiphisal, Dhanoos., Learning-by-Producing and the Geographic Links between Invention and Production: Experience from the Second Industrial Revolution. The Journal of Economic History, 66 (4), 2006, S. 996f.; Warnecke, 1992, S. 15.

[79] Vgl. Sutthiphisal, 2006, S. 997.

[80] Vgl. Jenson, Michael C., The Journal of Finance, 48 (3), 1993, S. 834f.

[81] Warnecke, 1992, S. 16.

Wenn man nun die ursprüngliche industrielle Revolution als radikale soziotechnische Innovation darstellt und dementsprechend die zweite industrielle Revolution bezüglich des Neuheitsgrades als inkrementelle Innovation[82] auffasst, könnte der Eindruck entstehen, dass letztere nur eine Fortsetzung des bereits eingeleiteten technikinduzierten Wandlungsprozesses ist. Zwar war die erste Revolution sicherlich die notwendige Bedingung für die zweite. Allerdings sollte das nicht darüber hinwegtäuschen, dass die Massenproduktion und die Verlagerung der industriellen Produktion von Klein- auf Großbetriebe nicht nur den Arbeitsalltag der direkt an der Produktion beteiligten ArbeiterInnen veränderte, sondern sich durch die beschleunigte, zunehmend auf Forschung und Entwicklung basierte Produktion und Diffusion von Innovationen wie dem Automobil oder technischen Kommunikationsmitteln und nicht zuletzt durch das Hinzukommen von Erdöl als zusätzlicher Energieträger neben Kohle[83] erneut ein Prozess gesellschaftlichen Wandels angestoßen wurde.

4.3 Die dritte industrielle Revolution

Wie bei der zweiten industriellen Revolution ist verhältnismäßig wenig Literatur zur dritten Revolution zu finden. Allerdings zeigt sich bei näherer Betrachtung, dass der Begriff der dritten industriellen Revolution sehr unterschiedlich verwendet wird, ohne dass dies in der Wissenschaft thematisiert wird. So erklärte die deutsche Forschungslandschaft bereits in den 1970er- und 1980er-Jahren das vermehrte Aufkommen der Mikroelektronik zum Anzeichen einer dritten Revolution, die das elektronische Zeitalter hervorbringen sollte.[84] Diese Sichtweise wird auch von neueren Publikationen zu Industrie 4.0 aufgegriffen.[85] Allerdings gibt

---

[82] Für eine Beschreibung des gesellschaftlichen "Impacts" von Innovationen, sei bspw. auf Weyer verwiesen (Vgl. Weyer, J., Techniksoziologie. Genese, Gestaltung und Steuerung sozio-technischer Systeme. Weinheim und München, 2008, S. 57).

[83] Vgl. Jänicke, Martin/Jacob, Klaus, Eine dritte industrielle Revolution? Wege aus der Krise ressourcenintensiven Wachstums, In: Bundesministerium für Umwelt, Naturschutz und Reaktorsicherheit (BMU) (Hg.), Die Dritte industrielle Revolution - Aufbruch in ein ökologisches Jahrhundert. Dimensionen und Herausforderungen des industriellen und gesellschaftlichen Wandels, 2008, S. 14.

[84] Vgl. Balkhausen, Dieter, Die dritte industrielle Revolution. Wie die Mikroelektronik unser Leben verändert. Düsseldorf, Wien, 1978; Kevenhörster, Paul, Politik im elektronischen Zeitalter. Politische Wirkungen der Informationstechnik, Baden-Baden, 1984.

[85] Vgl. etwa Scheer (Hg.), Industrie 4.0 - Wie sehen Produktionsprozesse im Jahr 2020 aus? eBook., 2013, S. 23.

es auch Publikationen, die die dritte industrielle Revolution anders auslegen. So machen in einer Veröffentlichung des Bundesministeriums für Umwelt, Naturschutz und Reaktorsicherheit (BMU) sowohl politische als auch wissenschaftliche Akteure die industriellen Revolutionen anhand der genutzten Energieträger aus und fordern zukunftsgerichtet die dritte industrielle Revolution als Revolution der erneuerbaren Energien.[86] Die beiden Auffassungen der dritten Revolution sind zwar an sich unvereinbar, erlauben in ihrer Kombination allerdings eine wichtige Aussage: Nach der zweiten industriellen Revolution gab es keine industriellen Neuerungen, die bisher einen so umwälzenden gesellschaftlichen Wandel hervorbrachten, dass man diesen Wandel eindeutig unter einer dritten industriellen Revolution subsumieren könnte.

5. Industrie 4.0 – Die vierte industrielle Revolution?

Wie in den ersten beiden Kapiteln dargelegt, dient Industrie 4.0 als Sammelbegriff für die propagierten Entwicklungen der vierten industriellen Revolution. Dabei wird die eigentliche Form der Bezeichnung *Industrie 4.0* nicht diskutiert. Der Vergleich mit dem Schlagwort *Web 2.0*[87] zeigt allerdings, dass es um mehr geht, als um eine bloße Abkürzung. Die derart genutzte Notation – die eigentliche Begriffsbezeichnung in Zusammenhang mit durch einen Punkt abgetrennte Ziffern – greift das Konzept von Web 2.0 auf, ein neues, mit dem Internet verbundenes, gesamtgesellschaftliches, soziotechnisches Phänomen mit der aus der Softwareindustrie bekannten Versionierungsnotation zu verbinden. Dafür erscheinen zwei Gründe plausibel: Zum einen ist *Industrie 4.0* kompakter, einprägsamer und als Schlagwort deshalb besser nutzbar als *die vierte industrielle Revolution*. Zum anderen zeigt der Begriff bzw. die Versionierungsnotation eine Verbindung zur Software- und IKT-Industrie auf. Damit übernimmt die Industrie Deutschlands, die häufig eher als konservativ gilt und inkrementelle Innovationen bevorzugtAttribute des

---

[86] Vgl. u. a. Gabriel, Sigmar, Die Dritte Industrielle Revolution, Eine Einleitung, In Bundesministerium für Umwelt, Naturschutz und Reaktorsicherheit (BMU) (Hg.), Die Dritte industrielle Revolution - Aufbruch in ein ökologisches Jahrhundert. Dimensionen und Herausforderungen des industriellen und gesellschaftlichen Wandels, 2008; Jänicke/Jacob, 2008.

[87] Vgl. Adomeit, Sonja, Kundenbindung im Web 2.0: Chancen im Business to Consumer Bereich. (Diplomarbeit), Fachhochschule Koblenz, Hamburg, 2008, S. 9f.

als jung, hip und hochgradig innovativ geltenden Silicon Valleys auf.[88] Damit zusammenhängend wird durch Nutzung der Hauptversionsnummer und Vernachlässigung der Nebenversionsnummer[89] signalisiert, dass es sich bei der Neuerung nicht um eine einfache Weiterentwicklung, sondern um eine disruptive, eben revolutionäre Technik handeln soll.[90]

Allerdings zeigt der Vergleich mit Web 2.0, dass eine nachträgliche Versionierung von Entwicklungsschritten nicht unumstritten ist.[91] Denn auch aus technischer Sicht wird nicht eindeutig ersichtlich, wieso es sich bspw. bei der Nutzung von CPS in der Industrie um einen kompletten Versionssprung handeln soll und nicht etwa um *Industrie 3.1* als Weiterentwicklung der bestehenden Elektronik und IT-Ausstattung (vgl. 3. industrielle Revolution in Abbildung 1).

Von der Versionierungsnotation abgesehen, zeigt die Diskussion der vorherigen industriellen Revolutionen im vorangegangenen Kapitel, dass besonders die dritte industrielle Revolution als soziale Tatsache angezweifelt werden kann. Alleine daraus lässt sich ableiten, dass es zu früh ist, um den Entwicklungspfad der vierten industriellen Revolution vorauszusehen, oder zu bestimmen, ob es eine solche Revolution überhaupt geben wird.

Wie kann also erklärt werden, dass das Phänomen *Industrie 4.0* derart an Popularität gewann, obwohl die vierte industrielle Revolution *an sich* bzw. ihre Auswirkungen empirisch (noch) nicht als Tatsache beobachtbar sind? Ein möglicher Erklärungsansatz bietet die netzwerktheoretische Betrachtung von „strategic science and technology"[92] (SST). Bei SST handelt es sich im Prinzip um Grundlagenforschung, die jedoch praxisbezogene Lösungen für heutige und zukünftige Fragestellungen bieten soll und deswegen nicht nur in wissenschaftlichen Akteuren, sondern auch in Akteuren von Politik und Wirtschaft Interesse wecken soll.[93]

---

[88] Vgl. Allen, Matthew C., The National Innovation System in Germany, in: Narayanan, V. K./O'Connor, G. C. (Hg.), Encyclopedia of Technology & Innovation Management, Chichester, UK, 2010.

[89] Vgl. Roden, Golo, Schrittweise: Versionsnummern richtig vergeben. heise Developer, 2013, http://www.heise.de/developer/artikel/Schrittweise-Versionsnummern-richtig-vergeben-1859566.html (aufgerufen am 29.11.2015).

[90] Vgl. Adomeit, 2008, S. 9.

[91] Vgl. ebd.

[92] van Lente, Harro/Rip, Arie, The Rise of Membrane Technology: From Rhetorics to Social Reality. Social Studies of Science, 28 (2), 1998, S. 221.

[93] Vgl. ebd., S. 222.

Um dieses Interesse zu wecken und Akteure zu einer finanziellen und ideellen Förderung der Forschung zu bewegen, wird zunächst ein rhetorischer Raum aufgespannt und mit einem Sammelbegriff – in diesem Fall *Industrie 4.0* – belegt. Dieser rhetorische Raum erfüllt mehrere Funktionen. Zunächst dient er als Ort, in denen FürsprecherInnen der neu entstehenden Technik Versprechungen hineingeben können. So wird I. 4.0 bspw. als adäquate Antwort auf die Probleme des demografischen Wandels angepriesen;[94] es wäre vermutlich wenig verwunderlich, wenn nach der vergangenen Europawahl auch neue Versprechungen zur zukünftigen Nachhaltigkeit von Produktionssystemen hinzukämen. Solche Versprechungen werden formuliert, um eine Zuhörerschaft zu konstruieren, wie van Lente und Rip darlegen,[95] damit diese ZuhörerInnen später als UnterstützerInnen und FürsprecherInnen fungieren können. Abbildung 2 visualisiert Industrie 4.0 als rhetorischen Raum für einige beispielhafte Versprechungen.

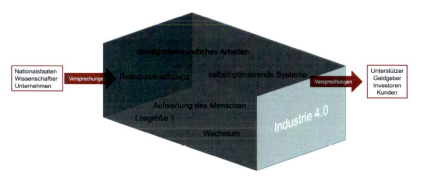

Abbildung 2: Industrie 4.0 als rhetorischer Raum, um mit generalisierten Versprechungen eine Zuhörerschaft zu konstruieren.

Die Hannover-Messe etwa diente als Geburtsort für den Begriff *Industrie 4.0* und wird Jahr für Jahr dazu genutzt, um ein Fachpublikum gezielt anzulocken und

---

[94] Vgl. etwa Auer, Josef, Industrie 4.0 – Digitalisierung mildert demografische Lasten, 2018; Klug, Matthias,/Roscher, Oliver, Transformierbare Flurförderzeuge als multifunktionale Begleiter in sozio-technischen Systemen, in: Vogel-Heuser B./Bauernhansl T./ten Hompel M. (Hg.), Handbuch Industrie 4.0 Bd.3. Logistik. 2., erweiterte und bearbeitete Auflage, (Bd. 3, S. 63-85) Berlin, 2017; Löhrer, Mario/Lemm, Jaqueline/Kerpen, Daniel/Saggiomo, Marco/Gloy, Yves, Soziotechnische Assistenzsysteme für die Produktionsarbeit in der Textilbranche, in: Wischmann, S./Hartmann, E. A. (Hg.), Zukunft der Arbeit - Eine praxisnahe Betrachtung (S. 73-84), Berlin, 2018.
[95] Vgl. van Lente/Rip, 1998, S. 232f.

dieses über neue verheißungsvolle Entwicklungen zu informieren. Daneben gibt es zahlreiche andere Messen, Fachkonferenzen, Tagungen, Arbeitsgruppen etc., die ebenfalls als Begegnungsstätten dabei helfen, auf der einen Seite bereits bekannte Versprechungen zu wiederholen sowie neue auszusprechen und auf der anderen Seite Erwartungen an I. 4.0 an die FürsprecherInnen heranzutragen.

Wie zuvor angeklungen ist eine weitere Funktion des rhetorischen Raumes das Versammeln verschiedener technischer Entwicklungen unter einem einzelnen Label. Dies betrifft nicht nur Techniken, die sich bspw. erst im Zuge von neuen Förderlinien entwickeln, sondern vor allem auch bereits bekannte Techniken.[96] So kommt es, dass Techniken und Begriffe wie CPS, Big Data, das Internet der Dinge, 3D-Druck, Künstliche Intelligenz und weitere nun mit Industrie 4.0 assoziiert werden, obwohl sie teilweise weit früher als der Sammelbegriff selbst entstanden sind. Die Folge dieser Vereinnahmung von Techniken ist eine starke Steigerung des Interesses an I. 4.0: Einerseits werden EntwicklerInnen, AnhängerInnen und Interessenten dieser einzelnen Techniken und Entwicklungsstränge bereits durch die bloße Assoziation mit I. 4.0 dazu bewegt, sich mit dieser neuen übergeordneten Technik auseinanderzusetzen. Andererseits müssen GeldgeberInnen nicht mehr länger einzelne Techniken im Blick behalten und auf ihre Förderwürdigkeit hin evaluieren, sondern können sich vollends auf das neu gebildete Forschungsfeld und auf die dort hineinprojizierten Versprechungen konzentrieren.

Der rhetorische Raum und die ihm gewidmeten tatsächlichen Räume bewirken zusammen mit den geäußerten Versprechungen, dass sich Akteure zu I. 4.0 positionieren müssen. Mit van Lente und Rip[97] und ergänzt durch die Einsichten Krackhardts[98] kann festgestellt werden, dass dabei ein Akteursnetzwerk bzw. vielmehr akteurspezifische, subjektiv wahrgenommene Netzwerke[99] entstehen, in denen die Akteure nicht nur sich selbst verorten, sondern eben auch andere Akteure. Diese gegenseitige Positionierung und Bezugnahme, die Zuweisung, Annahme bzw. Ablehnung von in den Versprechungen eingebetteten Skripten und Rollen[100] sowie „agenda building"[101] lassen aus dem rhetorischen Raum letztendlich soziale

---

[96] Vgl. van Lente/Rip, 1998, S. 225-228.
[97] Vgl. edb., S. 235.
[98] Vgl. Krackhardt, David, Cognitive Social Structures. Social Networks (9),1987.
[99] Im Original „Cognitive Social Structures", ebd.
[100] Vgl. van Lente/Rip, 1998, S. 234.
[101] Ebd., S. 245.

Wirklichkeit entstehen. So ist zu erklären, dass vielfältige Forschungsgruppen, Fachgebiete und Unternehmen sich nun in den unterschiedlichsten Zusammenhängen mit I. 4.0 beschäftigen und sich verschiedenste *Spin-off-Begriffe* wie Arbeiten 4.0, Marketing 4.0, Tourism 4.0, Logistics 4.0, Recycling 4.0 und sogar Töchter 4.0 herausbilden konnten.

6. Zusammenfassung und Fazit

In dieser Arbeit wurde diskutiert, inwiefern Industrie 4.0 tatsächlich die vierte industrielle Revolution kennzeichnen könnte. Dazu wurde zunächst skizziert, wie das *Zukunftsprojekt Industrie 4.0* eingeführt und wie die dahinterstehende Technik von den Initiatoren definiert wurde. Es wurde gezeigt, dass I. 4.0 maßgeblich auf CPS basiert, allerdings wird die konkrete technische Ausgestaltung in den meisten Fällen offengelassen. Nach Aufzeigen der vor allem technischen Definition von I. 4.0 folgte die Darstellung soziologischer Forschung zum Thema, mit Fokus auf Ansätze von Hirsch-Kreinsen, Ortmann und Guhlke und Pfeiffer (Kapitel 3). Während sich die erstgenannten Ansätze auf die *offizielle* Darstellung von I. 4.0, d. h. Industrie 4.0 als disruptive Innovation, beziehen, zeigt Pfeiffer anhand ihrer kritischen Forschung, dass die technische Grundlage von I. 4.0 im Grunde keine kürzlich entstandene Neuerung darstellt und dass bereits der Begriff *industrielle Revolution* umstritten ist. Dadurch ist I. 4.0 nicht so eindeutig als industrielle Revolution auszumachen wie oft dargestellt. Im nachfolgenden Kapitel (Kapitel 4) wurde diese kritische Haltung übernommen und die ersten drei industriellen Revolutionen im Hinblick auf ihre Definitionen und Kontroversen im wissenschaftlichen Diskurs untersucht, um ableiten zu können, inwiefern I. 4.0 eine industrielle Revolution darstellen könnte. Ergebnis dieser Untersuchung ist, dass besonders die dritte industrielle Revolution nicht eindeutig hinsichtlich ihrer gesamtgesellschaftlichen Auswirkungen bestimmt werden kann. Davon kann abgeleitet werden, dass es zu früh ist, I. 4.0 als vierte industrielle Revolution identifizieren oder gar ausrufen zu wollen. Wie es trotzdem dazu kam, dass Industrie 4.0 als Megatrend wahrgenommen wird, wurde in Kapitel 5 anhand von *strategic science and technology* nachvollzogen. Es wurde argumentiert, dass I. 4.0 zunächst als rhetorischer Raum konzipiert wurde, um Aufmerksamkeit und letztendlich finanzielle und ideelle Unterstützung zu generieren. Aus diesem Raum entstand mithilfe von Versprechungen und der gegenseitigen Positionierung unterschiedlicher Akteure in Bezug zur Technologie letztendlich die soziale Wirklichkeit, die bspw. auf Konferenzen, in wissenschaftlichen Publikationen und in den Massenmedien beobachtet werden kann.

Wenn Industrie 4.0 nun also soziale Wirklichkeit geworden ist, wie sieht es dann mit der vierten industriellen Revolution aus? Hier wird vorgeschlagen, I. 4.0 als Sammelbegriff für neue, auf CPS, IoT etc. beruhende Produktionstechnologien aufzufassen, jedoch ohne diese Technologien zu Vorboten der vierten industriellen Revolution hoch zu stilisieren. Beim Betrachten der Industrielandschaft Deutschlands entsteht nämlich leicht der Eindruck, das Ziel von I. 4.0 sei weniger eine *echte* Revolution als „Innovation um der Erhaltung willen."[102] Dabei sind seit Jahren im Zuge der fortschreitenden Digitalisierung und Datafizierung durchaus zunehmende Wandlungstendenzen sichtbar – nicht nur im Bereich der Arbeit, sondern in sämtlichen Domänen der Gesellschaft. Daher wäre es sicherlich nicht abwegig, in dieser Hinsicht von einer digitalen Revolution zu sprechen. Industrie 4.0 ist allerdings nicht Auslöser, sondern lediglich Folge dieser möglichen Revolution.

---

[102] Morozov, Evgeny, Technik ist Opium für das Volk, Süddeutsche Zeitung, https://www.sueddeutsche.de/digital/social-media-bolsonaro-tech-trump-politik-1.4498347?utm_source=pocket-newtab, (aufgerufen 2019).

Literaturverzeichnis

Adomeit, Sonja, Kundenbindung im Web 2.0: Chancen im Business to Consumer Bereich, (Diplomarbeit), Fachhochschule Koblenz, Hamburg, 2008. [Adomeit, 2008]

Allen, Matthew C., The National Innovation System in Germany, in: Narayanan V. K./O'Connor G. C. (Hg.), Encyclopedia of Technology & Innovation Management, Chichester UK, 2010, S. 375-390.

Atkeson, Andrew/Kehoe, Patrick J., Modeling the Transition to a New Economy: Lessons from Two Technological Revolutions The American Economic Review, 97 (1), 2007, S. 64-88.

Auer, Josef, Industrie 4.0 – Digitalisierung mildert demografische Lasten, 2018.

Balkhausen, Dieter, Die dritte industrielle Revolution. Wie die Mikroelektronik unser Leben verändert, Düsseldorf, Wien, 1978.

Berg, Maxine/Hudson, Pat, Rehabilitating the Industrial Revolution. The Economic History Review, 45 (1),1992, S. 24-50. [Berg/Hudson, 1992]

BMAS, Grünbuch Arbeiten 4.0, 2015.

BMBF (Hg.), Zukunftsbild "Industrie 4.0", 2013. [BMBF, 2013, S. 10]

BMWi (Hg.), Monitoring-Report Wirtschaft DIGITAL 2015, 2015.

Dahrendorf, Ralf, Über einige Probleme der soziologischen Theorie der Revolution. European Journal of Sociology, 2 (1), 1961, S. 153-162.

Forschungsunion/acatech (Hg.), Umsetzungsempfehlungen für das Zukunftsprojekt Industrie 4.0, Abschlussbericht des Arbeitskreises Industrie 4.0, 2013. [Forschungsunion/acatech, 2013]

Gabriel, Sigmar, Die Dritte Industrielle Revolution, Eine Einleitung, In Bundesministerium für Umwelt, Naturschutz und Reaktorsicherheit (BMU) (Hg.), Die Dritte industrielle Revolution - Aufbruch in ein ökologisches Jahrhundert. Dimensionen und Herausforderungen des industriellen und gesellschaftlichen Wandels, 2008.

Genovese, F. C., Measuring Human Development. American Journal of Economics and Sociology, 49 (4), S. 457-458. doi: 10.2307/3487540, 1990.

Harley, C. Knick/Crafts, Nicholas F. R., Simulating the Two Views of the British Industrial Revolution, The Journal of Economic History, 2000, S. 60 (3). [Harley/Crafts, 2000]

Hartwell, Ronald M., Was There an Industrial Revolution? Social Science History, 14 (4), 1990, S. 567-576. [Hartwell, 1990]

Hirsch-Kreinsen, Hartmut,Wandel von Produktionsarbeit – „Industrie 4.0",
2014. [Hirsch-Kreinsen, 2014a]

Hirsch-Kreinsen, Hartmut, Welche Auswirkungen hat "Industrie 4.0" auf die
Arbeitswelt? WISO direkt, 2014. [Hirsch-Kreinsen, 2014b]

Hirsch-Kreinsen, Hartmut, Industrie 4.0: Entwicklungsperspektiven von
Arbeit. Technologieschub mit eindeutigen Konsequenzen? ifo Schnelldienst, S.
68 (10/2015). [Hirsch-Kreinsen]

Hoppit, Julian, Counting the Industrial Revolution. The Economic History
Review, 43 (2), 1990, S. 173-193. [Hoppit, 1990]

Ittermann, Peter./Niehaus, Jonathan/Hirsch-Kreinsen, Hartmut, Arbeiten in
der Industrie 4.0. Trendbestimmungen und arbeitspolitische Handlungsfelder,
2015.

Jänicke, Martin/Jacob, Klaus, Eine dritte industrielle Revolution? Wege aus
der Krise ressourcenintensiven Wachstums, In: Bundesministerium für Umwelt,
Naturschutz und Reaktorsicherheit (BMU) (Hg.), Die Dritte industrielle
Revolution - Aufbruch in ein ökologisches Jahrhundert. Dimensionen und
Herausforderungen des industriellen und gesellschaftlichen Wandels, Berlin,
2008. [Jänicke/Jacob, 2008]

Jenson, Michael C., The Journal of Finance, 48 (3), 1993, S. 831-880.

Kagermann, Henning, Lukas, Wolf-Dieter, Wahlster, Wolfgang, Industrie
4.0: Mit dem Internet der Dinge auf dem Weg zur 4. Industriellen Revolution
2011, Düsseldorf, 2011, Nr. 13, S. 2, https://www.dfki.de/fileadmin/user_up-
load/DFKI/Medien/News_Media/Presse/Presse-Highlights/vdinach2011a13-
ind4.0-Internet-Dinge.pdf (aufgerufen 07.10.19).

Kevenhörster, Paul, Politik im elektronischen Zeitalter. Politische Wirkungen
der Informationstechnik, Baden-Baden, 1984.

Klug, Matthias/Roscher, Oliver, Transformierbare Flurförderzeuge als
multifunktionale Begleiter in sozio-technischen Systemen, in: Vogel-Heuser
B./Bauernhansl T./ten Hompel M. (Hg.), Handbuch Industrie 4.0 Bd. 3.
Logistik. 2., erweiterte und bearbeitete Auflage, (Bd. 3, S. 63-85) Berlin, 2017.

Kollmann, Tobias, Zu wenig Gründer: Deutschland ist digital abgehängt,
manager magazin, http://www.manager-magazin.de/unternehmen/it/a-
856084.html, (aufgerufen16.09.2012).

Krackhardt, David, Cognitive Social Structures. Social Networks (9), 1987, S.
109-134.

Lichtblau, Karl/Stich, Volker/Bertenrath, Roman/Blum, Matthias/Bleider, Martin/Millak, Agnes/Schröter, Moritz, Industrie 4.0-Readiness, 2015.

Löhrer, Mario/Lemm, Jaqueline/Kerpen, Daniel/Saggiomo, Marco/Gloy, Yves-Simon, Soziotechnische Assistenzsysteme für die Produktionsarbeit in der Textilbranche, in: Wischmann, S./Hartmann, E. A. (Hg.), Zukunft der Arbeit - Eine praxisnahe Betrachtung (S. 73-84), Berlin, 2018.

Lotter, Wolf, Schichtwechsel. brand eins (7/2015), 2015, S. 30-40.

Morozov, Evgeny, Technik ist Opium für das Volk, Süddeutsche Zeitung, https://www.sueddeutsche.de/digital/social-media-bolsonaro-tech-trump-politik-1.4498347?utm_source=pocket-newtab, (aufgerufen 2019).

Ortmann, Ulf/Guhlke, Blanca, Leitfaden Technikakzeptanz: Konzepte zur sozial- und humanverträglichen Gestaltung von Industrie 4.0, http://www.its-owl.de/fileadmin/PDF/Publikationen/2015-01-05-Leitfaden_Technologieakzeptanz_Konzepte_zur_sozial-_und_humanvertraeglichen_Gestaltung_von_Industrie_4.0.pdf.pdf (aufgerufen 2014). [Ortmann/Guhlke, 2014]

Paeger, Jürgen, Das Zeitalter der Industrie. Die Industrielle Revolution: Kohle und Kapitalismus prägen die Welt. Teil I: Kohle, Dampfmaschine und Stahl. Der Beginn der industriellen Revolution in England. Ökosystem Erde, 2014, http://www.oekosystem-erde.de/html/industrielle_revolution.html.

Pfeiffer, Sabine, Digitalisierung, Arbeit und Beschäftigung. Das Beispiel Industrie 4.0. Vortrag bei der 6. Engineering- und IT-Tagung "Digitale Arbeitswelt gestalten!", Adam Opel AG Rüsselsheim, [Vortragsfolien], 17.09.2015, http://www.sabine-pfeiffer.de/files/downloads/Pfeiffer-2014-EngineeringTagung.pdf. [Pfeiffer, 2014]

Pfeiffer, Sabine, Arbeit 4.0 - das Ende der Beruflichkeit wie wir sie kennen? [Vortragsfolien], 17.09.2015, http://www.sabine-pfeiffer.de/files/downloads/Pfeiffer-2015-Arbeit40-Beruflicheit.pdf. [Pfeiffer, 2015a]

Pfeiffer, Sabine, Der Mensch kann Industrie 4.0. Keynote auf der High-Level Podiumsdiskussion der Plattform Industrie 4.0 während der Hannover Messe am 13. April 2015. [Vortragsfolien], http://www.sabine-pfeiffer.de/files/downloads/Pfeiffer-2015-71Prozent-Industrie40.pdf. [Pfeiffer, 2015b]

Pfeiffer, Sabine, Industrie 4.0 und die Digitalisierung der Produktion – Hype oder Megatrend? Aus Politik und Zeitgeschichte, 65 (31/32), 2015, S. 6-12. [Pfeiffer, 2015c]

Pfeiffer, Sabine, Industrie 4.0. Schriftliche Stellungnahme beim öffentlichen Fachgespräch des Ausschusses für Bildung, Forschung und Technikfolgenabschätzung, Bundesdrucksache 18(18)166 g vom 01. Dezember 2015, http://www.bundestag.de/blob/389692/4700320897bb1fc031a6cb27af2ce293/a-drs-18-24-70-data.pdf. [Pfeiffer, 2015d]

Pfeiffer, Sabine, Robotics and Industry 4.0 - discourse, development and consequences. 2nd European TA conference. The Next Horizon of Technology Assessment. [Vortragsfolien], http://www.sabine-pfeiffer.de/files/downloads/2015_Pfeiffer_Industry40_Robotic.pdf. [Pfeiffer, 2015e]

Roden, Golo, Schrittweise: Versionsnummern richtig vergeben. heise Developer, 2013, http://www.heise.de/developer/artikel/Schrittweise-Versionsnummern-richtig-vergeben-1859566.html, (aufgerufen 29.11.2015).

Scheer (Hg.), Industrie 4.0 - Wie sehen Produktionsprozesse im Jahr 2020 aus? eBook., 2013.

Stöcker, Christian, Breitbandausbau: Dobrindt gesteht deutsche Versäumnisse ein, SpiegelOnline, 19.01.2014, http://www.spiegel.de/netzwelt/netzpolitik/breitbandausbau-dobrindt-gesteht-deutsche-versaeumnisse-ein-a-944344.html.

Sutthiphisal, Dhanoos, Learning-by-Producing and the Geographic Links between Invention and Production: Experience from the Second Industrial Revolution. The Journal of Economic History, 66 (4), 2006, S. 992-1025. [Sutthiphisal, 2006]

Talberth, John/Cobb, Clifford/Slattery, Noah, The Genuine Progress Indicator 2006. A Tool for Sustainable Development, 2007.

Temin, Peter, Two Views of the British Industrial Revolution. The Journal of Economic History, 57 (1), 1997, S. 63-82. [Temin, 1997]

van Lente, Harro/Rip, Arie, The Rise of Membrane Technology: From Rhetorics to Social Reality. Social Studies of Science, 28 (2), 1998, S. 221-254. [van Lente & Rip, 1998]

Warnecke, Hans-Jürgen, Die fraktale Fabrik. Revolution der Unternehmenskultur, Berlin, 1992. [Warnecke, 1992]

Weyer, Johannes, Techniksoziologie. Genese, Gestaltung und Steuerung soziotechnischer Systeme, Weinheim, München, 2008.

Wilkens, Andreas, Gesellschaft für Informatik: Deutschland verpasst den Anschluss, heise online, 04.April.2013
http://www.heise.de/newsticker/meldung/Gesellschaft-fuer-Informatik-Deutschland-verpasst-den-Anschluss-1875968.html.

Wikipedia, Industrielle Revolution
https://de.wikipedia.org/wiki/Industrielle_Revolution (aufgerufen 13.01.2016).

Politik des Doppelklicks. Donald J. Trumps „Space Force"

Martin Bartelmus

1. Methodische Vorbemerkungen

Donald Trumps „Space Force" ist in den Augen seiner Anhänger die natürliche Konsequenz einer neuen Politik im Zeichen des Slogans „Make America Great Again". Aus den Augen seiner Kritiker ist „Space Force" nur ein weiterer minderbemittelter, uninformierter Tweet,[1] über den man schmunzeln, den man aber nicht ernst nehmen kann und muss.

Dabei folgt die Idee einer militärischen Vormachtstellung im Weltall einer Tradition amerikanischer Präsidenten seit dem Wettlauf um den bemannten Flug zum Mond in den 1960er Jahren. Im Vordergrund steht nicht nur die militärische Präsenz im Weltall als extraterrestrische Dominanz, sondern auch ganz konkrete irdische Effekte, die vom schillernden Begriff „Space Force" hervorgerufen werden sollen. Ganz wie John F. Kennedys Plan den ersten Menschen auf den Mond zu schicken,[2] hat dieses Projekt neben der militärischen natürlich auch eine symbolische Bedeutung, die den Wert der Nation, das Selbstverständnis der US-Amerikaner stärken, potenzieren und sichern soll. Vor allem aber hat diese Idee wirtschaftliche, juristische und ökologische Folgen.

Die Rede vom ersten Menschen auf dem Mond, wie der „Space Force" bildet demnach eine *black box*. Das *black boxing* folgt einer Politik des Doppelklicks. Eine Politik des Doppelklicks ist in Anlehnung an Bruno Latour eine Strategie, die die Zusammenhänge zwischen den unterschiedlichen Sphären aus Wirtschaft, Jurisdiktion, Rhetorik/Ästhetik bzw. Fiktion und Ökologie zu verdecken trachtet. „Space Force" nämlich forciert nicht so sehr einen eigenen Plan zur Raumfahrt, als vielmehr einen Dominoeffekt zu provozieren, der der irdischen Wirtschaft der

---

[1] Vgl. Trump, Donald J.
https://twitter.com/realdonaldtrump/status/1027586174448218113?lang=de
(aufgerufen 27.07.2019).
[2] Vgl. Jordan, John W., Kennedy's Romantic Moon and Its Rhetorical Legacy for Space Exploration, in: Rhetoric and Public Affairs 6 (2), 2003, S. 209-231.

USA zugute kommen, auf der Erde das Selbstverständnis der US-Amerikaner verstärken, und vor allem private Investoren zur technologischen Forschung und Entwicklung zwingen soll.

Ich werde im Folgenden in einem ersten Schritt „Space Force" als Projekt in die Genealogie US-amerikanischer Raumfahrtprogramme stellen und (pop-)kulturelle Querverweise mit ideologischer Konnotation aufzeigen.[3] In einem zweiten Schritt werde ich die politische Strategie, ihre Sprache und ihre tatsächliche staatliche Konsequenz beleuchten. In einem dritten Schritt will ich das Projekt „Space Force" mit privatunternehmerischen Projekten in den USA kontextualisieren. Zuletzt will ich über die ökologischen Konsequenzen einer Politik des Doppelklicks sprechen, die nicht nur in den USA, sondern auf der ganzen Erde zum gängigen Topos der Politik geworden zu sein scheint.

Dafür werde ich mich spezifisch auf die Akteur-Netzwerk-Theorie und das anthropologische Modell der Existenzweisen des Soziologen, Technik- und Wissenschaftshistorikers und Philosophen Bruno Latour stützen. Insbesondere in seinem Buch *Existenzweisen Eine Anthropologie der Modernen* liefert Latour nicht nur den Begriff des Doppelklicks, sondern auch eine systematische Begriffssprache, wie das komplexe Ineinanderwirken verschiedener Existenzmodi, Sprachen, und Seinsweisen zu analysieren sind. Das heißt, dass das Sprechen über eine politische Sache wie „Space Force" offensichtlich nicht nur politischer Natur ist, sondern auch juridische, ökonomische und technische Aspekte beinhaltet. Dass dieses Sprechen auch fiktionale Elemente aufweist, ist ebenso naheliegend. Die Politik des Doppelklicks aber amalgamiert diese Aspekte, und ordnet sie dem der Ideologie unter. Wann immer ich also über „Space Force" spreche, versuche ich diese *black box* zu öffnen, und die verschiedenen Zusammenhänge und Relationen aufzuzeigen.

2. Genealogie der „Space Force"

Am 25. Mai 1961 hielt John F. Kennedy eine Rede vor dem US-Kongress in der er bekanntlich die USA auf ihre „Pflicht" einschwor, noch zum Ende des Jahrzehnts eine bemannte Raumfahrtmission zu starten, die den ersten Menschen auf

---

[3] Vgl. Gorman, Alice, The Archology of Space exploration, in: Parker, Martin (Hg.), Space Travel and Culture, Oxford, UK, Malden, USA, 2009, S. 132-145.

den Mond bringen sollte.[4] Am 20. Juli 1969 war es dann soweit: die Rakete Apollo 11 bringt die drei Astronauten allen voran Neil Armstrong zum ersten Schritt eines Menschen auf der Mondoberfläche. Dafür musste aber zuerst ein politischer Schock überwunden werden.

Denn die Sowjetunion war 1957 zuerst im Weltall: Sputnik 1. 1958 zogen die US-Amerikaner nach: Explorer 1 startet genauso wie das Weltraumforschungsprogramm NASA.[5]

Konstruiert wurde die Rakete von einem ehemaligen Nazi-Ingenieur: Wernher von Braun.[6] Die Verstrickung von Raumfahrt, Raketentechnologie und Nationalsozialismus kulminiert in dieser Person. Dass die Nazi-deutsche Ingenieursleistung, eine interkontinentale Rakete bzw. eine raumfahrttaugliche zu konstruieren, nicht ohne die menschenverachtende Maschinerie von Konzentrations- und Arbeitslagern und dem Massenmord an Menschen möglich war, ist heute bekannt.[7] Dass die US-Amerikaner sich dieser Vorarbeit bedienten auch. Raumfahrttechnologie ist in erster Linie Kriegstechnologie und fällt natürlich nicht einfach vom Himmel.[8]

So stammen die ersten Vorschläge für den „Race to Space" von der US-Army („Explorer"), der US-Navy („Vanguard") und der US-AirForce („Discoverer").[9]

Triebwerke, Funkverbindung, Steuerung, hitzebeständige Materialien sind notwendig, damit aus der Blaupause ein tatsächlich aufsteigendes Raumschiff wird.[10]

---

[4] Eine zweite Rede an die Bürger der USA am 12 September 1962 in Houston, Texas leitete Kennedy bekanntlich mit den berühmt gewordenen Worten ein: „We choose to go to the Moon [...]in this decade and do the other things, not because they are easy, but because they are hard."

[5] Vgl. Hensel, André T., Geschichte der Raumfahrt bis 1970. Vom Wettlauf ins All bis zur Mondlandung, Berlin, 2019, S. 63f., S. 66. Die NASA übernahm die Entwicklung der zivilen Raumfahrt, während die ARPA die militärische entwickelte. Dabei blieb die NASA der Regierung/dem Präsidenten unterstellt, während die ARPA dem Verteidigungsministerium untergeordnet wurde.

[6] Vgl. Eisfeld, Rainer, Mondsüchtig, Wernher von Braun und die Geburt der Raumfahrt aus dem Geist der Barbarei, Reinbek, 1996.

[7] Vgl. Ebd.

[8] Vgl. Hensel, Berlin, 2019, S. 48f. Im Zuge des Wettrüstens und der Entwicklung der Wasserstoffbombe bei Sowjets und USA wird die Rakete als Trägerrakete in den Mittelpunkt gerückt.

[9] Ebd.

[10] Vgl. Hensel, 2019.

Für das Apolloprojekt wurde nach der Rede Kennedys das Budget um 400 Prozent erhöht und ca. 400.000 Menschen eingestellt. Das führt natürlich nicht nur zu einem tatsächlichen Erfolg des Raumfahrtprogramms, sondern auch zu einem wirtschaftlichen Aufschwung, einem politischen Selbstvergewisserung und zudem einer breiten Generation von Raumfahrtenthusiasten.

Man sollte den Zusammenhang nicht unterschätzen, dass ein nicht-militärischer Arbeitergeber wie die NASA zum Taktgeber technischer Entwicklung und zum Selbstwertgefühl der Amerikaner in einem auch ideologisch aufgeladen weltpolitischen Kräftemessen beitragen konnte.

Damit also ein Projekt wie das der Mondlandung überhaupt möglich wird, müssen verschiedene Akteure koordiniert, überzeugt, vernetzt und eingeschworen werden, verschiedenste Geldquellen angezapft, neue Akteure akquiriert, und alte Wissensbestände transformiert werden. Am Ende steht dann ein technisches Objekt, eine Rakete, die Menschen zum Mond bringt.

Entscheidend ist aber, dass dieser Endpunkt eben nur der Endpunkt einer langen Reihe und Kette von Maßnahmen, Entwicklungen und Operationen ist.[11]

Dass NASA und auch die „Space Force" in erster Line auf der Erde arbeiten, wird dabei gerne übersehen. Auch ihre Entstehung war eine terrestrische, denn zuerst war die Aufgabe die Zusammenführung aller infrastrukturellen Ressourcen aller unterschiedlichen Beteiligten Forschungsinstitutionen und der Ausbau einer flächendeckenden Satellitenüberwachung über Bodenstationen.[12]

Raumfahrt, auch die Raumfahrt-Geschichte, die zwar an ihrem Endpunkt Raumschiffe und Menschen in Raumanzügen haben, haben an ihrem Anfang, Mathematik, Informatik und Computer. Das gilt auch für eine „Space Force". Bei näherer Betrachtung wird auffallen, dass eine militärische Weltraum-Einheit zumeist von und auf der Erde agieren wird und zwar vom Computer aus.

Wie kommt es dann dazu, dass, wenn das Stichwort „Space Force" fällt, die meisten Anhänger Trumps die Assoziation mit Soldaten in orbitalen Kampfanzügen

---

[11] Vgl. Latour, Bruno, Drawing Things Together. Die Macht der unveränderlichen mobilen Elemente, in: Belliger, Andréa/ Krieger, David J. (Hg.), Anthology, Ein einführendes Handbuch zur Akteur-Netzwerk-Theorie, Bielefeld, 2006, S. 259-307.
[12] Hensel, 2019, S. 66.

und schicke Raumschiffe haben? Eine Antwort liegt sicherlich in der popkulturellen Co-Autorschaft dieser Vorstellung, die nicht nur seit Jules Vernes Romanen den Traum von der Raumfahrt thematisieren, sondern sich konkret mit der Verschränkung von Militarisierung, Erforschung des Unbekannten, Abenteuer und einer spezifischen Ästhetik der menschlichen Eroberung dieses unbekannten Raumes auseinandersetzen und diese mitgestalten.

Das Bild aber einer agierenden militärischen Einheit ist eben ein Effekt einer popkulturellen Weiterentwicklung des Raumfahrtzeitalters. Die Serie *Star Trek*,[13] die von einer Forschungs- und nicht einer militärische Mission, den Weltraum zu erkunden, handelt, entstand 1966 und wurde bis 1969 in ihrer ersten Form im Fernsehen ausgestrahlt und bereitete damit das Publikum auf die Mondlandung popkulturell vor. Ab den 1971er Jahren entstanden die ersten Raumstationen im Weltall, die angesteuert werden konnten.[14]

Wiederum sechs Jahre später, 1977, kam der erste *Star Wars* Film in die Kinos.[15] Hier geht es schon deutlich martialischer zu, und eine „Space Force" wird im doppelten Sinne als Ideologie und tatsächlich agierende Rebellengruppe gegen eine imperial-faschistische Ordnung ins Zentrum des Narrativs gesetzt. Diese Fiktion einer Retrospektion spiegelt sich darin wider, dass der Film auch in einer Zukunft, lange vor unserer Zeit spielt. 1997 wird das Bild von der Space Force dann ins extreme gebracht: der Kultfilm *Starship Trooper*,[16] der als Trash-Movie in die Popkultur eingeht, verhandelt genau das, was den meisten Menschen bei dem Begriff „Space Force" in den Sinn kommt. Eine Infanterie-Einheit die auf fremden Planeten gegen Unmengen an grässlichen Kreaturen kämpfen muss. Die Kritik an der Militarisierung und der unnötigen Opferung unzähliger Menschen macht *Starship Trooper* zum interstellaren Antikriegsfilm schlechthin.

Diese popkulturelle Perspektive ist natürlich auch mit der tatsächlichen terrestrischen Bedrohung verknüpft: Korea-Krieg, der *Kalte Krieg* als übergeordnetes

---

[13] Roddenberry, Gene, Star Trek, Desilu Productions 1966-1967/Paramount Television 1968-1969.
[14] Vgl. Collis, Christie, The Geostationary Orbit, A critical legal geography of space's most valuable real estate, in: Parker, Martin (Hg.), Space Travel and Culture 2009, S. 47-65.
[15] Lucas, George, Star Wars, 20th Century Fox, 1977.
[16] Verhoeven, Paul, Starship Troopers, Touchstone Pictures/Jon Davison Productions, 1997.

Stichwort,[17] die Erfahrungen des Zweiten Weltkriegs, das Scheitern der USA im *Vietnam Krieg* sowie die Golfkriege der 1990er Jahre, werden im Genre des Science-Fiction-Films kulturell und gesellschaftlich verarbeitet.

Welche Stellung hat in diesem Zusammenhang also die Rede von einer „Space Force" fünfzig Jahre nach der ersten Mondlandung? Meines Erachtens verfolgen Donald J. Trump und die Republikaner damit eine ähnliche Strategie wie John F. Kennedy: Die Rhetorik von und über „Space Force" forciert einen ideologischen, einen wirtschaftlichen und einen politischen Machteffekt. Ziel ist einerseits, dass Geld in die militärische Entwicklung und Erforschung geleitet wird. Andererseits geht es auch um die Anregung von privaten Unternehmen. Ein Wettlauf um das Weltall zwischen Privatwirtschaft und staatlich geförderter Projekte führt zu einer technischen, ideologischen und wirtschaftlichen Vormachtstellung im Globalisierten Technologiesektor des 21. Jahrhunderts. Kein Wunder also, dass Technologie-Gurus wie Elon Musk schon seit Jahren und jetzt natürlich verstärkt Raumfahrtprogramme verfolgen.[18] Schließlich schoss schon 1962 die Telekommunikationsfirma *AT & T* einen privat finanzierten Satelliten ins Weltall.[19]

Die Politik, die hinter dem Schlagwort „Space Force" steht, ist die Politik eines Doppelklicks, die zuletzt der französische Präsident Emmanuel Macron angewendet hat.[20] Mit der Ankündigung eine militärische Einheit für das Weltall zu gründen, wird eine Politik des Doppelklicks angewandt, die dem Modernitätsparadigma entspricht, wie sie jüngst von den Arbeiten Bruno Latours kritisiert worden waren. Latour, seines Zeichens Wissenschaftssoziologe und Philosoph analysiert in seinen Arbeiten *Wir sind nie modern gewesen* und *Parlament der Dinge* die Strategie der Moderne, durch eine sogenannte *Work of Purification* ständig hybride Entitäten und Akteure zu schaffen, diese aber gleichzeitig fein säuberlich in

---

[17] Vgl. Kohonen, Iina, The Space Race and Soviet utopian Thinking, in: Parker, Martin (Hg.), Space Travel and Culture 2009, S. 114-131; Ferner: Werth, Karsten, Die Mercury Seven. Amerikas Kalter Krieg im Weltraum, in: Polianski, Igor (Hg.), Die Spur des Sputnik. Kulturhistorische Expeditionen ins kosmische Zeitalter, Frankfurt a.M. 2009, S. 56-73.

[18] Vgl. Davenport, Christian, The Space Barons: Elon Musk, Jeff Bezos, and the Quest to Colonize the Cosmos, New York, 2018.

[19] Vgl. Hensel, 2019, S. 78.

[20] Vgl. France to create space command within air force: Macron, Reuters, 13.07.2019, https://www.reuters.com/article/us-france-nationalday-defence/france-to-create-space-command-within-air-force-macron-idUSKCN1U80LE (aufgerufen 26.07.2019).

die Kategorien Natur und Kultur zu unterteilen und einzusortieren.[21] In seiner großangelegten Studie *Existenzweisen* spricht Latour dann spezifisch vom „Doppelklick", als Verdeckung aller für eine Entwicklung und Beteiligung an einem bestimmten Zusammenhang notwendigen Relationen, Propositionen, Bedingungen und Akteure.[22] Gemeint ist, mit einfachen Worten, der rhetorische Effekt, von der „Space Force" zu sprechen, und dann existiere sie einfach. Die kritische Frage, die mich hier leitet, formuliert Latour in einer Arbeit, die sich dezidiert mit der Verstrickung von Wissenschaft und militärischer, politischer Sphären auseinandersetzt. Die Frage lautet:

Wie lange kann man in einer bestimmten Epoche eine Politik verfolgen, ohne detailliert auf wissenschaftliche Inhalte eingehen zu müssen? Wie lange kann man die Argumentation eines Wissenschaftlers verfolgen, ohne sie mit den Details einer Politik verflechten zu müssen?[23]

Wie das Beispiel der Mondlandung der Rede John F. Kennedys ist die Geschichte der Raumfahrt eine ständige, dichte und wirre Verschränkung von Politik und Technik. Welches Wissen erlaubt es, Kennedy ein solches Versprechen abzugeben? Welches Wissen erlaubt es Trump ein ebensolches Versprechen abzugeben? Im Grunde genommen bedarf es keines Wissens im Sinne wissenschaftlicher Fakten. Das erlaubt die Politik des Doppelklicks.

3. Politisches Black Boxing

Trumps „Space Force" ist wie Kennedys Ankündigung der Titel einer *black box*, die jene Akteur-Netzwerke in einem politischen Wahrsprechen, verdunkelt, die für die Produktion eines solchen Projektes notwendig sind. Aus zwei Gründen sollte man diesen Kniff nicht als Rhetorik im politischen Wahrsprechen abtun. Erstens, weil tatsächlich Menschen zum Mond geflogen sind, und es tatsächliche

---

[21] Vgl. Latour, Bruno, Wir sind nie modern gewesen. Versuch einer symmetrischen Anthropologie, Frankfurt a.M., 2013, S. 49.
[22] Vgl. Latour, Bruno, Existenzweisen. Eine Anthropologie der Modernen, Berlin, 2014, S. 151.
[23] Vgl. Latour, Bruno, Joliot: Geschichte und Physik im Gemenge, in: Michel, Serres (Hg.) Elemente einer Geschichte der Wissenschaften, Frankfurt a.M., 2002, S. 876.

technologische, wirtschaftliche und geopolitische Konsequenzen hatte.[24] Zweitens, weil Trumps „Space Force" kein singuläres Hirngespinst ist, sondern tatsächlich von mehreren Staaten bereits forciert wird.

Heute hat die Volksrepublik China eine Space Force: Die „Strategische Kampfunterstützungstruppe der Volksrepublik China".[25] Trumps Augenmerk liegt auch auf dem Wettbewerb mit dem stärksten Wirtschaftskonkurrenten im globalen Markt: China. Der neue „Race to Space" ist damit erneut ein ideologischer und technologisch-ökonomischer Wettstreit, denn die USA auch gewinnen wolle, vielleicht sogar müssen, wollen sie weiter an der Spitze der globalen Politik als Schwergewicht agieren.

Russland unterhielt von 1992 bis 1997 und von 2001 bis 2011 eine, bis diese dann 2015 als Unterordnung der russischen Luft- und Weltraumkräfte bis heute existiert.[26] Neuer und alter Kalter Krieg kulminieren hier in dem somit symbolträchtigen Begriff „Space Force".

Dabei spielen in dem Begriff drei wesentliche Aspekte der Moderne eine Rolle: Ökonomie, Ideologie und Ökologie. Ökonomie, da die Raumfahrt heute, wie vor 50 Jahren ein Motor technischer Neuerung, Entwicklung und Erfindung ist. Ideologie, weil es tatsächlich um nationale Sicherheit und den sozialen Frieden geht, und ökologisch, weil Weltraumforschung eine scheinbare Alternative zur Klimaforschung darstellt.

Zudem haben 2019 die USA den Vertrag zur Abrüstung von Langstreckenraketen mit Russland aufgekündigt, und produzieren so ein neues Wettrüsten. Dieses Wettrüsten will einen wirtschaftlichen Aufschwung forcieren, wie er nach dem Sputnik-Schock in den 1960er Jahren einsetzte. Ob die Rechnung aufgeht, werden die nächsten Jahre zeigen.

---

[24] Vgl. Collis, 2009.

[25] Die Wikipedia-Seite ist mit vielen chinesischen Einzelnachweisen erfasst. Das Projekt ist also politisch wie ideologisch breit aufgestellt. Vgl. https://de.wikipedia.org/wiki/Strategische_Kampfunterst%C3%BCtzungstruppe_der_VolksreVolksr_China (aufgerufen 31.07.2019).

[26] Wie Russland sich selbst inszeniert, siehe hier: Russian News Agency, Russia establishes Aerospace Forces as new armed service — Defense Minister, https://tass.com/russia/812184 (aufgerufen 26.07.2019).

Der politische Doppelklick hat hierbei also eine doppelte Funktion: Einerseits soll er die Politik in einer Art *Black Box* einschließen und einer kritischen Auseinandersetzung entziehen. Andererseits soll er suggerieren als wüssten die handelnden politischen Akteure, allen voran Trump, exakt was zu tun ist:

> „Als besäße der Ankläger für sich allein das Rezept, direkt, ohne jegliche Vermittlung, eine Fortbewegung zu gewinnen, die von einer Identität zu einer Identität durch eine Identität verläuft."[27]

Bekanntlich ist Trump der Ankläger *par excellence* und geht natürlich auch mit der NASA hart ins Gericht:

> "For all of the money we are spending, NASA should NOT be talking about going to the Moon – We did that 50 years ago. They should be focused on the much bigger things we are doing, including Mars (of which the Moon is a part), Defense and Science!"[28]

Für Trump können die Projekte der NASA nicht groß genug sein. Sein Verständnis von Forschung unterliegt der politischen Ideologie.

Ziel dieser Politik des Doppelklicks im Sinne der Moderne ist die „Herrschaft der Vernunft".[29] In diesem Sinne ist Trumps „Space Force" genauso vernünftig, wie der Flug zum Mond in den Ohren amerikanischer Bürgerinnen und Bürger im Jahre 1961 war. Im Wettlauf mit der Sowjetunion, um eine andere politische Rhetorik zu gebrauchen, war diese Aussage „alternativlos". Auch Trumps „Space Force" folgt der Logik des Doppelklicks, die eine Vermittlung ohne Umwege, Brüche, Sprünge, Unstimmigkeiten, mit anderen Worten, eine wortwörtliche Wahrheit produziert.[30] Dass diese „Wahrheit" durchaus problematisch ist, hat der Exkurs zur Imagination im Zusammenhang mit der Popkultur und den Kinofilmen der Weltraum-Ära zeigen sollen. Unser Bild von der „Space Force" ist nicht von der wissenschaftlichen Forschung geprägt, und nicht aus einer tatsächlichen Bedrohung heraus gespeist, wie Filme wie *Independence Day* suggerieren wollen,[31] sondern unsere Imagination folgt einem weitverzweigten Netz an Wissen, Nicht-

---

[27] Latour, 2014, S. 152.
[28] Trump, Donald J., Twitter 07.06.2019, https://twitter.com/realdonaldtrump/status/1137051097955102720?lang=de (aufgerufen 26.07.2019).
[29] Latour, 2014, S. 153.
[30] Vgl. Ebd., S. 191.
[31] Emmerich, Roland, Independence Day, Centropolis Entertainment/20th Century Fox, 1996.

Wissen, Vorstellungen, Hoffnungen, Fakten und Bedeutungen. „Space Force" ist Fakt und Fetisch zugleich.[32] Gemeint ist damit die Amalgamierung von objektiven Tatsachen und Glaubensinhalten mit ideologischem Charakter.[33] Denn hier wird der politische Raum, in dem Trump argumentiert, im Sinne der Ideologie der Moderne, von zwei Gruppen bevölkert: Menschen und objektiven Tatsachen. Das Weltraum, als objektive Tatsache, lässt sich vom Menschen einfach so erobern. Das kennzeichnet Trumps Politik des Doppelklicks auch als *„praktische Politik"*,[34] die suggeriert, sich auf unmittelbar greifbare und sichtbare Dinge zu beziehen, auf das, was tatsächlich ist. Dass sich aber gerade in der Politik des Doppelklicks real existierende Fakten und geglaubte Fakten kombinieren lassen, ist offensichtlich. Denn die Relationen der Produktion von Fakten, dass diese gemacht werden müssen, in Labors, bei Experimenten und durch wissenschaftlichen Austausch sowie der Übersetzung in andere Wissensbereiche wie dem Ingenieurwesen, wird ausgeblendet. Gleichzeitig wird die Zeitlichkeit von technologischer Forschung aufgehoben. Der politische Befehl produziert sofort, so soll es scheinen, ein tatsächliches Ergebnis:

"Under my Administration, we are restoring @NASA to greatness and we are going back to the Moon, then Mars. I am updating my budget to include an additional $1.6 billion so that we can return to Space in a BIG WAY!"[35]

Dazu tragen aber auch die selbstdarstellerischen Erfolge von Elon Musks *SpaceX* Programm oder die Versuche der touristischen Funktionalisierung der Weltraumfahrt durch *Virgin Galactics* bei, die den Traum vom Weltraumflug kommerzialisieren und popularisieren.[36] Dieser Wettstreit zwischen Privatwirtschaft und staatlicher Subvention im Zuge einer Militarisierung forciert gerade die für den

---

[32] Vgl. Latour, Bruno, Die Hoffnung der Pandora. Untersuchungen zur Wirklichkeit der Wissenschaft, Frankfurt a.M., 2002, S. 327ff.

[33] Vgl. Voss, Martin, Faitiches – Ein Beitrag zur Wiederentdeckung der Umwelt, in: ders./Peuker, Birgit(Hg.), Verschwindet die Natur? Die Akteur-Netzwerk-Theorie in der umweltsoziologischen Diskussion, Bielefeld, 2015.

[34] Vgl. Ebd., S. 239.

[35] Trump, Donald J., Tweet vom 13.05.2019, https://twitter.com/realdonaldtrump/status/1128050996545036288?lang=de (aufgerufen am 26.07.2019).

[36] Vgl. Crane, Leah, Virgin takes first passenger to space, in: New Scientist. 3/2/2019, Vol. 241 Issue 3219.

neoliberalen Kapitalismus notwendigen Konkurrenzeffekte, die dem Paradigma des unendlichen Fortschritts unterworfen sind.

Der Doppelklick bedeutet in der Fachsprache, die Latour in *Existenzweisen* etabliert: „Abscheu vor dem Hiatus", „Verlagerung ohne Übersetzung", „Wortwörtlich Sprechen/in Figuren oder Tropen sprechen", „unbestreitbares Reich der Vernunft", „das Selbe trotz des Anderen aufrechterhalten."[37]

In diesem Sinne erscheint Trumps „Space Force" als Taschenspielertrick, der jeglichen Hiatus zwischen unserer Gegenwart und einem anderen Amerika („Make Amerika Great again") zu überbrücken versucht, gleichzeitig wirtschaftliche, politische, ideologische und fiktionale Aspekte verbindet, ohne ihre jeweiligen Übersetzungsprozeduren und Transformationen, bzw. Bedingungen der gegenseitigen Beeinflussung darzustellen. Gleichzeitig ist „Space Force" eine Metapher und wörtlich zu nehmen und verweist dennoch auf das Ergebnis einer Vernunft, die logisch den wirtschaftlichen und sicherheitspolitischen Status der USA im Auge hat. Zudem zeigt der Begriff, wie sehr die Konservativen „das Selbe trotz des Anderen aufrechterhalten" wollen: Sie wollen ein Amerika, das es nicht mehr gibt, ein Amerika der Mondlandung, des Fortschritts und der technologischen Überholspur. Sie ignorieren dabei, dass die USA bereits eine andere sind.

4. „Space Force" als terrestrisches Projekt

En passant habe ich, während ich die Verstrickung des Begriffs „Space Force" nachgezeichnet habe, nichts Anderes gemacht, als die anthropologische Methode Latours anzuwenden versucht. Ich möchte im Folgenden deshalb die bisherigen Erkenntnisse der Wissenschaftssprache Latours zuordnen, um das Geflecht und die Tragweite von „Space Force" zu verdeutlichen. Wir haben gesehen, dass „Space Force" als Begriff und affizierendes Moment die Möglichkeit bietet, ein Netzwerk zu finden, das zuerst „jedes beliebige Element mit jedem beliebigen anderen" verbindet.[38] Dieses Netzwerk [NET] verbindet Kinofilme mit Reden verstorbener Politiker, mit privatwirtschaftlichen Experimenten von Elon Musk, mit ästhetischen Imaginationen und wissenschaftlichen Fakten. Mithilfe des Doppelklicks oder kurz [DK] wird dieses [NET] amalgamiert und eine Verbindung

---

[37] Latour, 2014, S. 655.
[38] Ebd., S. 83.

zur Politik [POL] forciert, die als [POL•DK] bezeichnet werden kann. Jegliche Übersetzung zwischen den Sphären der Technik [TEC], der Fiktion [FIC], usw. werden übersprungen zugunsten eines Modus'.

Dabei sind es gerade die Präpositionen [PRÄP], die als „Anschlüsse" im Netzwerk, die einzelnen Modi miteinander verbinden, die unterschlagen werden. „Space Force", zirkuliert sie einmal in diesem Netzwerk, wird durch die Präpositionen ständig verändert, sodass sie in den einzelnen Modi verhandelbar wird. „Space Force ist für die Wissenschaft etwas anderes, als für die Politik und wiederum etwas anderes für Hollywood. Ein Blick auf die Sprache des Reports des Verteidigungsministeriums zeigt, wie sich „Space Force" von der politischen Rede zur tatsächlichen gouvernmentalen und administrativen Proposition verändert. Mit anderen Worten: Aus kämpfenden Weltraumhelden in Raumschiffen und mit Laserwaffen ausgestattet, werden hochausgebildete Computerspezialisten, die an Computern die Sicherheit der USA im Weltraum verteidigen. Zielsetzung und Begründung der Notwendigkeit wird wie folgt formuliert:

> „Space is integral to the U.S. way of life, our national security, and modern warfare. Although U.S. space systems have historically maintained a technological advantage over those of potential adversaries, those potential adversaries are now actively developing ways to deny our use of space in a crisis."[39]

Der Weltraum „Space" gehört also zum Lebensstil der US-Amerikaner. So schreibt sich der Report in die ideologische Selbstbeschreibung und die Genealogie seit Kennedys Rede ein. Zudem wird der Kalte Krieg, der „Race to Space" aus historischer Perspektive überschrieben und eine technologische Vormachtstellung der USA formuliert: [POL•TEC•DK]. Mit dieser Geschichtsklitterung geht die neue Bedrohungslage einher, die das Aktivwerden des eigentlich nicht zu übertreffenden Voreiters notwendig macht. Der „use of space" wird nicht weiter definiert, lässt also Interpretationsspielraum für die zu bewältigende „crisis". Die Ziele der „Space Force" werden daraufhin klargestellt:

---

[39] Department of Defense Report to Congressional Defense Committees, Final Report on Organizational and Management Structure for the National Security Space Components of the Department of Defense, 09. August 2018, https://limacharlienews.com/wp-content/uploads/2018/08/Final-Report-on-Organizational-and-Management-Structure-for-the-National-Security-Space-Components-of-the-Department-of-Defense.pdf.

104

"The Space Force will protect our economy through deterrence of malicious activities, ensure our space systems meet national security requirements, and provide vital capabilities to joint and coalition forces across the spectrum of conflict."[40]

Gleich zu Beginn wird der wirtschaftliche Faktor betont, den die „Space Force" verteidigen wird: [POL•ECO•DK].[41] Zudem geht es um die nationale Sicherheit, die hier bis in den Orbit hinaus verlängert wird. Das heißt, nicht nur die Erdoberfläche und der Luftraum über dieser territorialen Größe wird zum Verteidigungsfall, sondern auch die atmosphärischen Schichten darüber.[42] Was hier implizit vorweggenommen wird, ist die Ausweitung des Kriegsrechts als Verteidigungsrecht auf den orbitalen Raum: [DK•NET•PRÄ•POL]. Eingeholt wird dieser Anspruch durch die Versicherung, to „provide vital capabilities",[43] um mit etwaigen Partnern für jede Art von Konflikt gewappnet zu sein. Wie offen hier die Formulierung konzipiert ist, so lassen sich dennoch drei entscheidende Aspekte festmachen: „Space Force" hat wirtschaftliche, nationale und globale Ziele. Konkrete Schritte, wie diese Sicherheitsziele zu erreichen sind, die nicht nur ökonomisch, sondern auch ökologisch sind, insofern, das nationale Territorium nun in einem orbitalen Zusammenhang verstanden und unter Umständen auf das offene Weltall ausgedehnt werden kann. Ökologisch wird die gouvernmentale Formulierung hier auch, weil sie den Planeten selbst in eine neue Perspektive rückt.[44] Konflikte werden jetzt nicht mehr nur territorial und national gedacht und verstanden, sondern werden auf extraterrestrische Kampffelder und nichtmilitärische Konfliktpotentiale der Überwachung und Informationstechnologien ausgedehnt.

Diesbezüglich formuliert der Report auch Aufgaben, die erfüllt werden sollen und die klar umreißen, was „Space Force" in Zukunft sein soll. Das „Space Force"-

---

[40] Ebd.
[41] Bei Latour findet sich für die Wirtschaft/Ökonomie kein eigener Existenzmodus. Ich möchte dafür votieren, diesen zu ergänzen.
[42] Vgl. Latour, Bruno, Das terrestrische Manifest, Berlin, 2018, S. 51ff.; Ferner, Latour, Bruno, Telling Friends from Foes in the Time of the Anthropocene, in: Hamilton, Clive/Bonneuil, Christophe/Gemenne, François (Hg.), The Anthropocene and the Global Environment Crisis – Rethinking Modernity in a New Epoch, London, 2015, S. 145-155.
[43] Department of Defense Report, 2018.
[44] Vgl. Latour, Bruno, Networks, Societies, Spheres, Reflections of an Actor-Network-Theorist, Keynote speech for the International Seminar on Network Theory, Network Multidimensionality in the Digital Age, http://www.bruno-latour.fr/sites/default/files/121-CASTELLS-GB.pdf (aufgerufen 27.07.2019).

Programm will „more resilient space architectures"[45] das heißt, die technologische Entwicklung und Stationierung von Gebäuden: [TEC•DK]. Damit sind unter Umständen nicht nur orbitale Stationen gemeint, sondern auch feste Stationen auf dem Mond oder anderen Planeten. „Strengthen deterrence and warfighting options,"[46] verweist auf eine klassisch militärische Aufgabe. Wie Atom- und Wasserstoffbomben geht es auch bei der „Space Force" um eine Kräftebalance, die eine Anwendung der militärischen Schlagkraft unnötig macht: [DK•POL•FIC]. Dieses Ziel macht insofern Sinn, als Russen und Chinesen bereits militärische Ambitionen im „Outerspace" formuliert haben.

„Improve foundational capabilities, structure, and processes,"[47] dagegen formuliert in Blick auf privatwirtschaftliche Forschungs- und Raumfahrtprojekte wie *SpaceX* und *Virgin Galactics* den Wettbewerbscharakter der „Space Force", der einen nationalen „Race to Space" zu initiieren scheint. Letzteres wird auch mit dem Schlussaspekt nochmals verstärkt und formuliert eine Antwort auf die ökologische Frage, ob die Menschheit einen weiteren Planeten besiedeln soll: „foster conducive domestic and international environments for space development."[48] Umwelten für die Entwicklung der Weltraumforschung zu schaffen, markiert wiederum ein terrestrisches Ziel. Noch hat „Space Force" nur indirekt und vornehmlich mit Infrastruktur und internationaler Vernetzung zu tun. Die internationale Zusammenarbeit vernetzt nicht nur die nationale Sicherheit der USA und ihr wirtschaftliches wie technologisches Interesse mit Verbündeten, sondern forciert auch ein Umfeld der gegenseitigen wissenschaftlichen Weiterentwicklung. Wie zuletzt Emanuel Macron ankündigte, wird auch Frankreich eine Space Force einrichten. Der Startschuss für „international environments for space development"[49] scheint gefallen.

Dass die „Space Force" eine militärische Einheit ist, die dem Verteidigungsministerium unterstellt sein wird, und damit dem Forschungsabteil der ARPA und nicht NASA, wird in dem Report auch nicht vergessen, letztere zu kritisieren. Der

---

[45] Department of Defense Report, 2018.
[46] Ebd.
[47] Ebd.
[48] Ebd.
[49] Ebd.

Report folgt damit der Trump-Twitter-Doktrin durch medialen und rhetorischen Druck Veränderungen zu erzwingen.

Ganz im Sinne der ursprünglichen Konkurrenz zwischen ARPA und NASA werden die Fehlleistungen des zivilen Raumfahrtprogramms aufgelistet und ein militärisches Lösungskonzept vorgestellt. Natürlich alles in einer vagen Rhetorik, die der Politik des Doppelklicks folgt, sprich ohne wissenschaftliche und an Fakten orientierte Aussagen. Dabei wird immer wieder der technologische und wirtschaftliche Anschubeffekt formuliert:

> "Accelerate space technology and anchor development initiatives to the modernization priorities outlined in the *National Defense Strategy*,"[50]

Was hier auffällt, ist das Grundlagenforschung impliziert und eine Überalterung bisheriger Forschungsprogramme suggeriert wird. Dieser Kritikpunkt trifft ins Schwarze, schließlich hat das Raumfahrtprogramm der NASA sich in den letzten Jahrzehnten hauptsächlich auf die nichtbemannte Raumfahrt fokussiert. Doch der Mensch im Weltall ist erklärtes Zentrum und Ziel der „Space Force". Diese folgt auch noch einer egozentrischen Aufwertung des menschlichen Subjekts im komplexer werdenden ökologischen Zusammenhang von Erde, Mond und Mars.

> „Establish a Space Development Agency, a joint organization charged with rapidly developing and fielding next-generation capabilities,"[51]

meint demnach eine Schaltstelle einzurichten, die wichtige neue technologische Entwicklungen koordiniert und zentralisiert. Aber auch hier ist noch kein Mensch ins Weltall geschossen worden. Die Ziele beziehen sich über den Umweg „Space" auf die Erde.

So lassen sich bisher die Aspekte des Reports ohne besondere militärische Operabilität verstehen. Das fiktive Bild der „Space Force", das von Kinofilmen getragen wird, ließ sich hier nicht ganz wiederfinden. Hauptsächlich ging es dem Report um administrative und Entwicklungshilfe für Forschung und Wirtschaft auf der Erde. Jetzt allerdings erfolgt der Schwenk zur militärischen Imagination:

> "Establish a Space Operations Force of career space experts who are trained, promoted and retained as space warfighting professionals and who

---

[50] Department of Defense Report, 2018.
[51] Ebd.

form a space community of engineers, scientists, intelligence experts, operators, strategists and more,"[52]

Hier kommt vor, worauf es dem Begriff „Space Force" in der Politik des Doppelklicks im Sinne von [DK•POL•FIC], das heißt der Verschaltung von Fiktion und Politik, ankommt: „space warfighting professionals". Neben vielen anderen Arbeitsfeldern steht dieser neue Typus des Soldaten im Zentrum der Formulierung. Dieser Typus erscheint innerhalb einer Einheit, die nicht nur aus Weltraum-Rambos besteht, sondern aus wissenschaftlich, technologisch und strategisch geschulten Experten. Gleichzeitig wird auch auf der Erde das Beteiligungsfeld ausgeweitet:

"Establish an affordable and efficient operating structure with accountable civilian oversight to provide service and support functions for the Space Force"[53]

Die Verschränkung von ziviler und militärischer "Space Force" wird forciert. Dabei geht es um eine unmittelbare Amalgamierung der beiden Sphären, die wiederum den Effekt einer sich gegenseitig steigernden und unterstützenden Ideologie zeitigt. Wie im Ernstfall die zivile Produktion auf militärische Bedürfnisse umgestellt wird, bringt „Space Force" einen ähnlichen Zustand gegenseitigen Austausches zwischen ziviler und militärischer Raumfahrt mit sich – natürlich alles unter dem Deckmantel demokratischer Kontrolle.

Zudem zeigt sich auch das Verteidigungsministerium als durchaus selbstreflexive Institution, wenn es heißt:

"Establish a new U.S. Space Command to improve and evolve space warfighting, including integrating innovative force designs, concepts of operation, doctrines, tactics, techniques and procedures."[54]

Bisherige militärische Fähigkeiten sollen überdacht werden. Demnach hat die Politik des Doppelklicks auch einen unmittelbaren Effekt auf das Selbstverständnis US-Amerikanischer Verteidigungspolitik: [DK•NET•PRÄP•POL].

---

[52] Ebd.
[53] Ebd.
[54] Ebd.

5. Doppelklick und die Frage der Ökologie

In dem Dossier ist sowohl die nationale Sicherheit als auch die ökonomische Absicherung zum Taktgeber der Sprache geworden. Dabei ist noch nicht angesprochen, wie diese Sprachen wiederum in die technische übersetzt werden können, damit tatsächlich Missionen zum Mond oder Mars stattfinden können. Doch der Hiatus wird deutlich. Die nationale Sicherheit wird im Weltraum verteidigt. Darin spiegelt sich erneut jener „Doppelklick". Denn das Schlagwort „Space Force" bezeichnet ein direktes Sprechen,[55] ist keine Metapher oder Trope: [REF•DK].[56] Überlegt man, was alles zum Begriff „Space Force" dazu gehört, dass aus dieser rhetorischen Idee, eine tatsächliche Weltraumeinheit wird, so müssen die zahlreichen Referenzketten, die „fortdauernde Erfindung von Schreibmodi, Visualisierungstypen, neuen Notationen, die jene Kaskaden von Transformationen ermöglichen," berücksichtigt werden.[57] Um ein Raumschiff zum Mond fliegen zu lassen, bedarf es einer großen Fülle an Daten, diese Daten müssen sichtbar und lesbar gemacht werden, damit sie von Ingenieuren in Bauteile übersetzt werden können, die wiederum ein Rauschschiff ergeben, dass wieder Daten generiert.[58]

Gleiches gilt für den Mond, der Infrastruktur, man braucht Argumente für potentielle Geldgeber, Wissenschaftler, aber auch für die Bevölkerung. All das wird durch die Politik des Doppelklicks, wenn Trump von „Space Force" spricht, ausgeblendet.

Ich wende mich nun dem spezifisch technologischen Charakter [TEC] des Begriffs „Space Force" zu: Die Entwicklung der Raumfahrt, die 1969 ihren großen Höhepunkt besaß, hat unmittelbare Auswirkung auf die Grundlagenforschung und auf Alltagsgegenstände. Entscheidend ist, dass „Space Force" technisch machbar ist. So ergibt sich folgender Term [DK] [TEC•MET•REP].[59] Das Technische setzt Metamorphosen in Gang, die wiederum Reproduktionen forcieren, die neue „Fähigkeiten", wie Latour schreibt, erzeugen. Als Doppelklick ist „Space Force" eine *black box* und alteriert heimlich die wissenschaftlichen Fakten um

---

[55] Vgl. Latour, 2014, S.191.
[56] Vgl. Ebd., S. 195.
[57] Vgl. Ebd., S. 194.
[58] Vgl. Latour, 2006.
[59] Vgl. Latour, 2014, S. 319.

den Klimawandel, die tatsächliche Bedrohung durch eine imaginierte Bedrohung und die Hoffnung auf einen weiteren technischen Sprung, wie er 1969 geschah.

Space Force schlägt mehrere Fliegen mit einer Klappe. Es ist politisches Sprechen, das nationale Sicherheit, technologischen Fortschritt, sozialen Frieden und ökologische Lösung in einem ist, ohne dass jene Probleme dezidiert geklärt werden müssten. „Space Force" ist Flucht nach vorne, genauso wie das Aufkündigen bestehender Verträge,[60] um diese neu auszuhandeln. „Space Force" ist eine Idee, die nur den Modernen einfallen kann.

Das „Shibboleth"[61] „Space Force" bezeichnet den Versuch politisch einen Autopiloten einzusetzen, der von selbst alle technologischen, ökologischen, wirtschaftlichen und sozialen Differenzen überbrückt und ein sanftes Gleiten evoziert. Raumfahrt, Technik und Politik sind miteinander verflochten. Doch Trumps Politik ist die Politik eines Doppelklicks. Die Auseinandersetzung folgt der Erkenntnis, dass mit dem Begriff „Space Force" ein Missverständnis oder besser ein Kategorienfehler verbunden ist.[62]

Denn zu schnell denkt man sich, dass dieser Begriff ein Witz, eine Farce ist. Unter Berücksichtigung anderer Präpositionen, wird der Hiatus sichtbar, der hier durch die immanente Trajektorie des Begriffs „Space Force" überbrückt werden soll.[63] Von 1969 bis 2019 – die USA wollen an den vergangenen Modus wirtschaftlichen, technologischen und ideologischen Fortschritts anknüpfen. Und tatsächlich lässt sich am Begriff „Space Force" Gelingens und Misslingensbedingungen ablesen – insbesondere am Report des Verteidigungsministeriums –, für wirtschaftlichen und technologischen Fortschritt, nationale Sicherheit, soziale Ruhe und ökologischen Trost.

Für die Ökologie und die Politik des Klimawandels ist die Politik des Doppelklicks problematisch. Eine „Space Force" suggeriert erneut die Allmacht des Menschen über Natur und Kosmos. Gleichzeitig korreliert das Reden über eine Weltraumeinheit mit der Hoffnung auf Marsmissionen und die Eroberung neuer

---

[60] Am 01.02.2019 kündigten die USA den INF-Vertrag mit Russland auf.
[61] Vgl. Latour, Bruno/Stengers Shibboleth, in: Stengers Isabelle (Hg.), Spekulativer Konstruktivismus, Berlin, 2008, S. 7-32.
[62] Vgl. Latour, 2014, S. 200.
[63] Vgl. Laux, Henning, Soziologie der Existenzweisen, in: Lamla, Jörn/Laux, Henning/Rosa, Hartmut/Strecker, David (Hg.), Handbuch der Soziologie, Konstanz, München, 2014, S. 274.

Planeten, die – ideologisch gesprochen – den Schutz der Heimaterde obsolet machen würden. Diese Vorstellung ist dem Begriff „Space Force" zumindest implizit eingeschrieben. Aus politischer Perspektive handelt es sich wiederum um eine Verschiebung der Aufmerksamkeit. „Space Force", soll die Ideologie, will alle Probleme, auch des Klimawandels, durch die moderne Vorstellung neoliberaler Ökonomie lösen: Wettbewerb, technologischer Fortschritt, Wissenschaft und Technik werden aber eingesetzt, um letztendlich einer politischen Fiktion untergeordnet zu werden, die den tatsächlichen Problemen nicht ins Auge sieht. Sogar werden technologische und gesellschaftliche Lösungen mit der Hoffnung auf das Weltall übersehen.

Problematisch ist auch, dass Doppelklick ein doppeltes Spiel in der politischen Ideologie Trumps beschreibt. Denn Doppelklick findet immer dort Verwendung, wo es zur Rückversicherung des Tatsächlichen dient: Es „entlarvt" unechtes, unwahres. Dass es sich hierbei um einen intrinsischen Irrtum des Doppelklicks und eines Irrtums der Modernen handelt, ist dabei entscheidend. Denn Trump verwendet den Doppelklick gerade um etwas Unechtes erst in Existenz zu bringen. „Space Force" ist nicht existent, es gibt es noch nicht, und auch die technologische wie politischen Akteure haben diesen noch nicht hergestellt. Und dennoch produziert der Doppelklick Wahrheit und verhält sich demnach genau entgegen seiner eigentlichen Funktion, sich nur auf das tatsächlich Gegebene zu beziehen. Das ist die Problematik der Politik des Doppelklicks, die es immer wieder zu dekonstruieren gilt, will man nicht auf die Rhetorik hereinfallen, und dennoch die tatsächlichen Verschränkungen, Verzweigungen, Operationen und Aktionen analysieren, die durch den Doppelklick verdeckt, mithin amalgamiert werden, sodass auch noch aus dem Begriff „Space Force" etwas produktives und positives gewonnen werden kann, sogar etwas für den ökologischen Diskurs, zum Klimawandel, dem internationalen Austausch von Wissen und eine Zusammenarbeit die den tatsächlichen Problemen Rechnung tragen kann. Denn „Space Force" beschreibt den Blick der Modernen auf die Erde. Dieser Blick ist ein überhöhter Blick von außen: Hybris.

Literaturverzeichnis

Crane, Leah, Virgin takes first passenger to space, in: New Scientist, Vol. 241 Issue 3219, 3.2.2019.

Davenport, Christian, The Space Barons: Elon Musk, Jeff Bezos, and the Quest to Colonize the Cosmos, New York, 2018.

Department of Defense Report to Congressional Defense Committees, Final Report on Organizational and Management Structure for the National Security Space Components of the Department of Defense, 09.08.2018, https://limacharlienews.com/wp-content/uploads/2018/08/Final-Report-on-Organizational-and-Management-Structure-for-the-National-Security-Space-Components-of-the-Department-of-Defense.pdf. [Department of Defense Report, 2018]

Eisfeld, Rainer, Mondsüchtig, Wernher von Braun und die Geburt der Raumfahrt aus dem Geist der Barbarei, Reinbek bei Hamburg, 1996.

Emmerich, Roland, Independence Day, Centropolis Entertainment/20th Century Fox, 1996.

Hensel, André T., Geschichte der Raumfahrt bis 1970. Vom Wettlauf ins All bis zur Mondlandung, Berlin, 2019. [Hensel, 2019]

Jordan, John W., Kennedy's Romantic Moon and Its Rhetorical Legacy for Space Exploration, in: Rhetoric and Public Affairs 6 (2), 2003.

Latour, Bruno, Drawing Things Together, Die Macht der unveränderlichen mobilen Elemente, in: Belliger, Andréa/Krieger, David J. (Hg.), Anthology, Ein einführendes Handbuch zur Akteur-Netzwerk-Theorie, Bielefeld, 2006. [Latour, 2006]

Latour, Bruno, Wir sind nie modern gewesen, Versuch einer symmetrischen Anthropologie, Frankfurt a.M., 2013.

Latour, Bruno, Existenzweisen, Eine Anthropologie der Modernen, Berlin, 2014. [Latour, 2014]

Latour, Bruno, Joliot, Geschichte und Physik im Gemenge, in: Serres, Michel (Hg.), Elemente einer Geschichte der Wissenschaften, Frankfurt a.M., 2002.

Latour, Bruno, Die Hoffnung der Pandora, Untersuchungen zur Wirklichkeit der Wissenschaft, Frankfurt a.M., 2002.

Latour, Bruno, Das terrestrische Manifest, Berlin, 2018.

Latour, Bruno, Telling Friends from Foes in the Time of the Anthropocene, in: Hamilton, Clive/Bonneuil, Christophe/Gemenne, François (Hg.), The Anthropocene and the Global Environment Crisis – Rethinking Modernity in a New Epoch, London, 2015.

Latour, Bruno, Networks, Societies, Spheres. Reflections of an Actor-Network-Theorist, Keynote speech for the International Seminar on Network Theory, Network Multidimensionality in the Digital Age, http://www.brunolatour.fr/sites/default/files/121-CASTELLS-GB.pdf (aufgerufen 27.07.2019).

Latour, Bruno/Stengers, Shibboleth, in: Stengers, Isabelle (Hg.), Spekulativer Konstruktivismus, Berlin, 2008.

Laux, Henning, Soziologie der Existenzweisen, in: Lamla, Jörn/Laux, Henning/Rosa, Hartmut/Strecker, David (Hg.), Handbuch der Soziologie, Konstanz/München, 2014.

Lucas, George, Star Wars, 20th Century Fox, 1977.

Parker, Martin (Hg.), Space Travel and Culture, Malden, 2009.

Reuters, France to create space command within air force: Macron, 13.07.2019, https://www.reuters.com/article/us-france-nationalday-defence/france-to-create-space-command-within-air-force-macron-idUSKCN1U80LE (aufgerufen 26.07.2019).

Roddenberry, Gene, Star Trek, Desilu Productions, 1966-1967/Paramount Television, 1968-1969.

Russian News Agency, Russia establishes Aerospace Forces as new armed service — Defense Minister, https://tass.com/russia/812184 (aufgerufen 26.07.2019).

Trump, Donald J., https://twitter.com/realdonaldtrump (zuletzt aufgerufen am 27.07.2019).

Verhoeven, Paul, Starship Troopers, Touchstone Pictures/Jon Davison Productions, 1997.

Voss, Martin, Faitiches – Ein Beitrag zur Wiederentdeckung der Umwelt, in: ders./Peuker, Birgit (Hg.), Verschwindet die Natur? Die Akteur-Netzwerk-Theorie in der umweltsoziologischen Diskussion, Bielefeld, 2015.

Werth, Karsten, „Die Mercury Seven. Amerikas Kalter Krieg im Weltraum." in: Polianski, Igor (Hg.), Die Spur des Sputnik, Kulturhistorische Expeditionen ins kosmische Zeitalter, Frankfurt a.M., 2009.

Wikipedia, https://de.wikipedia.org/wiki/Strategische_Kampfunterst%C3%BCt-zungstruppe_der_Volksrepublik_China (aufgerufen 31.07.2019).

Technikgeschichte als Verflechtungsgeschichte? Interdisziplinarität, globale Interpretation und gesellschaftliche Diskussion als Methoden der Erforschung technischen Fortschritts

Katharina Loeber

1. Einleitung

Technologische Entwicklung und Forschung sind aufs engste mit gesellschaftlichen Prozessen verbunden. Die Ausweitung existierender sowie Erschließung neuer Themengebiete sind und waren stets politischen, sozialen, ökonomischen sowie ökologischen Bedingungen unterworfen. Diese können die Art und Weise technischer Entwicklungen und die letztendlichen Ergebnisse massiv verändern. Interdisziplinäre Ansätze sind deshalb unumgänglich. Ebenso unumgänglich sind transnationale Ansätze.

In meinem Betrag möchte ich mich der Technikgeschichte als Verflechtungsgeschichte methodisch auf mehrere Arten nähern. Es existieren diverse Konzepte transkultureller Beziehungen und international verflochtener Geschichte. Miteinander verflochtene Prozesse, *histoire croisée* oder *entangled history* sind anhand konkreter historischer Fallbeispiele gut darstellbar. Hierbei bevorzuge ich den Ansatz der *entangled history*. Dieser geht zurück geht zurück auf Sidney Wilfred Mintz und seine Studie zur Geschichte des Zuckers.[1] Hier zeigt Mintz, wie Zucker von einem seltenen ausländischen Luxus zu einer alltäglichen Notwendigkeit des modernen Lebens gemacht wurde und die damit verbundenen Veränderungen der Geschichte des Kapitalismus und der Industrie. Er erörtert die Produktion und den Verbrauch von Zucker und zeigt ein komplexes Muster an räumlichen Bedingungen und Akteuren auf, angefangen bei der Herkunft des Zuckers in tropischen Kolonien, seinem Wert als von Sklaven angebautes koloniales Luxusgut bis hin zum Wandel zu einem Grundnahrungsmittel des Industrieproletariats. Es gilt also, ein komplexes Muster von sozialen, technischen, ökonomischen sowie ökologischen Faktoren zu analysieren und mit einem Netzwerk von Akteuren Verbindung zu setzen. Ein weiteres Beispiel, an dem sich die Relevanz des Entangled History-Ansatzes demonstrieren ließe, ist die Geschichte der Mobilfunkindustrie. Diese Industrie beruht auf zwei geographisch klar unterschiedenen Schwerpunkten, zum

---

[1] Vgl. Mintz, Sidney W., Sweetness and Power. The Place of Sugar in Modern History, New York, 1986.

einen dem *Silicon Valley zum anderen auf die* Demokratische Republik Kongo. Im *Silicon Valley* wurden allein 2017 16.000 Start-Ups gegründet, deren technologische Voraussetzungen auf dem Mobilfunk und der Digitalisierung von Informationen beruhen. Die Firma Apple hatte hier 2017 einen Börsenwert von 754 Milliarden Dollar.[2] Im gleichen Jahr arbeiteten schätzungsweise 110.000 bis 115.000 Minenarbeiter*innen in den Coltanminen in der Demokratischen Republik Kongo unter menschenunwürdigen Bedingungen. Die Zahl der Kinderarbeiter*innen hoch.[3] Coltan ist für Mobiltelefone und Elektromobilität ein notwendiger Rohstoff. 50% des natürlich vorkommenden Coltans befindet sich in der Demokratischen Republik Kongo.[4] Beide Orte, Cupertino und der Kongo, sind miteinander verflochten, ohne dass dies auf den ersten Blick offensichtlich wäre. Auch hier ließe sich ein Muster unterschiedlichster Akteure, Räume und ungleichen Entwicklungen herausarbeiten.

Der Ansatz der *entangled history* wurde im deutschsprachigen Raum durch Shalini Randeria und Sebastian Conrad verbreitet. Zusammengefasst werden Verbindungen und Austauschbeziehungen zwischen den verschiedenen Weltregionen in den Mittelpunkt gestellt. Es besteht eine Ähnlichkeit zu Michael Werners und Benedicte Zimmermanns Ansatz der *histoire croisée*. Vertreter*innen des Entangled History-Ansatzes betonen jedoch die Verflechtung i.e. das *entanglement* lokal weit entfernter Einheiten und heben hervor, dass Transferprozesse nicht nur von kolonisierenden Ländern in die kolonisierten stattfanden, sondern auch von den Kolonien in die Mutterländer.[5]

---

[2] Vgl. Steiner, Anna/Piron, Andre, Die Goldgräber des Silicon Valley. Wirtschaft in Zahlen, in: Frankfurter Allgemeine Zeitung, 15.11.2017, https://www.faz.net/aktuell/finanzen/finanzmarkt/das-silicon-valley-in-zahlen-15287905.html (aufgerufen 4. Juli 2019). Laut Wikipedia ist Apple 2017 im vierten Quartal 868.880 Milliarden Dollar wert gewesen. https://en.wikipedia.org/wiki/List_of_public_corporations_by_market_capitalization#2017, (aufgerufen 16.7.2019).

[3] "According to the UN children's agency, UNICEF, about 40,000 children work in cobalt mines in the Democratic Republic of Congo. For a shift of up to 24 hours underground, most earn less than $2 (1.80 euro) a day - many receive half of that." https://www.dw.com/en/child-labor-still-rife-in-democratic-republic-of-congo/a-39194724-0, (aufgerufen 16.7.2019).

[4] Vgl. Amnesty International, Time to Charge. Corporate Action and Inaction to Tackle Abuses in the Cobalt Supply Chain, 2017, https://www.amnesty.ch/de/themen/wirtschaft-und-menschenrechte/dok/2017/kaum-fortschritte-beim-kampf-gegen-kinderarbeit-beim-kobalt-abbau/171115_rapport_cobalt.pdf (aufgerufen 4. Juli 2019).

[5] Vgl. Randeria, Shalini, Geteilte Geschichte und verwobene Moderne, Berlin, 1999 (Sozialanthropologische Arbeitspapiere Nr. 83); Werner, Michael/Zimmermann, Bénédicte, Vergleich, Transfer, Verflechtung. Der Ansatz der "Histoire croisée" und die Herausforderung des

In meinem Beitrag stelle ich im ersten Teil -- auf einer materiellen Ebene -- ein Fallbeispiel vor, welches deutlich zeigt, wie sehr gesamtgesellschaftliche Voraussetzungen und Prozesse technische Forschung verändern können: Die Geschichte des Projekts Cybersyn in Chile unter der Regierung Salvador Allendes. Zusätzlich zum Ansatz der Entangled History möchte ich eine weitere theoretische Überlegung in meine Darstellung einfließen lassen. Es stellt sich die Frage, ob die Geschichte von Cybersyn in Chile ferner durch einen systemtheoretischen Ansatz zu erfassen sind. Ich möchte in diesem Kontext den systemtheoretischen Ansatz der „Social-Ecological-Systems" (SES)vorstellen, die viel Potential bietet, das Dreieck Mensch, Technik und Gesellschaft zu analysieren.

Der erste Teil des Textes befasst sich demnach mit dem Projekt Cybersyn, einem technischen Großprojekt in Chile 1971-1973, der zweite mit systemtheoretischen Überlegungen aus dem Umfeld des SES. Bei Cybersyn handelte sich um ein frühes Datenverarbeitungsnetzwerk, eingeführt unter der Leitung des britischen Kybernetikers Stafford Beer. Cybersyn sollte den Wechsel einer kapitalistischen Wirtschaftsform hin zu Verstaatlichung von Bodenschätzen und kommunalem Grundbesitz unterstützen und steuern. Die Geschichte dieses ungewöhnlichen kybernetischen Großprojekts ist bisher nur wenig aufgearbeitet worden. Aktuell existiert nur eine wissenschaftliche Monografie zum, Thema. Eden Medina hat sich 2011 ausführlich mit der Genese und Durchführung von Projekt Cybersyn befasst.[6] Ich stimme vollkommen mit Medina überein, dass Projekt Cybersyn ein Beispiel dafür ist, wie sehr sich die Ziele technischer Großprojekte durch unterschiedliche politische Voraussetzungen ändern. Im Gegensatz zur eher profitorientierten Forschung in den USA und Europa in dieser Zeitspanne ging es hier darum, ein ambitioniertes politisches Projekt -- nicht weniger als ein dritter Weg zwischen kapitalistischer profitorientierter Wirtschaft und sozialistischer Planwirtschaft nach sowjetischem Vorbild -- zu implementieren. Diese streng demokratische Zielsetzung lässt sich unter anderem an technischen Tools bezüglich Datenspeicherung und Datenschutz festmachen.[7] Verschiedene weitere Aspekte

Transnationalen, in: Geschichte und Gesellschaft / Sonderheft, 28, 2002, S. 607–636; Conrad, Sebastian/Randeria, Shalini/Römhild, Regina, (Hg.), Jenseits des Eurozentrismus. Postkoloniale Perspektiven in den Geschichts- und Kulturwissenschaften, 2. Aufl., Frankfurt am Main, New York, 2013.

[6] Vgl. Medina, Eden, Cybernetic Revolutionaries. Technology and Politics in Allende's Chile, Cambridge, Mass., 2011.

[7] Vgl. Medina, Eden, Rethinking Algorithmic Regulation, in: Kybernetes, 44, 2015, 6/7, S. 1005–1019, 1007 f.

lassen sich anhand des Fallbeispiels gut diskutieren: Stichwort „Big Data"-Ansatzes ist in diesem Zusammenhang interessant. Es ergibt sich ein zweiter interessanter technikhistorischer Aspekt: Durch die Durchführung der Forschung und Entwicklung in einem technischen und ökonomisch eher schlecht ausgestatteten lateinamerikanischen Land änderte sich auch das technikhistorische Bild. Es war notwendig, ältere technische Geräte und Methoden zu verwenden, beispielsweise Telexmaschinen anstelle von Computern. Es etablierte sich also eine Kultur des Reparierens. Da sich herausstellte, dass ältere Komponenten oft stabiler waren als neueste technische Entwicklungen, stellt dies einen interessanten Diskussionspunkt für die Technikgeschichte dar.[8]

Es ergibt sich insgesamt ein Bild eines Systems von Beziehungen zwischen Menschen, Umwelt und Technik. Hier komme ich zum zweiten Teil meines geplanten Beitrages, der Vorstellung der Theorie eines sozial-ökologisches System (SES). SES sind ökologische Systeme, die eng mit einem oder mehreren sozialen Systemen verbunden sind und von diesen beeinflusst werden. Resilienz ist eine entscheidende Eigenschaft von SES. Resilienz ist hierbei definiert als die Fähigkeit eines Systems, auf externe Schocks zu reagieren. Es handelt sich um komplexe adaptive Systeme, die durch maßstabsübergreifende Interaktionen und Rückkopplungsschleifen zwischen ökologischen, sozialen und wirtschaftlichen Komponenten gekennzeichnet sind, die häufig zu einer Reorganisation dieser Komponenten und nichtlinearen Bewegungsbahnen führen. Hierarchien und Anpassungszyklen bilden die Basis von sozial-ökologischen Systemen. Zusammen bilden sie eine sogenannte Panarchie, in der beschrieben wird, wie ein ausreichend resilientes System sich weiterentwickeln und experimentieren kann, während es vor destabilisierenden Faktoren geschützt wird. Mein Ziel ist es, die Rolle der Komponente Technik in diesen adaptiven Systemen zu diskutieren und mich dem Begriff eines „sozial-ökologisch-technischen Systems" zu nähern.

---

[8] Vgl. Ebd., S. 1010 f.; vgl. auch Barrionuevo, Alexei, Before '73 Coup, Chile Tried to Find the Right Software for Socialism, in: New York Times, 28. März 2008, https://www.nytimes.com/2008/03/28/world/americas/28cybersyn.html, (aufgerufen am 16.7.2019).

2. Projekt Cybersyn

Obwohl wenige wissenschaftliche Texte zum Projekt Cybersyn existieren, gibt es durchaus eine mediale und literarische Aufarbeitung.[9] Cybersyn, wird gelegentlich gar als „sozialistisches Internet" oder „socialist origins of Big Data"[10] rezipiert. Faktisch handelte es sich um ein frühes Datenverarbeitungsnetzwerk, eingeführt unter der Leitung des britischen Kybernetikers Stafford Beer. Die Akteure, die ich noch näher beschreiben werde, entwickelten kybernetische Modelle von Firmen im nationalisierten Sektor und ein Fernschreibernetzwerk, welches die Firmen mit einem zentralen Computer in Santiago de Chile verband. Ziel war der schnelle Austausch ökonomischer Daten zwischen Regierung und Unternehmen.

Salvador Allende hatte die Wahlen in Chile 1970 knapp gewonnen und regierte in Koalition. Die Situation war jedoch alles andere als einfach. Im Land fanden tiefgreifende ökonomische und soziale Reformen statt. Die Besitzlosen und Arbeiter profitierten davon, doch die konservative Opposition wehrte sich erbittert gegen den Verlust ihrer Privilegien. Großgrundbesitzer und Unternehmer, in diesem Beispiel vor allem der Großkonzern ITT, die eng mit US-Investoren kooperierten, bekamen in ihrem Widerstand Rückendeckung von der US-Regierung. Diese unterstützte nicht nur die rechtsgerichtete Presse, sondern auch die paramilitärische Organisation Patria y Libertad. Ein Kreditstopp der Weltbank sowie die Devisenschwäche seiner Wirtschaft zwangen Allende schließlich dazu, die Staatsausgaben auf ein Minimum zurückzufahren. Der Wirtschaftsminister Fernando Flores sowie der chilenische Informatiker Raul Espejo hielten die Kybernetik für eine geeignete Methode, die Probleme in den Griff zu bekommen und wandten sich an den britischen Kybernetiker Stafford Beer. In der Wirtschaftsförderungsbehörde CORFO war man überzeugt, dass Beers kybernetische Managementprinzipien nicht nur Unternehmen, sondern auch eine ganze Volksökonomie effizienter machen konnten - selbst die eines unterentwickelten Staates wie Chile, wobei sich hier auch das Bild eines unterentwickelten Staates änderte: Es entsteht eher das Bild einer Wissenschaft und Fortschritt aufgeschlossenen Gesellschaft.

---

[9] Vgl. Reh, Sascha, Gegen die Zeit, 2015.
[10] Morozov, Evgeny, The Planning Machine. Project Cybersyn and the Origins of the Big Data Nation, in: The New Yorker, 6. Oktober 2014, https://www.newyorker.com/magazine/2014/10/13/planning-machine (aufgerufen 8. Juli 2019).

Ziel war mitnichten eine Verwaltungswirtschaft nach sowjetischem Vorbild, sondern ein dritter Weg zwischen Plan- und Marktwirtschaft -- ähnlich, wie Allende nach seiner Wahl 1970 den imperialen Kapitalismus zurückdrängen wollte, ohne eine kommunistische Diktatur zu errichten.[11]

In dieser Situation bekam Beer den Auftrag, für Effizienzsteigerung zu sorgen. Sascha Reh, Autor des Romans, „Gegen die Zeit", zitiert Beer folgendermaßen: "Die Wirtschaftsleistung eines Staates mithilfe von Statistiken einzuschätzen, ist ungefähr so, als wolle man einen Zug mit dem Fahrplan vom letzten Jahr erreichen".[12.] Beer wollte stattdessen die Produktion in Echtzeit kontrollieren. In den wichtigsten verstaatlichten Fabriken Chiles sollte ein Computer installiert werden, in den die aktuellen Zahlen eingegeben werden konnten, von der Kapazität und Auslastung über Rohstoff- und Energiebedarf bis zum Krankenstand der Arbeiter. Diese Daten sollten über Telefonleitungen an einen Zentralrechner im Präsidentenpalast übermittelt werden und dessen Software Cyberstride sollte sie in Beziehung zueinander setzen. Ähnlich einem Schmerzsignal würde das Programm Alarm schlagen, sobald Sollwerte nicht eingehalten wurden. Unterschritten etwa die Vorräte an Kohle oder Öl einen Mindestwert, würde automatisch dort nachbestellt, wo die Lagerbestände am größten waren.[13]

2.1 Das Viable System Model

Grundlage von Cybersyn war das von Stafford Beer entwickelte Konzept des Viable System Model (VSM). Nach Beers kybernetischem Modell eines jeden lebensfähigen Systems gibt es fünf Subsysteme, die interaktiv an jedem Organismus oder jeder Organisation beteiligt sind. Diese sind in der Lage, ihre Identität unabhängig von anderen solchen Organismen innerhalb dessen, was Beer als äußere Umwelt definiert, zu erhalten. Dieses "Regelwerk" gilt daher für einen Organismus gleichermaßen wie für einen Menschen oder für eine Organisation.[14]

---

[11] Vgl. Medina, 2011, S. 6-9.

[12] Reh, Sascha, Chiles sozialistisches Internet. Die Stunde der Kommunistenmaschine, in: Spiegel online, 1. Juni 2015, https://www.spiegel.de/einestages/projekt-cybersyn-stafford-beers-internet-vorlaeufer-in-chile-a-1035559.html (aufgerufen 8.7.2019).

[13] Vgl. Medina, 2015, S. 1017.

[14] Vgl. Beer, Stafford, The Viable System Model: Its Provenance, Development, Methodology and Pathology, in: Journal of the Operational Research Society, 35, 1984, Nr. 1, S. 7–25, 14.

besteht. Die Subsysteme 1-3 befassen sich mit dem "Inside and Now"[15], den aktuellen Bedingungen des Betriebs oder Unternehmens[16]. Das Subsystem 1 eines jeden tragfähigen Systems besteht aus den Elementen, die es produzieren. Diese Elemente wiederum sind selbst tragfähige Systeme[17].

Man kann, in Anlehnung als Beers Konzept des VSM auch den Staat als Viable System Model betrachten. Nach Beer, bilden die Bürger das System Eins des Staates. Diese Hypothese wird durch die Tatsache begrenzt, dass die Bürger selbst Gemeinschaften und Unternehmen, Städte und Industrien, die selbst Elemente eines Staates darstellen.[18]. System 2 ist laut Beer ein Modul zur Koordination der gemeinsamen Aktivitäten von System 1, in diesem Fall den Bürgern eines Staates. System 2 stellt die administrativen Kanäle und Stellen dar, die es den primären Aktivitäten in System 1 ermöglichen, miteinander zu kommunizieren.[19]. System 2 ermöglicht es System 3, die Aktivitäten innerhalb von System 1 zu überwachen und zu koordinieren. System 3 stellt die Strukturen und Kontrollen dar, die eingerichtet werden, um die Regeln, Ressourcen, Rechte und Verantwortlichkeiten von System 1 festzulegen und eine Schnittstelle zu den Systemen 4 und 5 bereitzustellen.[20] System 4 befasst sich mit der äußeren Umwelt und Zukunftsprognosen.[21] Der Begriff beschreibt strategische Reaktionen auf die Auswirkungen von externen, ökologischen und zukünftigen Anforderungen. Die Rolle von System 4 besteht darin, das erwartete zukünftige Umfeld und seine eigenen Zustände der Anpassungsfähigkeit zu beobachten und zu handeln, um sie in Einklang zu bringen.[22] System 5 ist verantwortlich für politische Entscheidungen innerhalb der Organisation und steuert die Organisation als Ganzes. Die Fünfereinheit des VSM war das Ergebnis der Bemühungen von Beer, die notwendigen und ausreichenden Bedingungen für die Lebensfähigkeit zu schaffen.[23]

---

[15] Ebd., 1984, S. 15.

[16] Vgl. Beer, Stafford, Brain of the Firm, 2. Aufl., Chichester, 1995 (The managerial cybernetics of organization), S. 167, 181.

[17] Vgl. Beer, 1984, S.14.

[18] Vgl. Beer, 1984, S.16.

[19] Vgl. Leonard, Allenna, The Viable System Model and Its Application to Complex Organizations, in: Systemic Practice and Action Research, 22, 2009, Nr. 4, S. 223–233, 226, 227, 228.

[20] Vgl. Beer,1995, S. 181, 201.

[21] Vgl. Beer, 1984, S. 14, 16.

[22] Vgl. Leonard, 2009, S. 227, 228.

[23] Vgl. Beer, 1984, S. 16.

Zunächst wurde nicht der chilenische Staat, sondern dessen Volkswirtschaft, an das von Stafford Beer entwickelte Viable System Model (VSM) angelehnt. Die chilenische Wirtschaftsbehörde, kurz CORFO, wurde in fünf Untersysteme gegliedert. Nun folgt eine Beschreibung der fünf Untersysteme im CORFO. Das erste war die Produktion an sich. Das zweite System übernahm die Kommunikation und leitete Informationen über die Produktion weiter. Telex Maschinen wurden dazu in allen wichtigen Betrieben verteilt, die damit Kennzahlen der Produktion weiterleiten sollten. Die Echtzeitübertragung ist hierbei eines der kennzeichnenden Merkmale von Cybersyn und des VSM. Das System drei überwachte und steuerte System eins mit Hilfe von Regeln, die es vom vierten System erhielt. Das vierte System bildete die Schnittstelle zur Außenwelt und ermittelte, wie das dritte System die Produktion steuern sollte. Im vierten System liefen alle Daten zusammen. Sie sollten mit Hilfe des Computers und einem Programm namens Cyberstride ausgewertet und dargestellt werden. Das fünfte System schließlich waren die IT-spezialisten und Programmierer, die für die Dateneingabe und die Verarbeitung zuständig waren.[24] Laut Überlieferung soll Allende nach der Darstellung der fünf Systeme auf die Erklärung, wer nun an der Spitze steht gesagt haben: „Al fin: El pueblo!."[25] Die Ergebnisse liefen im "Operations Room" (Ops-Room) zusammen. Dieser wurde von dem deutschen Grafikdesigner Gui Bonsiepe kreiert.[26]

2.2 Die Praktikabilität von Cybersyn

Es ist strittig, ob Cybersyn in der Realität jemals aktiv war. Es gab diverse technische Probleme, die Arbeiterschaft war oft eher misstrauisch - Stichwort Big Data - und auch die Software Cyberstride erwies sich als eher unpraktisch.[27] Eden Medina bewertet diese Umstände anders und weist auf die Bedingungen der Entwicklung von Cybersyn hin. Dies hinderte das Entwicklerteam jedoch nicht, Visionen technischer Großprojekte zu entwickeln. Weiterhin ist anzumerken, dass die technischen Probleme nahezu genial gelöst wurden. Da es in Chile seinerzeit exakt einen Computer gab, wurde ein Netzwerk aus Telexmaschinen entwickelt,

---

[24] Vgl. Medina, 2011, Kapitel 4.
[25] Beer, 1984, S. 16.
[26] Vgl. Bonsiepe, Gui, Design im Übergang zum Sozialismus: Ein technisch-politischer. Erfahrungsbericht aus dem Chile der Unidad Popular (1971-73), in: Designtheorie; Bd. 1, Red. Designtheorie, Hamburg, 1974.
[27] Vgl. Reh, 2015.

welches erstaunlich stabil war. Es wurde also eher repariert und wiederverwertet als neu entwickelt.[28]

Die bekannteste Anwendung von Cybersyn fand 1972 statt, als circa 50.000 Fuhrunternehmer die Straßen Santiagos blockierten und die Versorgung der Stadt gefährdeten. Durch die Kommunikation per Fernschreiber war es der Regierung möglich, einen Lebensmittel-Transport mit lediglich 200 regierungstreuen LKWs zu koordinieren. Es wurde nicht das kybernetische System genutzt, sondern die im Land verteilten Telex-Maschinen dienten der schnellen Kommunikation, die es möglich machten, die geringen Ressourcen zu koordinieren und Versorgungsengpässe gering zu halten.[29] Hier, so würde ich in Übereinstimmung mit Wolfgang Finkes Darstellung vorschlagen, stellte Cybersyn eine erste so genannte *groupware* dar.[30]

Dieser Komplex ist nur interdisziplinär zu erforschen: Der für dieses Fallbeispiel wichtige Forschungszweig ist die *Computer Supported Cooperative Work* oder *Computer Supported Collaborative Work* (CSCW). Die zentralen Forschungsgegenstände der CSCW sind die Kooperationen zwischen Menschen und deren Unterstützbarkeit mit Rechnern.[31] Dieser Wandel vom kybernetischen System zu einer Kommunikationssoftware stellt einen technikhistorischen Umbruch dar. An dieser Stelle möchte ich zu meinem wichtigsten Thema überleiten, der Untersuchung des Verhältnisses von Computertechnologie als Teil der Gesellschaft. Aufgrund der Erkenntnis, dass zentraler Schwerpunkt staatlicher Verwaltung kein ökonomischer, sondern ein politisch-sozialer sein müsse, verfolgte Stafford Beer parallel zu Cybersyn ein weiteres Projekt, das *People's Project*. Dieses sollte Bestandteil des VSM für Chile sein; ein Programm, das ähnlich einem TV mit einer Art Rückkopplungsschleife eine aktive Kommunikation zwischen Regierung und Volk ermöglichen sollte, also ein soziokybernetisches Projekt. Hier werden schon

---

[28] Vgl. Medina, 2015, S. 1011.

[29] Vgl. Ebd.

[30] Vgl. Finke, Wolfgang, Notes/Groupware als Backbone der lernenden Organisation, in: Computerwoche, 17. November 1995, https://www.computerwoche.de/a/notes-groupware-als-backbone-der-lernenden-organisation,1118139, (aufgerufen 16.7.2019).

[31] Baecker, Ronald M., u.a. (Hg.), Groupware and Computer-Supported Cooperative Work, in: Readings in Human–Computer Interaction: Interactive Technologies. Toward the Year 2000, 1995, S. 741-755 https://www.sciencedirect.com/science/article/pii/B9780080515748500777?via%3Dihub, (aufgerufen 16.7.2019).

bei der Beschreibung die diversen technischen und sozialen Fallstricke wie Zentralisierung und Intransparenz deutlich.[32]

Nichts destotrotz pointiert Beer hier die Interaktion von Technik und Gesellschaft in Form von Kommunikation. In diesem Zusammenhang wird wieder der Umbruch eines kybernetischen Steuerungssystems hin zu einer ersten *groupware* interessant. Hier möchte ich folgende These aufstellen: Cybersyn war als kybernetisches Steuerungssystem kaum nutzbar, bildete aber durch dezentrale Kommunikation mittels Fernschreiber einen Vorläufer des Internets. Das *People's Project* wurde nie umgesetzt, aber der Einfluss auf gesellschaftliche Diskurse und Vorgänge durch die Nutzung von *social media*, die technisch ebenfalls der groupware zuzuordnen sind, ist komplex.

Das Projekt Cybersyn stellt einen Ausgangspunkt für weitergehende Überlegungen sowie interdisziplinäre Forschungen dar. Die Implementierung eines visionären kybernetischen Großprojekts stellt, meiner Ansicht nach, einen Wendepunkt postkolonialer wissenschaftlicher Beziehungen zwischen ehemaligen Kolonien und Imperialmächten dar. Die Tatsache, dass hier zukunftsweisende Forschung und Entwicklung in Lateinamerika praktiziert und angewendet wurde, liefert einen wichtigen Beitrag zu postkolonialen Diskursen. Wissen wurde nicht, wie beispielsweise zur Zeit der chilenischen Salpeterzyklen, in Europa durchgeführt unter Konsequenzen für die Ökonomie Chiles,[33] sondern fand in Chile selbst statt. Dies stellte einen Versuch der Emanzipation des sozialistisch regierten Staates von den Großmächten dar. Hier liegt meiner Einschätzung nach ein Transferprozess vor, bei dem technische Expertise aus Europa in einem ehemals kolonisierten Land die Entwicklung eines technischen Großprojekts ermöglichte, das half, das politische System dort zeitweilig zu erhalten.

Nun möchte ich diesen Abschnitt erst einmal mit Kritikpunkten schließen. Bei aller Begeisterung bleibt die Grundfrage, inwieweit Gesellschaft steuerbar ist. Auch kennen wir alle die Gefahren technischer Großprojekte in Bezug auf Intransparenz und Datenspeicherung. Gerade die von Beer propagierte Echtzeit-

---

[32] Vgl. Medina, 2011, S. 90.
[33] Vgl. Loeber, Katharina, Der Niedergang des Chilesalpeters. Chemische Forschung, militärische Interessen, ökonomische Auswirkungen, Berlin, 2010.

übertragung von Daten sollte alarmieren sein. Jevgeny Morozov bezeichnet Cybersyn gar als „socialist origin of Big Data."[34] Dem möchte ich allerdings widersprechen. Wie Eden Medina anschaulich ausführt, gab es diverse Datensicherungssysteme im Projekt. Hinzu kam die Art der Daten, sie erhoben wurden. Hier waren persönliche Daten nicht vorhanden.

Claus Pias betonte bereits 2004, dass die von Beer durch Steuerung in Echtzeit propagierte kybernetische Regierung das Prinzip von Staatlichkeit in Frage stelle. Pias spricht gar von einer „Entgrenzung des Politischen."[35] Des Weiteren betont er, ähnlich wie Morozov zehn Jahre später, die Gefahr dauernder Beobachtung, die die Gesellschaft zu einer Kontrollgesellschaft mache.[36] Medina betont hingegen den Beitrag Cybersyns zu demokratischer Partizipation und fordert die systematische Einordnung von Technologie in eine gesamtgesellschaftliche Betrachtung ein. Sie bezeichnet dies als soziotechnologisches System.[37] Insgesamt teile ich eher Medinas positive Sichtweise, finde aber, dass sich auch Pias Bedenken in der Historie Cybersyns niederschlagen. Cybersyn kam als kybernetisches Großprojekt gesellschaftlicher Steuerung nie zur Ausführung, sehr wohl aber als Kommunikationsmittel. Möglicherweise kann eine demokratische Gesellschaft durch Technologie nicht gesteuert, aber durchaus auf verschiedenen Ebenen, vor allem der der Kommunikation, unterstützt werden. Hierbei würde ich argumentativ einen Schritt weitergehen als Medina und von einem sozio-ökologischen-technischen System sprechen.

3. Die Theorie der Socio-Ecological Systems

3.1 Definition von SES

Nun komme ich aber vom konkreten Fallbeispiel weg hin zu einem systemtheoretischen Ansatz, der Theorie des Socio-Ecological Systems (SES).[38]
Ein SES kann definiert werden als:

---

[34] Morozov, 2014.

[35] Pias, Claus, Der Auftrag. Kybernetik und Revolution in Chile, in: Gethmann, Daniel (Hg.), Politiken der Medien, Zürich, 2004 (qu), S.131-154, 151.

[36] Vgl. Ebd., S.151.

[37] Vgl. Medina, 2015, S. 1019.

[38] Ich bleibe im Text bei dem englischen Begriff und der entsprechenden Abkürzung, da der Begriff der sozial-ökologischen Systeme innerhalb der Disziplin der deutschen Humanökologie anders verwendet wird.

Ein kohärentes System biophysikalischer und sozialer Faktoren, die regelmäßig widerstandsfähig und nachhaltig interagieren;

Ein System, das auf mehreren räumlichen, zeitlichen und organisatorischen Maßstäben definiert ist und hierarchisch verknüpft sein kann.

Eine Reihe kritischer Ressourcen (natürliche, sozioökonomische und kulturelle), deren Fluss und Nutzung durch eine Kombination ökologischer und sozialer Systeme geregelt wird.

Ein ständig dynamisches, komplexes System mit ständiger Anpassung.[39]

Sozioökologische Systeme sind definiert als ökologische Systeme, die eng mit einem oder mehreren sozialen Systemen verbunden sind und von diesen beeinflusst werden. Entscheidend ist, dass soziale, ökologische und ökonomische Faktoren untrennbar miteinander verbunden sind. Eine Schlüsseleigenschaft von SES ist die Resilienz. Diese kann als die Fähigkeit eines Systems definiert werden, Krisen und Belastungen standzuhalten oder sich von ihnen zu erholen. Es sich um komplexe adaptive Systeme, die durch maßstabsübergreifende Wechselwirkungen und Rückkopplungsschleifen zwischen ökologischen, sozialen und ökonomischen Komponenten gekennzeichnet sind. Diese Verknüpfungen zwischen den einzelnen Komponenten führen häufig zu einer Reorganisation des Systems im Fall nach äußeren Einflüssen.[40]

Die SES-Theorie geht auf die Arbeiten des *Resilience Project* zurück, einem fünfjährigen Projekt einer internationalen Gruppe von Ökologen, Ökonomen, Sozialwissenschaftlern und Mathematikern. Das Projekt wurde initiiert, um nach einer integrativen Theorie und integrativen Beispielen zu suchen, die das Verständnis der Komplexität von ökonomischen, ökologischen und sozialen Systemen erweitern.[41]

---

[39] Vgl. Holling, Crawford Stanley, Understanding the Complexity of Economic, Ecological, and Social Systems, in: ECOSYSTEMS, 4, 2001; Machlis, Gary E./Force, Ellen/Burch, William R., The Human Ecosystem, Part I: The Human Ecosystem as an Organizing Concept in Ecosystem Management, in: Society & Natural Resources, 10, 1997, Nr. 4, S. 347–367.

[40] Vgl. Walker, B. H./Gunderson L. H./Kinzig A. P./Folke C./Carpenter S./Schultz L., A Handful of Heuristics and Some Propositions for Understanding Resilience in Social-Ecological Systems., Ecology and Society, 11(1):13, 2013, http://www.ecologyandsociety.org/vol11/iss1/art13/.

[41] Das Resilience-Projekt wird häufig in der Literatur erwähnt. Siehe zum Beispiel: Holling, Theories for Sustainable Futures, Conservation Ecology 4, 2 (200), art. 7, http://www.consecol.org/vol4/iss2/art7/, (aufgerufen 27.10.2016). Vgl. auch Gowdy, John M., Wirtschaftswissenschaftliche Interaktionen mit anderen Disziplinen. Environmental Economics Vol. 2. Oxford, Eolss Publishers, 2009, S. 36. Nach Angaben dieser Autoren sind die Ergebnisse dieses

Grundlagen der SES sind so genannte Hierarchien und Anpassungszyklen. Zusammen bilden sie nach Crawford Stanley Holling eine Panarchie, die beschreibt, wie ein gesundes System erfinden und experimentieren kann, während es vor destabilisierenden Faktoren geschützt wird. Jedes Level eines SES darf in seinem eigenen Tempo arbeiten. Gleichzeitig wird es von oben durch langsamere, größere Ebenen geschützt, aber von unten durch schnellere, kleinere Innovationszyklen gestärkt. Der gesamte Panarchie ist daher sowohl kreativ als auch konservierend. Die Wechselwirkungen zwischen den Zyklen verbinden Lernen mit Kontinuität. In diesem Zusammenhang ist nachhaltige Entwicklung ein wichtiger Faktor. Nachhaltigkeit ist hierbei definiert als die Fähigkeit, Anpassungsfähigkeit zu schaffen, zu testen und aufrechtzuerhalten. Holling beschreibt Entwicklung als den Prozess der Schaffung, Prüfung und Aufrechterhaltung von Möglichkeiten. Nachhaltige Entwicklung verbindet beides und verweist auf das Ziel, Anpassungsfähigkeit zu fördern und Chancen zu schaffen.[42]

Panarchie ist die hierarchische Struktur, in der vier Systeme in endlosen adaptiven Zyklen von Wachstum, Akkumulation, Restrukturierung und Erneuerung miteinander verbunden sind: (1) Natursysteme wie Wälder, Wiesen, Seen, Flüsse und Meer; (2) Systeme des Menschen (z.B. Regierungsstrukturen, Siedlungen und Kulturen; (3) sowie kombinierte Mensch-Natur-Systeme und sozial-ökologische Systeme, beispielsweise gemeinsam entwickelte Managementsysteme. Holling betont, dass es möglich scheine, den Beitrag dieser Strukturen und Systeme zur Nachhaltigkeit sowie die Punkte, an denen ein System in der Lage ist, positive Veränderungen zu akzeptieren, und die Punkte, an denen es verwundbar ist, zu bewerten, wenn wir diese Zyklen und ihre Größenordnungen verstehen können. In der Folge wird es möglich, diese Hebelpunkte zu nutzen, um Resilienz und Nachhaltigkeit innerhalb eines Systems zu fördern. Die Idee der Panarchie kombiniert frühere Konzepte von Raum/Zeit-Hierarchien und adaptiven Zyklen. Holling stützte seine Theorie der adaptiven Zyklen auf die Forschung von H. A. Simon, der 1974 als einer der ersten die adaptive Bedeutung hierarchischer Strukturen beschrieb. Simon nannte diese Strukturen "Hierarchien", aber nicht im Sinne einer Abfolge von autoritativer Kontrolle; vielmehr bilden sich aus den

---

Projekts im Abschlussbericht an die MacArthur Foundation zusammengefasst, der unter http:// www. resalliance.org/reports. Diese URL ist jedoch nicht mehr verfügbar.
[42] Vgl. Holling, Crawford Stanley, Understanding the Complexity of Economic, Ecological, and Social Systems, in: ECOSYSTEMS, 4, 2001, S. 391.

Wechselwirkungen zwischen einer Reihe von Variablen, die ähnliche Geschwindigkeiten sowie geometrische und räumliche Attribute teilen, teilautonome Ebenen. Jede Ebene kommuniziert einen kleinen Satz höherer, i.e. langsamer und gröberer Ebenen.

Solange der Transfer von einer Ebene zur anderen aufrechterhalten wird, können die Interaktionen innerhalb der Ebenen selbst transformiert werden - oder die Variablen können geändert werden -, ohne dass das gesamte System seine Integrität verliert. Daher ermöglicht diese Struktur einen großen Spielraum für Experimente innerhalb von Ebenen und erhöht damit die Geschwindigkeit der Evolution stark.

Simon argumentierte, dass jede der Ebenen einer dynamischen Hierarchie zwei Funktionen erfüllt: die Erhaltung und Stabilisierung der Bedingungen für die schnelleren und kleineren Ebenen sowie die Generierung und Erprobung von Innovationen durch Experimente innerhalb einer Ebene. Der adaptive Zyklus ist ein heuristisches Modell, welches zum Verständnis der Dynamik komplexer Systeme von Zellen, Ökosystemen, Gesellschaften und Kulturen beiträgt. Es gibt drei Eigenschaften, die den adaptiven Zyklus und den zukünftigen Zustand einer Systemeigenschaft prägen, nämlich Reichtum, Steuerbarkeit und Anpassungsfähigkeit. Dies sind allgemeine Eigenschaften, ob auf der Ebene der Zelle oder der Biosphäre, des Individuums oder der Kultur. Im Falle von Beispielen für regionale Entwicklung und Ökosystemmanagement sind sie die Eigenschaften, die die Reaktionen von Ökosystemen, Behörden und Menschen auf Krisen prägen. Potenzial oder Vermögen setzt den Möglichkeiten Grenzen, das heißt, es bestimmt die Anzahl der alternativen Optionen für die Zukunft. Verbundenheit oder Kontrollierbarkeit bestimmt den Grad, in dem ein System sein eigenes Schicksal kontrollieren kann, im Gegensatz zu den Launen der äußeren Variabilität. Die Resilienz bestimmt, wie anfällig das System für unerwartete Störungen und Überraschungen ist, die diese Kontrolle überschreiten oder brechen können. Holling teilt einen adaptiven Zyklus in vier Phasen, die er auch als *Key Features* bezeichnet. Alle sind in bestimmten Situationen messbar. Die erste Phase nennt Holling Wachstumsphase.

In diesem Zusammenhang behandelt er das Potenzial eines Systems in dieser Phase als gleichwertig mit dem Reichtum, wie er in der Ökosystemstruktur, Produktivität, menschlichen Beziehungen, Mutationen und Erfindungen zum Ausdruck kommt. Das Potenzial steigt schrittweise in Verbindung mit der Effizienz,

128

aber auch in Verbindung mit der Kontinuität. Diese Wachstumsphase nennt Holling r oder *exploitation*. In dieser ist die Resilienz hoch. In einer zweiten Phase kann der Systemlauf unterbrochen werden. Mit zunehmendem Potenzial bewirken langsame Veränderungen allmählich eine zunehmende Verwundbarkeit des Systems, was bedeutet, dass die Widerstandsfähigkeit gegen Bedrohungen wie Feuer, Insektenausbruch, Konkurrenten oder Oppositionsgruppen verringert wird. Diese Phase wird als Erhaltungsphase K oder *conservation* bezeichnet. Diese beiden Phasen r bis K werden als Frontschleife bezeichnet. Sie entsprechen der ökologischen Sukzession in Ökosystemen und stellen einen Entwicklungsmodus in Organisationen und Gesellschaften dar. In der folgenden *release-*/Ω-Phase wird diese starke Vernetzung durch eine *creative destruction*, beziehungsweise einen Kollaps, aufgelöst, und akkumulierte Ressourcen werden freigesetzt. In der vierten Phase kommt es zu Innovationen, wenn die Unsicherheit groß ist, das Potenzial hoch ist und die Kontrollen schwach sind, wodurch sich neue Rekombinationen bilden können. Dies ist die Phase der Reorganisation /α-. Eine geringe Vernetzung ermöglicht unerwartete Kombinationen von zuvor isolierten oder eingeschränkten Innovationen, die neue Chancen eröffnen können. Es ist wichtig zu beachten, dass nicht alle adaptiven Zyklen gleich sind. Eine Panarchie ist eine Darstellung einer Hierarchie als verschachtelter Satz von adaptiven Zyklen. Das Funktionieren dieser Zyklen und die Kommunikation zwischen ihnen bestimmt die Nachhaltigkeit eines Systems. Die Panarchie ist eine Darstellung der Art und Weise, wie ein gesundes SES erfinden und experimentieren kann, indem es von Erfindungen profitiert, die Chancen schaffen, während es vor Faktoren geschützt ist, die das System destabilisieren. Nach dieser Argumentation ist Nachhaltigkeit die Fähigkeit, adaptive Fähigkeiten zu schaffen, zu testen und zu erhalten. Entwicklung ist der Prozess der Schaffung, Erprobung und Aufrechterhaltung von Chancen. Der Begriff - "nachhaltige Entwicklung" - bezieht sich also auf das Ziel, adaptive Fähigkeiten zu fördern und gleichzeitig Chancen zu schaffen.[43]

3.2 SES und Historie

An dieser Stelle ist eine kritische Betrachtung der SES-Theorie angemessen. Das Konzept sozial-ökologischer Systeme wird gern verwendet, um das integrierte

---

[43] Vgl. Ebd., S. 391-393.

Konzept des Menschen in der Natur zu betonen und zu betonen, dass die Abgrenzung zwischen sozialen Systemen und ökologischen Systemen künstlich und willkürlich ist. Dies ist, meiner Ansicht nach, die große Stärke des Ansatzes. Allerdings gibt es auch – gerade für Historikerinnen und Historiker viele Kritikpunkte. Einige davon habe ich an verschiedener Stelle bereits formuliert.[44] Eine Schwierigkeit ist die Tatsache, dass der Ansatz managementorientiert ist. Ziel ist es stets, das gesetzte System zu erhalten und dessen Resilienz mit dem Ziel einer nachhaltigen Entwicklung zu fördern. Dieser Blickwinkel macht eine politologische oder gar ethische Bewertung von historischen Prozessen schwierig, beziehungsweise implementiert eine Akzeptanz von Systemen, die beispielsweise im Falle von Diktaturen abzulehnen ist. Auch sind die Grenzen eines Systems oft unklar definiert.

Hier hat es bereits durchaus Auseinandersetzungen zwischen Vertreterinnen und Vertretern der SES-Theorie gegeben. So visualisierten Walker und Abel 2002 in einem Framework für komplexe adaptive Rangeland-Systeme die Zusammenhänge verschiedener Maßstäbe, in diesem Fall nationaler, regionaler und lokaler Maßstäbe, und wie diese eine verschachtelte Hierarchie bilden. Eine der Variablen, die die Autoren berücksichtigen, wird als "Kolonialgeschichte" bezeichnet. In ihrem Diagramm wird die gesellschaftspolitische Geschichte des Systems jedoch nur als wichtig für das Verständnis von Prozessen auf nationaler Ebene angesehen, nicht auf regionaler und lokaler Ebene.[45]

Die Autoren sind sich der historischen Einflüsse offensichtlich bewusst. Allerdings definieren sie Kolonialismus als einen Faktor, der einen SES beeinflusst und eine Hierarchie bildet. Dies finde ich problematisch, da koloniale und postkoloniale Vergangenheit eine Gesellschaft auf allen Ebenen beeinflusst. Ann Kinzig, die ausführlich über sozial-ökologische Systeme und Resilienz publiziert hat, erklärte 2012 in einem Beitrag, dass Fallstudien, die einen sozial-ökologischen

---

[44] Vgl. Loeber, Katharina, Racism and Human Ecology. White Supremacy in Twentieth-Century South Africa, Köln, Wien, 2019, S. 296.
[45] Vgl. Walker, Brian/Abel, Nick, Resilient Rangelands: Adaptation in Complex Systems, Gunderson, Lance H./Holling C., (Hg.), Panarchy: Understanding Transformations in Human and Natural Systems, Washington, DC, 2002, S. 293-310, 304, 305.

Systemansatz verwenden, sich mit der Einbettung des Systems in die Dynamik auf breiterer regionaler, nationaler und globaler Ebene befassen sollten.[46] Eine Frage, die bisher in der Forschung wenig thematisiert wurde, ist die Rolle technologischer Systeme innerhalb sozio-ökologischer Systemen (SES) sein. Zunächst einmal ist auffällig, dass die SES-Theorie sowie Beers Viable System Model, welches ich oben vorgestellt habe, erhebliche Ähnlichkeiten aufweisen. Die Viability beziehungsweise die Resilienz komplexer Systeme unterscheiden sich nur wenig voneinander. Homöostase und Management spielen in beiden Modellen eine wichtige Rolle. Selbstverständlich handelt es sich beim VSM um ein Referenzmodell zur Beschreibung, Diagnose und Gestaltung des Managements von Organisationen, derweil die Theorie des SES Teil des wissenschaftlichen Diskurses innerhalb der Humanökologie ist. Ein direkter Vergleich ist daher kaum möglich, wohl aber eine Integration. Ein weiterer Beitrag zur Forschungsdiskussion ist die Frage nach der Rolle technologischer Steuerung sowie Kommunikation innerhalb von SES. Inwieweit kann technische Steuerung oder I&K- Technologie die Resilienz eines SES befördern oder einen Kollaps herbeiführen? Eröffnet sich hier eine weitere Möglichkeit des Managements von SES mit dem Ziel der Nachhaltigkeit und Überlebensfähigkeit oder handelt es sich eher um einen Störfaktor? Hier möchte ich auf meine vorhergehende Argumentation zurückgreifen. Cybersyn erwies sich als kybernetisches System als wenig anwendbar, konnte jedoch als Kommunikationsmittel gleich zwei Systeme erhalten, zum einen die Regierung Salvador Allendes, die schwer als SES zu betrachten ist. Zum anderen war es durch das Kommunikationstool Cybersyn aber möglich, die Bevölkerung Santiago de Chiles während des Streiks von 1972 zu versorgen. Hier lässt sich meiner Einschätzung nach ein stabilisierender Faktor für ein SES ausmachen, welches durchaus eine Stadt sein kann.

4. Fazit

Zusammenfassend stellt sich die Frage, welche Rolle technikhistorische Bedingungen und technischer Fortschritt in einer durch ein komplexes Muster aus gesellschaftlichen Bedingungen und Akteuren geprägten Gesellschaft spielt. Das

---

[46] Vgl. Kinzig, Ann P./Plieninger, Tobias/Bieling, Claudia, Towards a Deeper Understanding of the Social in Resilience: The Contributions of Cultural Landscapes, in: Plieninge, Tobias/Bieling, Claudia, (Hg.), Resilience and the Cultural Landscape, Cambridge, 2012, S. 315–327, 317, 319.

Fallbeipiel Cybersyn zeigt, unter Einbeziehung sämtlicher Kritikpunkte, inwieweit technische Innovationen demokratische Prozesse und gesellschaftliche Partizipation unterstützen können. In einem resilienten sozio-ökologisch-technischen System kann Technologie politische und gesellschaftliche Partizipation unterstützen. Auch können Tools digitaler Kommunikation einen virtuellen Raum für Versammlungen darstellen sowie in Rückkopplung Diskurse beeinflussen.[47]

Technische Forschung kann jedoch auch Gefahren darstellen. Im Bereich der Informations- und Kommunikationstechnologie seien hier die Stichwörter Datenspeicherung und Intransparenz genannt. Auch kann Technologie ein destabilisierender Faktor für Mensch und Umwelt sein. Allein die Mengen an so genanntem *e-waste* stellen eine hohe vor allem ökologische Belastung dar. Dies zeigt wiederum die Notwendigkeit, über eine Kultur des Reparierens statt der dauernden Innovation zu diskutieren.[48] Andererseits bleibt zu bedenken, dass auch veraltete Technologien einen Kollaps hervorrufen können. Ein lokales Beispiel der Region Aachen stellt hier der Betrieb der Atomkraftwerke im nahegelegenen belgischen Tihange und Doel dar.[49] Hier könnte eine veraltete Technologie einen regelrechten sozio-ökologischen Kollaps hervorrufen. Es sei angemerkt, dass diese Erkenntnis nicht unbedingt eine Systemtheorie benötigt.

Meiner Ansicht nach bleiben drei Ergebnisse dieser Diskussion von Technikgeschichte als Verflechtungsgeschichte festzuhalten:

1. Technologische Entwicklung ist ein Teil gesamtgesellschaftlicher Prozesse und damit veränderbar – viele Missstände sind politisch gewollt!
2. Technologie kann Fortschritt, aber auch einen sozialökologischen Kollaps hervorrufen. Dies ist je nach Akteur interpretierbar.
3. Globale Zusammenhänge beeinflussen die Wirkung auf die verschiedenen Akteure. Es ist daher zwingend notwendig, globale Ansätze zu verfolgen.

---

[47] Vgl. Butler, Judith, Notes Toward a Performative Theory of Assembly, Cambridge, Massachusetts, London, 2015, S. 90.

[48] Hierzu finden sich interessanten Beiträge im folgenden 2018 erschienenen Sammelband: Krebs, Stefan/Schabacher, Gabriele/Weber, Heike, Kulturen des Reparierens: Dinge - Wissen - Praktiken, Bielefeld, 2018.

[49] Zum Beispiel: Heuer, Christine/Renneberg, Wolfgang, „Es kann passieren, dass der Reaktor-Druckbehälter kaputtgeht". Wolfgang Renneberg im Gespräch mit Christine Heuer, 2018, 17. April 2018, https://www.deutschlandfunk.de/atomexperte-zu-risiko-meiler-tihange-2-es-kann-passieren.694.de.html?dram:article_id=415762 (aufgerufen 11. Juli 2019).

Die Zukunft der Technikgeschichte kann nur eine internationale Geschichte sein. Auch kann sie nur im engen Kontext mit einer Historie gesellschaftlicher und ökologischer Prozesse wie Innovation und Entwicklung, aber auch sozialem Gefälle und Ausbeutung sein.

Literaturverzeichnis

Baecker, Ronald u.a., Groupware and Computer-Supported Cooperative Work, in: Baecker, Ronald u.a. (Hg.), Readings in Human–Computer Interaction: Interactive Technologies. Toward the Year 2000, 1995, S.741-755, https://www.sciencedirect.com/science/article/pii/B9780080515748500777?via%3Dihub (aufgerufen 16.7.2019).

Barrionuevo, Alexei, "Before '73 Coup, Chile Tried to Find the Right Software for Socialism", in: New York Times, 28. März 2008, https://www.nytimes.com/2008/03/28/world/americas/28cybersyn.html, (aufgerufen 16.7.2019).

Beer, Stafford, The Viable System Model: Its Provenance, Development, Methodology and Pathology, in: Journal of the Operational Research Society, 35, 1984, Nr. 1, S. 7-25. [Beer, 1984]

Beer, Stafford, Brain of the Firm, 2. Aufl., Chichester, 1995, (The Managerial Cybernetics of Organization).

Beer, Stafford, Designing Freedom, Concord, 2011 (CBC Massey Lecture), http://gbv.eblib.com/patron/FullRecord.aspx?p=771784.

Beer, Stafford, Platform for Change, Munich, 2014 (Malik Edition).

Bonsiepe, Gui, Design im Übergang zum Sozialismus: Ein technisch-politischer Erfahrungsbericht aus dem Chile der Unidad Popular (1971 - 73), in: Designtheorie, Bd. 1, Red. Designtheorie, Hamburg 1974.

Butler, Judith, Notes Toward a Performative Theory of Assembly, Cambridge, Massachusetts, London, 2015.

Cascais, Antonio, Child Labor still Rife in Democratic Republic of Kongo, in: DW, https://www.dw.com/en/child-labor-still-rife-in-democratic-republic-of-congo/a-39194724-0 (aufgerufen 16.7.2019).

Conrad, Sebastian/Randeria, Shalini/Römhild, Regina (Hg.), Jenseits des Eurozentrismus. Postkoloniale Perspektiven in den Geschichts- und Kulturwissenschaften, 2. Aufl., Frankfurt am Main, New York, 2013.

Finke, Wolfgang, Notes/Groupware als Backbone der lernenden Organisation, in: Computerwoche, 17. November 1995, https://www.computerwoche.de/a/notes-groupware-als-backbone-der-lernenden-organisation,1118139 (aufgerufen am 10. Juli 2019).

Gethmann, Daniel (Hg.), Politiken der Medien, Zürich, 2004 (qu).

Heuer, Christine/Renneberg, Wolfgang, „Es kann passieren, dass der Reaktor-Druckbehälter kaputtgeht". Wolfgang Renneberg im Gespräch mit Christine

Heuer, 2018, 17. April 2018, https://www.deutschlandfunk.de/atomexperte-zu-risiko-meiler-tihange-2-es-kann-passieren.694.de.html?dram:article_id=415762 (aufgerufen 11. Juli 2019).

Holling, Crawford, Understanding the Complexity of Economic, Ecological, and Social Systems, in: ECOSYSTEMS, 4, 2001.

Kinzig, Ann P./Plieninger, Tobias/Bieling, Claudia, Towards a Deeper Understanding of the Social in Resilience: The Contributions of Cultural Landscapes, in: Plieninger, Tobias/Bieling, Claudia (Hg.), Resilience and the Cultural Landscape, Cambridge, 2012, S. 315-327.

Krebs, Stefan/Schabacher, Gabriele/Weber, Heike, Kulturen des Reparierens: Dinge - Wissen – Praktiken, Bielefeld, 2018.

Leonard, Allenna, The Viable System Model and Its Application to Complex Organizations, in: Systemic Practice and Action Research, 22 (2009), Nr. 4, S. 223-233. [Leonard, 2009]

Loeber, Katharina, Der Niedergang des Chilesalpeters. Chemische Forschung, militärische Interessen, ökonomische Auswirkungen, Berlin, 2010.

Loeber, Katharina, Racism and Human Ecology. White Supremacy in Twentieth-Century South Africa, Köln, Wien, 2019.

Medina, Eden, Cybernetic Revolutionaries. Technology and politics in Allende's Chile, Cambridge, Mass., 2011.

Medina, Eden, Rethinking Algorithmic Regulation, in: Kybernetes, 44, 2015, 6/7, S. 1005-1019. [Medina, 2011]

Mintz, Sidney W., Sweetness and Power. The Place of Sugar in Modern History, New York, 1986.

Morozov, Evgeny, The Planning Machine. Project Cybersyn and the Origins of the Big Data Nation, in: The New Yorker, 6. Oktober 2014, https://www.newyorker.com/magazine/2014/10/13/planning-machine (aufgerufen am 8. Juli 2019). [Morozov, 2014]

Pias, Claus, Der Auftrag. Kybernetik und Revolution in Chile, in: Gethmann, Daniel (Hg.), Politiken der Medien, Zürich, 2004 (qu), S. 131-154.

Plieninger, Tobias/Bieling, Claudia (Hg.), Resilience and the Cultural Landscape, Cambridge, 2012.

Randeria, Shalini, Geteilte Geschichte und verwobene Moderne, Berlin, 1999.

Reh, Sascha, Chiles sozialistisches Internet. Die Stunde der Kommunistenmaschine, in: Spiegel online, 1. Juni 2015, https://www.spiegel.de/einestages/projekt-cybersyn-stafford-beers-internet-vorlaeufer-in-chile-a-1035559.html (aufgerufen am 8. Juli 2019). [Reh, 2015]

Reh, Sascha, Gegen die Zeit, Frankfurt a. M., 2015.

Steiner Anna/Piron, Andre, Die Goldgräber des Silicon Valley. Wirtschaft in Zahlen, in: Frankfurter Allgemeine Zeitung, 15.11.17, https://www.faz.net/aktuell/finanzen/finanzmarkt/das-silicon-valley-in-zahlen-15287905.html (aufgerufen am 4.07.2019).

Walker, B. H./Gunderson, L. H./Kinzig, A. P./Folke, C./Carpenter, S. R./Schultz, L., A Handful of Heuristics and Some Propositions for Understanding Resilience in Social-Ecological Systems., Ecology and Society, 11(1):13, 2006, http://www.ecologyandsociety.org/vol11/iss1/art13/.

Wikipedia, List of Public Corporations by Market Capitalization, 2017. https://en.wikipedia.org/wiki/List_of_public_corporations_by_market_capitalization#2017, (aufgerufen 16.7.2019).

Werner, Michael/Zimmermann, Bénédicte, Vergleich, Transfer, Verflechtung. Der Ansatz der "Histoire croisée" und die Herausforderung des Transnationalen, in: Geschichte und Gesellschaft / Sonderheft, 28, 2002, S. 607-636.

Was hat der Ingenieur Leonardo Da Vinci uns heute noch zu sagen? Zugang, Verständnis, Perspektiven

Dietrich Lohrmann

Am 2. Mai 2019 gedachte man des 500. Todestages Leonardo da Vincis: Anlass für zahlreiche Tagungen und Ausstellungen, ein großes Jubiläum mit Rückblick auf die Renaissance. Die Kunsthistoriker feiern Leonardos zwölf bis maximal achtzehn authentische Gemälde und seinen Malereitraktat, seine Studien zur Optik und Perspektive.[1] Leonardo als Techniker und Ingenieur steht nicht im Zentrum. Ein neuerer Biograph behauptet schlicht, Leonardos Beschäftigung mit Maschinen in seinen Skizzenbüchern sei nur „Zeitvertreib" gewesen: Ein hinreichender Grund, sich nicht näher mit ihr auseinander zu setzen? Schon die höchst verdienstvolle, noch immer viel benutzte Anthologie der „Notebooks" Leonardos von Jean Paul Richter (zwei Bände 1883) hatte die Texte zur Mechanik und zum Maschinenbau schlicht ausgelassen.[2] An der RWTH Aachen ist es Zeit, sich mit seinen Leistungen als Ingenieur zu befassen.

Bekannt ist, dass wir von Leonardo wesentlich mehr technische Zeichnungen haben als etwa Gemälde. Das schöne Buch von Stefan Klein, *Da Vincis Vermächtnis, oder Wie Leonardo die Welt neu erfand* (erschienen 2008, soeben wieder aufgelegt) spricht von etwa 10.000 Seiten mit technischem Inhalt. Das ist etwas hoch gegriffen, aber 5000 Seiten dürften es durchaus gewesen sein. Etliches ist verloren. Allein der lange verlorene, 1965 wiederentdeckte **Codex Madrid I** hat 185 erhaltene Blätter, das heißt 370 Seiten plus 2 Vorsatzblätter, alle dicht angefüllt mit oft bis zu vier, fünf ja sieben verschiedenen technischen Zeichnungen oder Skizzen auf einer Seite. Inhaltlich war dieser Codex lange schwer zu überblicken, denn der erste Herausgeber, zuvor Chemieingenieur und Unternehmer, trotzdem

---

[1] Vgl. da Vinci, Leonardo and Optics. Theory and Pictorial Practice, Hg., Fiorani, Francesca/Nova Alessandro, Venedig, 2013.
[2] Vgl. Richter, Jean Paul, The Literary Works of Leonardo da Vinci, ND New York, 1970, The Notebooks of Leonardo da Vinci, London, 1883.

ein hervorragender Kenner, hatte vor seinem frühen Tod 1973 kaum Zeit gefunden, seiner Abschrift und Übersetzung der Texte aus beiden Madrider Handschriften inhaltliche Kommentare anzufügen.[3]

Es bedurfte einer Neuedition mit Schwerpunkt auf der inhaltlichen Erschließung jeder einzelnen Seite. Eine solche Neuedition habe ich mit sehr wirksamer Unterstützung durch zwei promovierte Kenner der älteren Technikgeschichte, Dr. Ulrich Alertz und Dr. Thomas Kreft, zunächst Ende 2013 als Internetedition herausbringen können und fünf Jahre später Ende 2018 im Blick auf das Jubiläumsjahr 2019 auch als Druckedition, diesmal in vier Bänden zusammen mit Dr. Thomas Kreft.[4]

Der vierte Band der kommentierten Neuedition ist in gewisser Weise der wichtigste. Er enthält ein vollständiges Facsimile der Madrider Handschrift, allerdings nicht in der Form, wie diese seit dem 18. Jh. gebunden und in der Erstausgabe von 1974 auch gedruckt erschienen ist, sondern a) mit Umkehrung der Spiegelschrift Leonardos, um diese leichter lesbar zu machen, b) mit Wiederherstellung der von Leonardo vorgesehenen internen Abfolge des zweiten Teils. Es gibt somit jetzt einen ersten Teil, Maschinenbau und Maschinenelemente, auf 89 Blättern, und einen zweiten Teil, Theoretische Mechanik, auf 95 Blättern. Freilich hat Leonardo die beiden Blätterstapel, die vor ihm lagen und die er mehr oder weniger gleichzeitig bearbeitete, mehrfach verwechselt, so dass Praktisches zum Maschinenbau in den theoretischen Teil gelangt ist und umgekehrt Theoretisches in den Praktischen Teil.

Sie sehen schon, man beobachtet Leonardo unmittelbar bei der Arbeit, mit allen Stärken und Schwächen. Man erhält wunderschöne perspektivische Maschinenzeichnungen und lange theoretische Ausführungen mit rasch hingeworfenen Skizzen. Die Materie ist für einen Geisteswissenschaftler schwierig, aber ich hatte wie gesagt tüchtige Helfer mit vielseitigen Talenten.

---

[3] Vgl. da Vinci, Leonardo, Codices Madrid, Hg., Ladislao Reti, al., 5 Bände, englische Fassung New York, 1974, Transkription und Übersetzung des Codex Madrid I jeweils in Bd. 4, dt. Ausgabe, Frankfurt a.M., 1974.
[4] Vgl. da Vinci, Leonardo, Codex Madrid I, Kommentierte Edition, Hg., Lohrmann, Dietrich/Kreft, Thomas, 4 Bd, Wien, Köln, Weimar, 2018.

Was hat nun Leonardo uns heute noch zu sagen, wenn man ihm genau zuschaut und die über 1700 Zeichnungen und Skizzen in seiner umfangreichsten Technikhandschrift zu verstehen versucht?

Zugang:
Der Zugang zu Leonardos Handschriften insgesamt war lange Zeit nicht leicht. Es gab nur seltene Faksimileeditionen, die in großem zeitlichen Abstand publiziert worden waren: teuer und in kleiner Zahl, in den Bibliotheken meist unter besonderem Verschluss, erreichbar nur für eine kleine Elite von Leonardo-Spezialisten. Hinzu kamen große Verluste: Leonardo spricht am Ende seines Lebens von über hundert Manuskripten; erhalten sind nur etwa 30. Genannt seien hier, in chronologischer Folge, nur die wichtigsten Editionen von Leonardos etwa 30 erhaltenen Handschriften[5]:

1. Um 1890-95 Transkriptionen der vierzehn in Paris verbliebenen Skizzenbücher A bis M, die nach dem Raub durch Napoleon so gut versteckt waren, dass die nach Paris entsandten Italiener sie 1815 nach dem Wiener Kongress nicht finden und somit auch nach Mailand zurückführen konnten.
2. Um 1900 die über 1100 Einzelblätter des sogenannten Codex Atlanticus in Mailands Bibliotheca Ambrosiana. Auch sie waren nach Paris gelangt, aber in einem so großen Einband zusammengebunden (Codex „Atlanticus"), dass die Italiener sie fanden und zurück nach Mailand bringen konnten.
3. Ende der1920er die Einzelfaszikel des sogen. Codex Arundel in London, und etwa gleichzeitig die ebenfalls nach London gelangten Codices Forster (3 Bände).
4. Um 1930 der Turiner Codex über Vogelflug und Flugmaschinen.
5. Um 1965 die berühmten anatomischen Zeichnungen des englischen Königshauses, die sogenannten Windsor Codices.
6. 1974 endlich die beiden lange verschollenen Manuskripte aus Madrid.

Inzwischen stehen sämtliche Handschriften im Internet zur Verfügung als sogen. E-leo Ausgabe oder auch *Leonardo digitale,* qualitativ nicht besonders gut, aber

---

[5] Manches lässt sich rekonstruieren, so z. B. eine den Codex Madrid vorbereitende, systematische Ausarbeitung von theoretischen Sätzen zur Mechanik, die so genannte Teorica, und die nachfolgenden Elementi macchinali. Vgl. Lohrmann, Dietrich/Alertz, Ulrich/Hasters, Frank, Two lost treatises of Leonardo da Vinci on mechanics, in: International Archive of the History of Science 62, 2012, S. 55-84.

leicht erreichbar, nur leider nicht kopierbar. Auch erscheinen sie dort praktisch ohne nähere inhaltliche Erläuterung. Unsere Idee war: Wir wollen den Inhalt wenigstens des ersten Codex Madrid genau kennenlernen und so erläutern, dass die Aussagen verständlich und überprüfbar werden. Zugänglich für alle im Internet, jetzt wie gesagt auch in einem schönen Druck des Verlags Böhlau.

Leonardos Entwicklung bis 1500:

Leonardo, geboren 1452, war nicht von vorne herein bestimmt, sich als Techniker bzw. Ingenieur hervorzutun. In den ersten 23 Jahren seines Lebens erhielt er eine praktische Ausbildung als Maler und bildender Künstler in Florenz. Anschließend arbeitete er einige Jahre lang als freier Künstler und legte damals schon die Grundlagen für seinen wichtigen Malereitraktat (Perspektive).

Vom 30. bis 48. Lebensjahr, sozusagen in seinen kreativsten Mannesjahren, lebt er in Mailand am Hof des dortigen Herrschers Ludovico il Moro (Sforza) und erhält dort zwar auch einige Aufträge als Maler (unter anderem Portraits der Mätressen des Herrschers), ansonsten aber ganz neue Aufgaben:

> Vorbereitung großer Hoffeste mit gefälligen technischen Präsentationen wie etwa einem selbstfahrenden Bühnenwagen oder einem automatisch sein Maul aufreißenden Löwen;
> Vorschläge zur Modernisierung der mailändischen Armee und ihrer Waffen;
> Detaillierte Planungen zum Guss einer großen Reiterstatue für den verstorbenen Herzog Francesco Sforza. In der Gießereikunst hatte Leonardo schon in Florenz bei seinem Lehrer Verrocchio Erfahrung gewinnen können;
> Pläne zu einem Wiederaufbau der Stadt Mailand nach einer Pestepidemie 1494 unter hygienischen Gesichtspunkten;
> Schleusenbau, Kanalbau (Wasserbau) in Mailand und in der Lombardei.

Angesichts solcher Aufgaben begreift Leonardo bald, dass er zunächst die mechanischen Grundlagen der Technik besser verstehen sollte. Er arbeitet sich ein in die ältere Technikliteratur wie beispielsweise die Maschinenbücher des Sienesen Taccola, das Kriegsbuch des Valturio (Erstdruck 1472) und vor allem die reichen technischen Manuskripte des Francesco di Giorgio Martinis. Ansonsten zeichnet er, was er in Mailand und dessen Umland an technischen Anlagen zu sehen bekommt.

Aus den ersten Mailänder Jahren sind keine sicher datierten Aufzeichnungen erhalten, dann beginnen (1487-89) seine kleineren Skizzenbücher A, B und C. Eine frühe systematische Zusammenstellung zur Mechanik ist verloren, konnte aber wie gesagt aufgrund zahlreicher Verweise rekonstruiert werden. 1493 beginnt Leonardo mit dem Codex Madrid I, Teil 1: Maschinen und Maschinenelemente, Teil 2: Theoretische Mechanik. Geplant war eine Reinschrift, am Ende wurde es eine weitere, diesmal sehr umfangreiche Arbeitshandschrift mit zahlreichen Nachträgen.

Ende 1499 verlässt Leonardo Mailand, nachdem die Franzosen unter König Karl VIII. in die Stadt eingerückt waren und sein langjähriger Dienstherr Ludovico Sforza, genannt Il Moro, hatte fliehen müssen. Einige der mechanischen Traktate des Archimedes lernt Leonardo erst nach 1500 kennen.

Interessensschwerpunkte im Codex Madrid I, und was uns davon heute noch interessieren kann:

1. Zentralantriebe für mehrere Arbeitsgänge, d.h. Rationalisierung insbesondere in Mailands Textilindustrie: **Abb. 4 (fol. 67v)** bringt eine große Spulmaschine mit genauen Maßangaben in verschiedenen Ausführungen. Man nennt so etwas heute einen Generalentwurf. Leonardo sagt, die Maschine sei dimensioniert für 4 Arbeiterinnen, aber auch für 18 Arbeiterinnen einzurichten. Als Zentralantrieb ist rechts, symbolisch, eine Kurbel eingezeichnet. Ziel ist eine weitgehend automatisch arbeitende Zwirnspulmaschine.
Der Anfang der Erläuterungen steht unten in der Mitte, nicht oben links wie in der bisherigen Edition. Mit den Maßangaben geht es los, dann folgen Angaben für jedes Zahnrad, für jeden Bewegungsvorgang samt der Angabe, man könne diese Maschine in verschiedenen Größen bauen, je nach Bedarf. Rentabilitäts- und Effektivitätsgesichtspunkte liegen Leonardo keineswegs fern. Er liebt kühne Hochrechnungen. Will man alle Angaben dieser Seite nachvollziehen, benötigt man Stunden.

2. Maschinendynamik (Kinematik): Hier geht es u. a. um Freiläufe in

Apparaturen, die ohne eine solche Verrichtung nicht funktionieren könnten. Auf Folio 19-20 löst sich der scheinbare Einwand, der Bewegungsablauf innerhalb bestimmter Maschinen sei nicht möglich, die Zahnräder müssten sich gegenseitig blockieren. Diese Maschinen funktionieren durchaus, sie tun es aber nur bei Annahme eines eingebauten Freilaufs: Folio 20r zeigt einen solchen Freilauf im Einzelnen, in frappierender Ähnlichkeit zu dem was wir in unseren Fahrradnaben als Freilauf von Fichtel und Sachs um 1900 ansehen. Solche Entsprechungen treten öfter auf, man muss sie sich in die Maschinen hineindenken.

3.   Problem der Arbeitssicherheit im Maschinenbetrieb. Leonardo will Kräne und sonstige Hebemaschinen absichern gegen einen plötzlichen Rücklauf, bei dem das Gewicht abstürzen würde. Dazu dient heute noch nicht selten die Sperrklinke. In der Regel hatte zu Zeiten Leonardos nur ein Zahn eines Zahnrades dem Druck standzuhalten. Der konnte brechen. Deshalb bevorzugt Leonardo drei Sperrzähne und schreibt dazu (Madrid I,2 f. 75r): *„Mein Sinn ist dieser Überlegung nicht abgeneigt, weil sich der Mensch bei Bewegungen großer Gewichte so viel wie möglich absichern muss"*. Er hat so etwas offensichtlich schon gesehen. Nicht selten hatt die Klinke oder Klaue einer Zahnstange auch die Aufgabe, etwas um eine Stufe fortzuschieben, so u.a. in den Schlagwerken großer Uhren, um den Stundenschlag auszulösen. Diese Technik ist schon im 14.-15. Jahrhundert entwickelt worden. Trotzdem bemüht sich Leonardo um neue Lösungen, zum Beispiel auf Folio 12 r (**Abb. 3**).

4.   Thema Wärmegewinnung. Um Brennholz zu sparen, denkt man seit dem 13. Jh. anschließend an arabische Techniktraktate immer wieder darüber nach, Sonnenstrahlen mit Hilfe von Brennspiegeln zu konzentrieren und die gewonnene Wärme im Gewerbe zu nutzen. Leonardo fasst die Sache zunächst theoretisch an, er studiert die Gesetze der Spiegeloptik, die sogen. Katoptrik. Im Codex Madrid I sind seine Überlegungen dazu später nachgetragen, sie gehören erst in die Jahre 1508-1515. Es geht dabei vor allem um die Herstellung von Schleifmaschinen für die Herstellung von Hohl- und Parabolspiegeln. Wie erhält man einen geeigneten Hohlspiegel oder gar einen besonders effizienten Parabolspiegel? Wir haben solche Nachträge in der Edition besonders gekennzeichnet.

Wie sie wissen, handelt es sich bei der durch Spiegel konzentrierten Solarenergie um ein immer noch hochaktuelles Thema, das unter der Sigle CSP läuft: Concentrated Solar Power. Inzwischen kennt man auch CPV: Concentrated Photovoltaics, d. h. Einsatz winziger Spiegel in der Photovoltaik, wodurch man ein größeres Spektrum von Sonnenstrahlen auf die Siliziumzellen lenken kann und der Wirkungsgrad sich erheblich verstärkt.

Einiges zu Leonardos Brennspiegeln habe ich mit Thomas Kreft zusammen in einem Aufsatz notiert, der in der von Dominik Gross geleiteten Zeitschrift „Sudhoffs Archiv für Wissenschaftsgeschichte" noch dieses Jahr erscheinen soll. Tatsächlich ging Leonardo an die praktische Aufgabe des Baues von Solarspiegeln erst relativ spät, im Auftrag eines neuen Arbeitgebers, des Papstbruders Giuliano de' Medici (1515-14 in Rom). Dieser junge Mann, dem große politische Aufgaben im Sinne der Medicis anvertraut waren, nahm an technischen Neuheiten durchaus Anteil. Er stellte Leonardo im Vatikan ein ganzes Labor zur Verfügung, dazu als Helfer auch einen deutschen Schlosser, der aber nicht gern für ihn arbeiten wollte. Der Papstbruder Giuliano wünschte offenbar Nutzung der Solarwärme bei der Herstellung von Kalk oder der Erwärmung von Wasser in der Färberei bzw. in Fischteichen (im Winter?). Leonardo will das ohne Brennholz erreichen. Seine wichtigsten Ausführungen zu diesem Thema finden sich in seinem Skizzenbuch G., das unbedingt eine sorgfältig erklärende Edition benötigt. Thomas Kreft wird dazu einen neuen Antrag an die DFG richten.

Interessant wären noch Leonardos Studien zu Lager und Wellen, um Reibungsverluste zu vermindern. Gerade der Codex Madrid I bringt dazu ein reiches und bemerkenswertes Material. Durch die Bemühungen um das sogenannte Perpetuum mobile war man seit dem 13. Jahrhundert auf das Problem der Reibungsminderung gestoßen. Bei Leonardo bilden die Antifriktionslager und die Praxis der Schmierung von Wellen einen besonderen Schwerpunkt im zweiten Teil des Codex Madrid I (fol. 70, 72v). Auch die Abnutzung der Lager durch falsche Schmierung (Teil 2 fol 73rv) hat er genau studiert. Die entsprechende moderne Wissenschaft heißt Tribologie. In einer neueren Geschichte der Tribologie spielen diese Seiten eine wichtige Rolle.[6] Die moderne Tribologie, stark mathematisch

---

[6] Dowson, Duncon, History of Tribology, London, 1979, S. 253ff. Zum Thema Reibung plante Leonardo eine eigene Schrift. Er erwähnt sie mit Nennung einiger Kapitelüberschriften im Codex Atlanticus, ed. Carlo Pedretti, Florenz, 2000, Bd. 1, S. 277.

ausgerichtet, wurde in Aachen am Institut für Maschinenelemente sehr gefördert. Vom ehemaligen Leiter dieses Instituts, Prof. Heinz Peeken, erhielten wir dazu wichtige Hinweise, ebenso für die stark repräsentierte Zahnradtechnik von einem der ehemaligen Leiter des Werkzeugmaschinenlabors (WZL), Prof. Manfred Weck.

Fig. 1: a) Zylinder für Stundenschlag einer Uhr: innen Schraube mit Scharten; außen drehbarer Mantel mit Gewichtsantrieb und Sperrhebel

b) Zahnring, innen sägezahnförmige Nocken, außen Sägezähne, mit Doppelsperr-klinken-Auslöser unter Federspannung

[1] [Fig. 1] La rota dentata -n- entra sopra il polo -b-m-. E ogni ora la lieva -K- è tirata una volta inanzi, e llo sscarpello -e- si move per contrario moto, e sspingie tutto il dente -t- . Poi esso scarpello torna indirieto per forza della molla -S-, e cade sul dente -o-, e quivi si ferma in sino all' altra ora. In questo mede-simo tenpo, uno de' denti di dentro d'essa rota dentata, spingie in basso la lieva -b-, onde dall' oposita parte d'essa lieva s' alza, cioè in -c-. Onde l'orilogio si disschiava e ssona l'ore che lli tocano.

[Fig. 1] Mobile Imobile

[1] [Fig. 1] Das Zahnrad -n- passt auf die Achse -b-m-. Jede Stunde wird der Hebel -K- ein Mal vorgezogen, die Sperrklinke -e- be-wegt sich dann in die Gegenrichtung und stößt den ganzen Zahn -t-. Dann kehrt die Sperrklinke durch die Kraft der Feder -S- zu-rück, fällt auf den Zahn -o- und verbleibt hier bis zur nächsten Stunde. In derselben Zeit stößt einer der inneren Zähne des Zahnrades den Hebel -b- nach unten, so dass sich die ge-genüberliegende Seite des Hebels hebt, das heißt bei -c-. Dadurch entsperrt sich die Uhr und schlägt die Stunden, die es schlagen muss.

[Fig. 1] Beweglich Unbeweglich

144

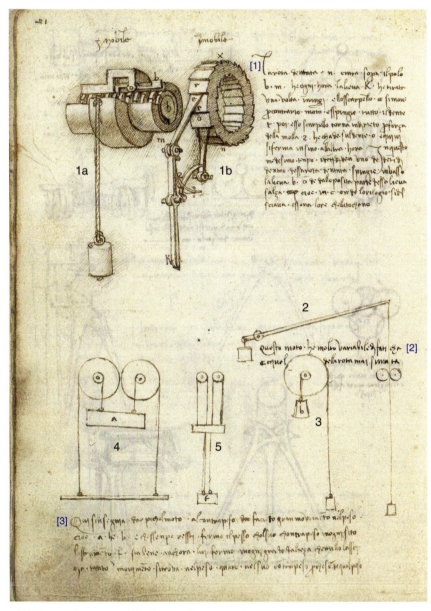

Abbildung 3: Codex Madrid I fol. 12r: Steuerung eines Stundenschlagwerkes mittels einer Schlossschnecke. Text und Übersetzung in der gen. Ausgabe Bd. S. 60f.

Fig. 1: Zwirnmaschine; a) perspektivische Gesamtansicht; b) Schema des Rades

[1] [Fig. 1]
La rota -m- è 4 braccia e 2/3
La rota -n- è 4 braccia e 1/2
La rota -f- è 4 braccia e 0.
La rota -r- è braccia 1/2
La rota -e- è braccia 2, e ha 32 denti.
La roca -c- è braccia 1/2 e ha 8 fusi.

[2] [Fig. 1] La grosseza della guaina del fuso è
1/4 d'oncia, cioè -o-.
Il subbio -h- è grosso un' oncia e dà una volta
intera.
Le rochette -t- -v- son grosse 2 oncie e hanno
8 fusi.
La rota -a-, che ttoca le roche è 1/2 braccio,
ed è mezzo dentata, di 8 denti.

[3] [Fig. 1] Quando il manico -Y- dà una volta
intera, le rote -n- -f- ne danno 4. E lla rota -r-
ne dà 32, e 'l fuso ne dà 864, che per ogni
volta intera che racoglie il racoglitore, il fuso
volta 27 volte intere, come tu troverai a parti-
re 864 per 32. E ogni 8 volte che dà il manico -Y-, il fuso s' alza più di 3 oncie. E per
ogni oncia, il filo s' avolta 85 volte e un terzo.
E sse vogli che lle volte sieno più spesse sopra del fuso, fa ch' esso s' alzi manco di 3
once, assotigliando il subio -h-.

[4] [Fig. 1] Questo è un modo di filare per 18
donne, dando 1° braccio per ciasscuna. E
ffassi cosi: vo[l]ta il manico -Y-, [e] tu volte-
rai la rochetta over rota -e- e la vite sanza fine
sulla testa della rota -a-.
La rota -e- volta, mediante la roca -c-, le due
rote -f- -n-. La rota -f- racoglie il filo al mezo
della rota -r-, e la rota -n- torcie il filo.

[1] [Fig. 1]
Das Rad -m- ist 4 Ellen und 2/3
Das Rad -n- ist 4 Ellen und 1/2
Das Rad -f- ist 4 Ellen und 0.
Das Rad -r- ist 1/2 Elle
Das Rad -e- ist 2 Ellen und hat 32 Zähne.
Das Ritzel -c- ist 1/2 Elle und hat 8 Sprossen.

[2] [Fig. 1] Die Dicke der Spindelhülse ist 1/4
Unze, das heißt bei -o-.
Der Wellbaum -h- ist eine Unze dick und
dreht sich ganz.
Die Ritzel -t- -v- sind 2 Unzen dick und ha-
ben 8 Sprossen.
Das Rad -a-, das die Drehlinge berührt, ist 1/2
Elle und halb gezähnt, mit 8 Zähnen.

[3] [Fig. 1] Dreht sich die Kurbel -Y- einmal
ganz, dann drehen sich die Räder -n- -f- 4
mal, und das Rad -r- 32 mal, die Spindel 864
mal. Denn bei jeder ganzen Drehung, die der
Sammler aufnimmt, dreht sich die Spindel 27
mal ganz, wie du durch Teilen 864 durch 32
herausfindest. Auf je 8 Umdrehungen der
Kurbel -Y- hebt sich die Spindel um mehr als
3 Unzen, und pro Unze wickelt sich der Faden
85 und ein Drittel mal auf. Willst du, dass die
Drehungen über der Spindel häufiger sind,
mach, dass sie sich um weniger als 3 Unzen
hebt, indem du den Baum -h- dünner machst.

[4] [Fig. 1] Dies ist ein Spinnverfahren für 18
Frauen; es gibt jeder 1 Elle. Das geschieht so:
Drehe die Kurbel -Y-, so drehst du auch das
kleine Kammrad -e- und die Endlosschraube
auf dem Kopf [Kamm] des Rades -a-.
Das Rad -e- dreht die beiden Räder -f- und -n-
über den Drehling -c-. Das Rad -f- sammelt
den Faden in der Mitte des Rades -r-, und das
Rad -n- zwirnt den Faden.

146

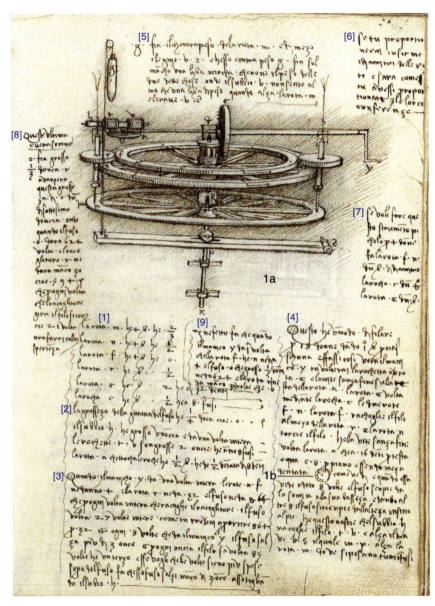

Abbildung 4: Codex Madrid I fol. 67v: Zwirnspulmaschine für eine wechselnde Zahl von Arbeiterinnen. Texte und Übersetzungen in der Anm. 4 genannten Ausgabe Bd. 1 S. 241-243.

Literaturverzeichnis

Dowson, Duncon, History of Tribology, London, 1979.

da Vinci, Leonardo Codex Madrid I, Kommentierte Edition, Hg., Lohrmann, **Dietrich/Kreft, Thomas**, Bd. 4, Wien, Köln, Weimar, 2018.

da Vinci, Leonardo, Codices Madrid, Hg., Ladislao Reti, al., 5 Bände, englische Fassung, New York, 1974, Transkription und Übersetzung des Codex Madrid I jeweils in Bd. 4, dt. Ausgabe, Frankfurt a.M., 1974.

da Vinci, Leonardo and Optics, Theory and Pictorial Practice, Hg. Fiorani Francesca/Nova Alessandro, Venedig, 2013.

Lohrmann, Dietrich/Alertz, Ulrich/Hasters, Frank, Two lost treatises of Leonardo da Vinci on mechanics, in: International Archive of the History of Science 62, 2012.

Richter, Jean Paul, The Literary Works of Leonardo da Vinci, ND New York, 1970, The Notebooks of Leonardo da Vinci, London, 1883.

Vergangenheit verstehen – Zukunft gestalten[1]

50 Jahre Lehr- und Forschungsgebiet Wirtschafts-, Sozial- und Technologiegeschichte. Versuch einer Autoanalyse

Paul Thomes

Prolog

Was tun, wenn man 50 wird? Nun, man kann das Ereignis schlicht im Alltäglichen vorüberziehen lassen. Eine andere Option ist, kurz innehalten, nachdenken und resümieren. Wir haben uns für die Zweite entschieden. Ein Ergebnis ist dieser Beitrag, gedacht quasi als inspirierendes akademisches Prosit auf Vergangenheit, Gegenwart und Zukunft.

Es geht im Folgenden denn auch weder darum, chronologisch buchhalterisch jedwede Aktivität der vergangenen 50 Jahre aufzulisten, noch darum, sich in Jubelstimmung überschwänglich selbst zu beglückwünschen. Im Gegenteil, Alter ist kein Verdienst, sondern eine Herausforderung. Es gilt in der Tat, sich permanent neu zu erfinden nach dem Motto: Wenn alles so bleiben soll wie es ist, muss sich alles ändern. Stillstand ist bekanntlich Rückschritt. An diesen Inhalten orientiert sich die folgende Bestandsaufnahme. Dass eine Bewertung, zumal aus einer subjektiven Perspektive, naturgemäß schwerfällt, ist uns bewusst. Schließlich gehen 24 Jahre der Geschichte auf das Konto des Verfassers. Der daraus erwachsenden Verantwortung haben wir uns bewusst gestellt. So hoffen wir auf eine spannenderhellende Lektüre. Sie beginnt mit einem tiefen Abtauchen in die Geschichte, nicht 50 Jahre, sondern fast 150 Jahre zurück, als die heutige RWTH ihre Aktivitäten in Forschung und Lehre startete.

Wirtschafts- und Sozialgeschichte vom Start weg auf dem Programm (1870-1969)

Wirtschaftshistorische Forschung und Lehre hat seit der Eröffnung 1870 einen festen Platz im Fächerkanon des ehemaligen Polytechnikums. Bereits der Lehrplan des im Oktober 1870 beginnenden Erstsemesters enthielt als Bestandteil des außerordentlichen Fachs „Nationalökonomie und gewerbliche Betriebslehre" u.a.

---

[1] Vgl. Winkel, Harald, Geschichte verstehen – Zukunft gestalten, IHK, Siegen, 1993.

149

eine „Übersicht der geschichtlichen Entwickelung der National-Oeconomie" inklusive einer „Übersicht und Kritik des Industriesystems". Dozent war Dr. Heinrich Contzen, bis dahin zuständig für Staatswissenschaften an der Forstlehranstalt in Eisenach.[2] Das Angebot begründete eine bis heute währende Kontinuität. Sie zeigt, dass sozio-ökonomische Analyse von jeher historische Erfahrungen kritisch instrumentalisiert, um systematisches Prozess- und Entscheidungswissen zu generieren.[3]

Nicht von ungefähr hatte bereits eine Denkschrift zur Etablierung eines Polytechnikums von 1859 auf die Relevanz des Wissens über die Entwicklung von Handel und Industrie hingewiesen. Die Region Aachen galt als erstes deutsches Industrierevier, während die sich mit dem technischen Fortschritt verändernden Strukturen augenscheinlich die Verwissenschaftlichung von Wissen nicht nur in technischer, sondern auch in ökonomischer Perspektive erforderten, und zwar wechselwirksam aufeinander abgestimmt.

Konsequenterweise lehrte und forschte der erste Ordentliche Professor für Volkswirtschaft und Jurisprudenz, Richard van der Borght,[4] seit 1892 selbstredend historisch-empirisch basiert zu einer Vielzahl wirtschaftlich relevanter regionaler wie internationaler Themen. Sein ausgeprägter Praxisbezug äußerte sich u.a. darin, dass er zuvor als Sekretär der Handelskammern in Aachen und Köln gewirkt hatte und seine Berufslaufbahn als Präsident des Kaiserlichen Statistischen Reichsamtes in Berlin beendete.

Sein bis 1914 in Aachen tätiger Nachfolger Wilhelm Kähler[5] publizierte insbesondere zum wirtschaftlichen Stellenwert des Sparens und dessen Finanzierungsbeitrag zur Industrialisierung. Unter anderem analysierte er zum 75-jährigen Be-

---

[2] Vgl. Programm der Königlichen Rheinisch-Westphälischen Polytechnischen Schule in Aachen für den Cursus 1870/71, S. 4.

[3] Vgl. generell zu den Wirtschaftswissenschaften an der RWTH Thomes, Paul/Peters, Robert/Dewes, Tobias, Wirtschaft. Wissen. Schaffen. 1869 war die Aufnahme der Nationalökonomie in den Fächerkanon abgelehnt worden. Vgl. auch Klinkenberg, Hans M., 100 Jahre RWTH, S. 57. Aachener Verein und Aachen Münchener stifteten 1895 50.000 Mark zum Bau einer neuen Bibliothek, bei Gesamtkosten von 139.000 Mark, Klinkenberg, Hans M., 100 Jahre RWTH, S. 70.

[4] Vgl. Henning, Friedrich/van der Borght, Richard, in: Rheinische und westfälische Handelskammersekretäre und –syndici vom 18. Bis zum Anfang des 20. Jahrhundert, Aschendorf Münster, 1994, S. 23-42.

[5] Vgl. Kähler, Wilhelm, Der Aachener Verein zur Beförderung der Arbeitsamkeit; ders., Sparwesen, Gast, Handelshochschule, Aachen, 1910, S. 381.

stehen, 1909, die Geschichte des „Aachener Vereins zur Beförderung der Arbeitsamkeit." Dies ist deshalb von besonderer Relevanz, weil die als ganzheitlich-demokratisches Optimierungskonzept zur nachhaltigen Transformation der sich industrialisierenden Gesellschaft 1834 ins Leben gerufene Organisation maßgeblich zur Gründung und Entwicklung der RWTH beitrug. So gesehen ergänzte sie als Fallbeispiel auch Kählers Vorlesung zum Thema „Deutschlands Volkswirtschaft im 19. Jahrhundert und Deutschlands Stellung auf dem Weltmarkt"; thematisch geschuldet dem rasanten Industrialisierungsprozess im Kontext mit dem stupenden globalen Erfolg innovativer deutscher Industriegüter, und eingebettet in den zeitgenössischen empirischen Forschungsansatz der Historischen Schule der Nationalökonomie.

Der vom Deutschen Kaiserreich begonnene Erste Weltkrieg und seine in vielerlei Hinsicht fatalen Folgen machten vor dem Hintergrund der desaströsen Erfahrungen die Notwendigkeit der Intensivierung ganzheitlicher Forschungsansätze in der Wissenschaftslandschaft der ersten deutschen Demokratie, der Weimarer Republik, seit 1919 umso deutlicher.[6]

Einer, der diesen Ansatz nonkonformistisch-querdenkend und kapitalismuskritisch, von Karl Marx beeinflusst, im wahrsten Wortsinn verkörperte, war Alfred Meusel.[7] Die Literatur etikettiert ihn gemeinhin, auf seine späte Karriere fokussiert, als Soziologen und Historiker. Tatsächlich ging er nach dem Studium der Nationalökonomie, Soziologie und Geschichtswissenschaft sowie der Promotion bei Bernhard Harms, dem Begründer des Instituts für Weltwirtschaft in Kiel, 1922 als wissenschaftlicher Assistent nach Aachen zur Abteilung für Wirtschafts- und Kulturwissenschaften der neugegründeten Fakultät für Allgemeine Wissenschaften. Dort war mit Carl Max Maedge[8] bereits ein früherer Doktorand von Harms als Professor tätig. Meusel habilitierte 1923 in Aachen, avancierte 1925 zum außerordentlichen und 1930 zum Ordentlichen Professor und Direktor des Instituts für Volkswirtschaftslehre; nicht zuletzt ein weiterer starker Beleg der aufgeschlossenen Liberalität der Weimarer Republik. Er arbeitete stark historisch basiert. Unter anderem las er regelmäßig zur Geschichte der volkswirtschaftlichen

---

[6] Vgl. Kähler, Wilhelm. 1910, in Gast, S. 390 ff.
[7] Vgl. Keßler, Mario/Meusel, Alfred, Soziologe und Historiker zwischen Bürgertum und Marxismus (1896–1960), Berlin, 2016.
[8] Zu Maedge vgl. unten.

Lehrmeinungen. Sein 1928 erschienener Vergleich zwischen Friedrich List und Karl Marx spiegelt diesen Ansatz ebenfalls.

Nach der Machtübertragung an die Nationalsozialisten entließ ihn die RWTH noch 1933, als Kommunist denunziert. Die Professur entfiel damit ebenfalls auf Dauer.[9] Auch sein Mentor Harms wurde übrigens in Kiel aus allen Ämtern entfernt. Aus dem Exil in Großbritannien ging Meusel 1946 in den Ostteil Berlins. In der DDR machte er als Wissenschaftler und Parteifunktionär eine ebenso erfolgreiche wie in der Bewertung umstrittene Karriere; u.a. als Mitbegründer der Zeitschrift für Geschichtswissenschaft und als Direktor des neuen Museums für deutsche Geschichte.[10]

Das NS-Regime überstand allein die volkswirtschaftlich orientierte Professur „Wirtschaftskunde und Unternehmenslehre", im Übrigen als einzige Ordentliche Professur der Abteilung für nichtnaturwissenschaftliche Ergänzungsfächer in der Fakultät für Allgemeine Wissenschaften. Sie war von 1920 bis 1952 mit dem bereits erwähnten Carl Max Maedge besetzt. Im NS las er politisch konform „Privatwirtschaft und Volkswirtschaft: Zustands- und Bewegungslehre. Neue deutsche Wirtschaftsorganisation und Weltwirtschaft"[11]; ansonsten ist (noch) wenig bekannt über ihn. Er repräsentiert quasi den angepassten politischen Gegenentwurf zu Meusel im Umgang mit totalitären Regimen. Die Professur wurde 1954 neubesetzt mit Burkhardt Röper, der später die Philosophische Fakultät mitbegründete.[12]

Erwähnung verdient sodann Gertrud Savelsberg. In Aachen aufgewachsen, hatte sie ebenfalls in Kiel bei Harms promoviert und habilitierte 1930. Sie gilt als dritte weibliche habilitierte Mitarbeiterin der RWTH. Als Dozentin und Assistentin Maedges übernahm sie seit 1933 quasi die Inhalte von Meusel für VWL (Finanzwissenschaft, Bevölkerungs- und Sozialpolitik). Forschungsschwerpunkte waren die Entwicklung der Frauenarbeit und Lohnfragen. Sie blieb wie Maedge

---

[9] Zu den Denunzierten vgl. https://deacademic.com/dic.nsf/dewiki/607181.

[10] Vgl. https://www.wikizero.com/de/Alfred_Meusel.

[11] Hinweise im Jahrbuch RWTH 1954 und Personalakte HA.

[12] Vgl. Thomes, Paul/Peters, Robert/Dewes, Tobias, Wirtschaft. Wissen. Schaffen. 30 Jahre Fakultät für Wirtschaftswissenschaften 1986-2016, Aachen, 2016. Erst 1961, kam im Zuge der mit dem Wirtschaftswunder entstehenden finanziellen Handlungsspielräume, wirtschaftlicher Bedarfe und einer entsprechenden Forschungsförderungspolitik wieder eine zweite ordentliche Professur unter der Bezeichnung „Betriebswirtschaftslehre" hinzu, besetzt mit Herbert Vormbaum. Folgerichtig erhielt die TH im Dezember 1962 auch das Promotionsrecht zum Dr. rer. pol.

unbehelligt, ging 1939/40 nach Kiel zurück und setzte ihre Karriere dort in verschiedenen Positionen fort.[13]

Als Lehrbeauftragter für Verkehrspolitik thematisierte Dipl.-Kaufm. Clemens Bruckner ein breites Themenspektrum in wirtschafts- und sozialhistorischer Perspektive. Vor dem Ersten Weltkrieg Assistent von Professor Kähler und von 1922 bis 1959 Syndikus bzw. Hauptgeschäftsführer der Stolberger und später Aachener Industrie- und Handelskammer, blieb er der TH verbunden und las bis zum Ende des NS-Regimes. 1967 legte er den bislang einzigen umfassenden wirtschaftshistorischen Interpretationsversuch des ehemaligen Aachener Regierungsbezirks als bruchstückhafte Zusammenschau seiner langjährigen historischen Forschungen vor.[14]

Als ebenso engagierter wie aufrechter Protagonist historisch-ökonomischer und technologischer Inhalte jener Jahre gilt Dr. Ing. Heinrich Reisner. Der Bauingenieur, Wasserwirtschaftler und Publizist war seit 1927 Gründungsdirektor des Hauses der Technik am Sitz der Essener Börse. 1933 verlor er wegen seiner jüdischen Abstammung sämtliche Ämter, überlebte ein Gestapo-Arbeitslager und wurde 1946 restituiert. Im gleichen Jahr gründete die RWTH am Haus der Technik ihre erste Außenstelle und ernannte Reisner zum 1. Juni 1946, dem Neubeginn in Demokratie, zum Honorarprofessor mit dem Lehrgebiet „Geschichte und kulturelle Bedeutung der Technik": die Geburtsstunde der Technikgeschichte an der RWTH. Der Ehrenbürger und Ehrensenator der RWTH las selbst nach seiner Pensionierung 1951 bis ins hohe Alter und kurz vor seinem Tod 1969 im Studium Generale u.a. „Die Geschichte der Technischen Hochschulen" oder „Ausgewählte Kapitel aus der Geschichte der Technik".[15]

Die skizzierte Konstellation eröffnet einerseits einen beredten Blick in die wissenschaftskulturelle Netzwerkbildung. Andererseits offenbart sie die bedauerliche Ergebnisoffenheit wissenschaftlicher Prägung im Umgang mit politischen Systemen. Durchgängig sichtbar ist zudem die Verknüpfung von qualitativen und

---

[13] Vgl. https://www.kiel.de/de/kiel_zukunft/stadtgeschichte/frauenportraits/buch26_portrait_savelsberg.php, unkritisch die NS Angepasstheit verschweigend. Ihr Vater war u.a. Bergwerksdirektor der Stolberger Zink.

[14] Vgl. Thomes, Paul, 1804-2004 200 Jahre mitten in Europa – Die Geschichte der Industrie- und Handelskammer Aachen (Euregio), Aachen, 2004, S. 164, 207 ff., 246, 281 ff.; 1950 bis 1959 war er erneut Hauptgeschäftsführer.

[15] VLV 1964/65, S. 123; 1966/67, S. 163; https://geschichte.essen.de/historischesportal_namen/friedhof/friedhofsfuehrer/friedhofsfuehrer_detailseite_876938.de.html.

quantitativen methodischen Ansätzen unter Einbeziehung einer longitudinalen Perspektive.

Institutionalisierung im Zuge des Ausbaus und der Demokratisierung der Universitäten (1969-1995)

Die 1960er Jahre bildeten den Auftakt einer beschleunigten Expansion der universitären Bildung, wovon auch die Geistes- und Wirtschaftswissenschaften an der RWTH maßgeblich profitieren sollten.[16]

Ein Resultat war die Gründung einer Philosophischen Fakultät 1965 gegen beträchtliche interne Widerstände, ein anderes die erste eigenständige Professur für Wirtschafts- und Sozialgeschichte, besetzt 1969. Vorausgegangen war eine Empfehlung des Wissenschaftsrates zur Vermehrung der Professuren für Wirtschafts- und Sozialgeschichte. Flankierend vertrat die Gesellschaft für Sozial- und Wirtschaftsgeschichte das Fach seit 1961 interessenpolitisch öffentlichkeitswirksam. In der Folge entstanden in der Tat bundesweit eine ganze Reihe neuer wirtschafts- und sozialhistorischer Professuren.[17] Der sich mit der Normalisierung des Wirtschaftswunders und dem kritischen Hinterfragen nationalsozialistisch geprägter gesellschaftlicher Strukturen und Positionen durch die später so bezeichneten 68er offenbarende Handlungsbedarf rechtfertigte diese Strategie ebenso wie die bis dato sträflich vernachlässigte Forschung.

Bedauerlich nur, dass in Aachen dazu eine erst 1967 installierte Ordentliche Professur für europäische Geschichte im Gefolge der Emeritierung des Inhabers Albert Mirgeler 1969 umgewidmet wurde. Mirgeler hatte seit dem 1.6.1946 deutsche und französische Geschichte sowie Geschichtsphilosophie gelehrt. U.a. bot er eine Veranstaltung „Die Weltzeitalter und die technische Gegenwart" an. 1953 habilitierte er in Politischer Soziologie und publizierte u.a. 1954 eine angesichts der Europäisierungsbestrebungen vielfach nachgefragte Geschichte Europas, die

---

[16] Vgl. Ricking, Klaus, Der Geist bewegt die Materie. Mens agitat molem, 125 Jahre Geschichte der RWTH, Mainz, Aachen, 1995, S. 199 ff.; Thomes/Peters/Dewes; http://www.archiv.rwth-aachen.de/praesentationen/50-jahre-philosophische-fakultat/zeitleiste-der-philosophischen-fakultat/.

[17] Vgl. Kellenbenz, Hermann., Zwanzig Jahre Gesellschaft für Sozial- und Wirtschaftsgeschichte. In: Ders. (Hg.): Wirtschaftsentwicklung und Umweltbeeinflussung (14.-20. Jahrhundert). Bericht der 9. Arbeitstagung der Gesellschaft für Sozial- und Wirtschaftsgeschichte (30.3.-1.4.1981) (Beiträge zur Wirtschafts- und Sozialgeschichte 20), Wiesbaden, 1982, S. 3-25; Vgl. Rode, Jörg, Die Gesellschaft für Sozial- und Wirtschaftsgeschichte (1961-1998) (Beiträge zur Wirtschafts- und Sozialgeschichte 84), Stuttgart, 1998.

binnen zehn Jahren neun Auflagen erlebte.[18] Mirgeler arbeitete als Emeritus im Übrigen in den Räumlichkeiten 1970 noch eine Zeit lang weiter.[19]

1969 gilt zweifelsohne als ein Jahr der Unruhe und des Aufbruchs. Die Menschheit schrieb mit dem Erstflug der Concorde, der Mondlandung, dem Beginn des Internets, aber auch mit dem legendären Woodstock Festival in ganz unterschiedlichen Bereichen gewissermaßen revolutionäre Geschichte. „Wir wollen mehr Demokratie wagen" postulierte der eben gewählte Bundeskanzler Willy Brandt in seiner Regierungserklärung vor dem Bundestag am 28.10.1969 dazu passend, während es in den Universitäten seit einiger Zeit endlich aufmüpfig brodelte unter dem 1967 erstmals auf einem Transparent gezeigten Motto „Unter den Talaren – Muff von 1000 Jahren"; auch in Aachen, wie die Fakultätsratsprotokolle 1968/69 plastisch-drastisch dokumentieren. Dieser Kontext mag zur Umwidmung beigetragen haben. Das Berufungsverfahren der Professur verzögerte er insofern, als zumindest eine Fakultätsratssitzung wegen eines Boykotts Studierender und Mitarbeiter, die um ein „Audienzrecht" kämpften, ausfiel.

Harald Winkel als erster Ordentlicher Professor

Inmitten dieser angespannten Dynamik und im einhundertsten Jahr des Bestehens der RWTH nahm Harald Winkel, Privatdozent an der Universität Mainz, zum WS 1969/70 den Ruf an die Philosophische Fakultät der RWTH auf den neugeschaffenen Lehrstuhl Wirtschafts- und Sozialgeschichte an. Es war das fünfte wirtschaftswissenschaftliche Ordinariat.

Er hatte in Mainz Wirtschaftswissenschaften studiert, dort mit einer Arbeit über das Verhältnis von Theorie und Geschichte bei dem bekannten Volkswirt Carl Brinkmann zum Dr. rer. pol. 1960 promoviert und sich mit einer Schrift über die Ablösungskapitalien der Bauernbefreiung 1967 habilitiert. Zudem hatte er mehrere Aufsätze zum Thema Planungsrechnung publiziert.[20] Er hatte sich gegen vier

---

[18] Dr. phil., geboren am 1.6.1901 in Aachen, seit 1.6.1946 Lehrbeauftragter an der RWTH, 2.3.1953 Privatdozent für Politische Soziologie, 16.9.1955 Dozent, 16.2.1960 Außerplanmäßiger Professor, 11.11.1964 Außerordentlicher Professor für Europäische Geschichte, 12.12.1967 Ordentlicher Professor, 1.4.1969 emeritiert, gestorben am 9.5.1979 in Düren.

[19] Zapp, Immo., Aufzeichnungen zur Geschichte des Lehrstuhls Manuskript, 1990.

[20] Dr. rer. pol., geboren am 30.05.1931 in Bad Kreuznach, 23.10.1969 Ordentlicher Professor für Wirtschafts- und Sozialgeschichte, 24.04.1977 ausgeschieden. http://www.archiv.rwth-aachen.de/lehrkoerper/; https://de.wikipedia.org/wiki/Harald_Winkel; Fakultätsprotokoll 23.6.69.

Mitbewerber durchgesetzt. Es ist vielleicht nicht uninteressant zu wissen, dass Professuren auch seinerzeit noch nicht öffentlich ausgeschrieben wurden, sondern die Akquise über persönliche Netzwerke erfolgte, wie oben bereits gezeigt.

In Aachen wandte sich Winkel bezeichnenderweise und mutig der drängenden zeithistorischen Analyse der deutschen Nachkriegswirtschaft zu, deren Kind er ja zudem war; ein aus wissenschaftlicher Perspektive schwieriges Unterfangen, vor dem er als Volkswirt freilich nicht zurückscheute. Als Ergebnis publizierte er 1974 die in ihrer Analyse die Gegenwart integrierende Monographie „Die Wirtschaft im geteilten Deutschland, 1945-1970"; sie schaffte es zum Standardwerk.[21] Dazu passend interessierte ihn die Interpretation jüngerer volkswirtschaftlicher Trends ebenso wie die historische Aufarbeitung der Volkswirtschaftslehre des 19. Jahrhunderts. Im Rahmen eines DFG Programmes war er zudem an der Aufarbeitung der Industrialisierungsgeschichte beteiligt. Nicht zuletzt arbeitete er verschiedentlich mit dem 1970 ebenfalls aus Mainz nach Aachen berufenen Volkswirt Karl Georg Zinn zusammen, der sich als bekennender Keynesianer den Forschungsfeldern Außenwirtschaft und Geschichte der politischen Ökonomie widmete, die ja auch ein Feld Winkels war. Angesichts dieser Interessenlage wundert es nicht, dass sich Winkel, der am 15.10.1969 vom Dekan in der ersten Fakultätsratssitzung herzlich begrüßt wurde, umgehend der Fachabteilung Wirtschaftswissenschaften anschloss.[22]

Die ersten Jahre standen im Zeichen des Aufbaus von Strukturen. Es galt zunächst, die im linken Seitenflügel des Hauptgebäudes in den Räumen 213-215 angesiedelte neue Professur räumlich und sachlich auszustatten. Dazu zählte der Umbau der Räume, verbunden mit einem zwischenzeitlichen Umzug in den „Goldenen Ochsen" auf dem Templergraben 83; er sollte später erneut für einige Jahre zum Sitz der Professur werden. Durch Einzug einer Zwischendecke[23] vergrößerte sich die nutzbare Fläche beträchtlich und schuf auch den benötigten Raum für eine Fachbibliothek, die zunächst vorwiegend aus Antiquariatsbeständen zusammengekauft wurde. Den Lesesaal nutzte noch längere Zeit Ulrich Brösse, damals Privatdozent für VWL und später Professor der Fakultät, wie sich Dr. Immo Zapp, 1990 erinnerte.[24] Zapp war seit Dezember 1969 als frisch in Mainz examinierter

---

[21] Vgl. Winkel, Harald, Die Wirtschaft im geteilten Deutschland, 1945-1970, Wiesbaden, 1974.
[22] Vgl. Fakultätsprotokoll 15.10.1969.
[23] Die Kosten waren mit DM 42.000 veranschlagt.
[24] Vgl. Zapp, I., Aufzeichnungen.

Diplomhandelslehrer der erste Mitarbeiter Winkels. Er promovierte 1974 mit einer Arbeit zu „Programmatik und praktische Arbeit der Deutschen Volkspartei (DVP) im Rahmen der Wirtschafts- und Sozialpolitik der Weimarer Republik". Er blieb der Professur als Akademischer Oberrat und Kontinuum bis 2000 erhalten. In ähnlicher Funktion wirkte Hanny Bruders seit 1972 bis zum 15.2.2002 in Sekretariatsgeschäften.

Die Studierenden rekrutierten sich zunächst in überschaubarer Zahl aus Interessierten der Bereiche Geschichte, und Studierenden des 1963/64 gestarteten wirtschaftswissenschaftlichen Aufbaustudiengangs, der mit dem Diplomwirtschaftsingenieur abschloss. Die Anfang der 1970er Jahre rasant anwachsende Zahl Lehramtsstudierender machte sich für die Lehrnachfrage insofern sehr positiv bemerkbar, als zusätzlich Mittlere und Neuere Geschichte durch Wirtschafts- und Sozialgeschichte als weiteres Wahlpflichtfach ersetzt werden konnten.[25]

Thematisch deckte die Lehre ein breites Themenspektrum zwischen Antike und Gegenwart inklusive der Wirtschaftstheorie in nationaler wie internationaler Perspektive ab.

Im April 1977 folgte Harald Winkel, obwohl er sich in Aachen sehr wohlfühlte, einem Ruf der Universität Stuttgart-Hohenheim auf den Lehrstuhl für Wirtschafts- und Sozialgeschichte mit Agrargeschichte. Gleichzeitig übernahm er den in Stuttgart ansässigen Scripta Mercaturae Verlag. In Hohenheim lehrte und forschte er bis zu seiner Emeritierung 1993.[26] In Aachen verwaltete Immo Zapp die Professur während der darauffolgenden Vakanz.

---

[25] Vgl. Ricking, K., S. 200.
[26] Er war zudem Herausgeber der „Zeitschrift für Agrargeschichte und Agrarsoziologie, Scripta Mercaturae" und mit Ulrich Fellmeth der „Hohenheimer Themen, Zeitschrift für kulturwissenschaftliche Themen".

Francesca Schinzinger als erste Ordinaria der Philosophischen Fakultät

Seine Nachfolge in Aachen trat nach knapp zweijähriger Übergangszeit zum 30.1.1979 Francesca Schinzinger, als Ordentliche Professorin, an.[27] Sie war damit auch die erste Professorin der Philosophischen Fakultät überhaupt. Sie hatte Geschichte, Philosophie und Wirtschaftswissenschaften studiert und im gleichen Jahr wie Harald Winkel, 1960, in Mainz zum Dr. rer. pol. promoviert. Das gerade heute höchst relevante Thema lautete: „Die Auswirkungen der Arbeitszeitverkürzung auf die Erwerbstätigkeit der Frau". Mit Winkel zusammen publizierte sie auch 1962 die Schrift „Der Volkswirt. Berufswahl und Studienbeginn." Ein Jahr später als er, 1968, habilitierte sie ebenfalls in Mainz mit einer Untersuchung zur „Mezzogiorno-Politik. Möglichkeiten und Grenzen der Agrar- und Infrastrukturpolitik"[28]. Weitere Parallelen mit Winkel und auch Zinn ergaben sich aus ihrem Interesse an der Thematik der ökonomischen Theoriebildung. Es fand Niederschlag in einem 1977 publizierten Überblick zu den Ansätzen ökonomischen Denkens von der Antike bis zur Reformationszeit.[29] So gesehen war ihre Berufung auf Kontinuität ausgelegt und netzwerkgesteuert.

In Aachen erweiterte Schinzinger ihr Forschungsspektrum auf die Kolonialgeschichte, das Unternehmertum und wirtschaftliche Aspekte der europäischen Integration. Nicht von ungefähr thematisierten die beiden ersten der 1985 als Ergebnis von Symposien erschienenen Bände einer neuen Publikationsreihe Aachener Gespräche zur Wirtschafts- und Sozialgeschichte, hg. von Schinzinger und Zapp, „Die Stahlkrise der Europäischen Gemeinschaft" und die „Agrarpolitik in Europa". Ein Jahr zuvor war eine Monographie zur Kolonialpolitik im Kaiserreich erschienen.[30] 1994 gab sie zusammen mit ihrem Aachener Historikerkollegen Klaus Schwabe den Band „Deutschland und Westeuropa" heraus.[31]

---

[27] Dr. rer. pol., Universitätsprofessorin, geboren am 16.6.1931 in Freiburg, 30.1.1979 Ordentliche Professorin für Wirtschafts- und Sozialgeschichte, 1.1.1987 Universitätsprofessorin. http://www.archiv.rwth-aachen.de/lehrkoerper/; https://de.wikipedia.org/wiki/Francesca_Schinzinger Immo Zapp verwaltete die Professur während der Vakanz.

[28] Schinzinger, Francesca, Mezzogiorno-Politik. Möglichkeiten und Grenzen der Agrar- und Infrastrukturpolitik, Berlin, 1970.

[29] Vgl. Schinzinger, Francesca, Ansätze ökonomischen Denkens von der Antike bis zur Reformationszeit, Darmstadt, 1977.

[30] Vgl. Schinzinger, Francesca, Die Kolonien und das Deutsche Reich, Stuttgart, 1984.

[31] Vgl. Schinzinger, Francesca/Schwabe, Klaus, Deutschland und Westeuropa. Band 2 von Deutschland und der Westen im 19. und 20. Jahrhundert, Stuttgart, 1994.

Darüber hinaus nahm sie erstmals auch die regionale Wirtschafts- und Sozialgeschichte in den Blick. Der 1987 erschienene Band 3 der Schriftenreihe thematisierte „Prägende Wirtschaftsfaktoren in der Euregio-Maas Rhein. Historische und aktuelle Bezüge". Hier hat auch die Kooperation mit der IHK Aachen ihren Ursprung. Aus ihr ging des weiteren u.a. ein Symposium zum Thema Unternehmerinnen im Jahr 1988 hervor. In der Regionalforschung tat sich insbesondere Immo Zapp mit einer Reihe einschlägiger Publikationen hervor.

Der sich abzeichnende Zerfall der Sowjetunion und des Ostblocks führte 1988 und 1989 zu zwei Symposien in Kooperation mit dem Fakultätskollegen Hans Hirsch. In den frühen 1980er Jahren hatte Schinzinger mit Jürgen Kuczynski zweimal einen der führenden Wirtschaftshistoriker der DDR in Aachen zu Gast, woraus sich ein reger Gedankenaustausch entwickelte.

Interdisziplinäre Ansätze und die explizite Verknüpfung aktueller und historischer Fragestellungen prägten das Konzept wie bei Harald Winkel. Das wird deutlich auch an der letzten, posthum 1996 erschienenen Publikation in der Reihe Deutsche Führungsschichten der Neuzeit zum Thema „Unternehmer und technischer Fortschritt", als Kompendium der Büdinger Forschungen zur Sozialgeschichte 1994 und 1995.[32] Der Sammelband repräsentiert mit seinen 17 Beiträgen nicht zuletzt einen beeindruckenden Beleg ihrer Vernetzung in der Wissenschaftslandschaft.

In der Lehre führte Francesca Schinzinger mit Immo Zapp ebenfalls Winkels breiten Kanon fort. Dabei profitierte das Fach dadurch, dass Wirtschafts-und Sozialgeschichte seit 1979 als Haupt- und Nebenfach im neu eingeführten Magisterstudium und im Magisterzusatzstudium Europastudien wählbar war. Seit 1981 mit der Einführung des Diplomstudiengang BWL war das Fach zudem als Wahlbereich im Umfang von 14 SWS institutionalisierter und aufgrund seines spezifischen methodisch-thematischen Konzepts attraktiver Bestandteil des Diplomstudiums.

---

[32] Vgl. Schinzinger, Francesca, Unternehmer und technischer Fortschritt: Büdinger Forschungen zur Sozialgeschichte 1994 und 1995 (Deutsche Führungsschichten in der Neuzeit, Band 20, Berlin, 1996.

Mitte der 1980er Jahre trat die stark interdisziplinäre Ausrichtung auch in der Lehre deutlicher denn je hervor. Das Fach fand sich in Studiengängen unterschiedlicher Fakultäten:

im Studiengang Diplom-Kaufmann,

im Lehramtsstudienfach SII Wirtschaftswissenschaften,

als Haupt- und Nebenfach (seit 1986 nach der Trennung der Fakultäten nur noch als Nebenfach)

im Magisterstudiengang der Philosophischen Fakultät,

im Magisterstudiengang Geschichte,

im Zusatzstudiengang Europastudien,

sowie als Nebenfach im Bereich der Technikgeschichte der Fakultät für Elektrotechnik.

In diesem Zeitraum fiel die unter Organisationsaspekten wichtige, nicht ganz friktionslos vollzogene Loslösung der Wirtschaftswissenschaftlichen Abteilung von der Philosophischen Fakultät. Sie firmierte seit Anfang 1986 als eigenständige Fakultät Wirtschaftswissenschaften mit 13 Professuren, darunter die Wirtschafts- und Sozialgeschichte. Über die Zuordnung hatte es keine Diskussion gegeben angesichts der Ausrichtung. Francesca Schinzinger behielt freilich einen Zweitsitz in der Philosophischen Fakultät.[33]

Was die Positionierung historischer Forschungsansätze an der RWTH angeht, hatte sich Ende der 1980er Jahre eine sehr spezifische organisatorische Doppelstruktur herausgebildet mit den traditionell zugeschnittenen historischen Professuren in der Philosophischen Fakultät sowie den dann gemeinhin sogenannten Kranzhistorien. Der hohen Bedeutung historisch basierter Forschung trug die Etablierung zweier weiterer Professuren Rechnung: der Lehrstuhl für Technikgeschichte, seit 1987 in Person von Walter Kaiser[34], angesiedelt in der Fakultät für Elektrotechnik, und der Lehrstuhl Geschichte der Medizin und des Krankenhauswesens, seit 1981 in Person von Axel Hinrich Murken[35] an der Medizinischen

---

[33] Zur Geschichte der Fakultät, vgl. Thomes, Paul, Wirtschaft. Wissen. Schaffen. 2016.

[34] Kaiser, Walter, Dr. phil., Universitätsprofessor, geb. am 5.11.1946 in Esslingen, 1.4.1987 Universitätsprofessor für Geschichte der Technik, 2012 emeritiert.

[35] Vgl. https://www.ukaachen.de/kliniken-institute/institut-fuer-geschichte-theorie-und-ethik-der-medizin/institut/institutportrait.htm Murken, Axel Hinrich, Dr. med., Universitätsprofessor, geb. am 2.12.1937 in Gütersloh, 5.2.1981 Professor für Geschichte der Medizin und des Krankenhauswesens, 1.1.1987 Universitätsprofessor.

Fakultät. Sie bildeten zusammen mit den bereits seit langem bestehenden Professuren für Bau- und Kunstgeschichte sowie der Wirtschafts- und Sozialgeschichte quasi fünf dezentrale Satelliten.

So gut es einerseits sein mag, dass diese Langzeitanalysekonzepte in den Fakultäten direkt implementiert sind und auf diese Weise Akzeptanz und Breitenwirkung entfachen, so unbefriedigend ist das aller wissenschaftlicher Gemeinsamkeiten zum Trotz doch irgendwie immanente Außenseiter- bzw. Einzelkämpferdasein. Insbesondere wenn es darum geht, innerhalb der Fakultäten Prioritäten zu setzen.

Francesca Schinzinger bekam dies erstmals zu Beginn der 1990er Jahre zu spüren, als es auf Initiative des Rektorats darum ging, auch juristische Inhalte professoral an der Fakultät zu etablieren. Den durch ihre anstehende Emeritierung sich ergebenden Argumentationsdruck lassen die Fakultätsratsprotokolle erahnen. Am Ende verlor das Fach insofern, als die Nachfolge Schinzingers in Form einer neu zugewiesenen C3 Professur mit reduzierter Ausstattung fortgeführt werden sollte, während die zu etablierende Rechtsprofessur im Tausch als C4 ausgeschrieben wurde mit dem Argument, sie ließe sich mit C3 Wertigkeit nicht besetzen. Oder anders, Angebot und Nachfrage regeln den Preis.

Francesca Schinzinger begleitete 1995 noch die Einleitung der Wiederbesetzung. Sie basierte auf zwei Vorsingrunden im Juli und Oktober mit zehn Kandidatinnen und Kandidaten, da die Frauenbeauftragte der RWTH ob Schinzingers Alleinstellungsposition als Frau auf eine weibliche Nachfolge pochte. Die zum Wintersemester 1996/97 geplante Neubesetzung ihrer Professur erlebte sie dann allerdings nicht mehr, da sie plötzlich und unerwartet am 8.11.1995 verstarb. In der zum 125-jährigen Jubiläum der RWTH publizierten Rückschau für die Jahre 1970 bis 1995 hatte sie noch den Artikel über die Fakultät für Wirtschaftswissenschaften verfasst, wohl ihr letztes Werk.[36] Im Titel der 100-Jahre-Publikation „Wissenschaft zwischen technischer und gesellschaftlicher Herausforderung" spiegelt sich ihr Anspruch und ihr Wirken zutreffend. Zufall? Nein.

Der frühere Kölner Kollege Friedrich Wilhelm Henning widmete ihr zur 70. Wiederkehr ihres Geburtstages einen Aufsatz, der ursprünglich als Abschiedsvortrag zu ihrer Emeritierung 1996 gedacht war unter dem Titel „Controlling in History.

---

[36] Vgl. Schinzinger, Francesca., Die Fakultät für Wirtschaftswissenschaften, in: Habetha, K. (Hg.), Wissenschaft zwischen technischer und gesellschaftlicher Herausforderung. Die Rheinisch westfälische Technische Hochschule Aachen 1970-1975, Aachen, 1995, S. 511-530.

Zum Gedächtnis für Francesca Schinzinger, zur 70. Wiederkehr ihres Geburtstages am 16. Juni 2001", publiziert in der Vierteljahrschrift für Sozial- und Wirtschaftsgeschichte 2001.[37]

Dynamisierung zwischen Ökonomisierung und Digitalisierung (1995-2019)

Als Listenerster des aufwändigen Berufungsverfahrens erhielt Dr. phil. Paul Thomes, Privatdozent an der Universität des Saarlandes in Saarbrücken, die Anfrage für eine Vertretung der vakant gewordenen Professur im gerade angelaufenen WS und nahm das Angebot zum 1.12.1995 an. Die inhaltliche und methodische Botschaft des Berufungsvortrages, gehalten am 8.7.1995, einem Samstagmorgen in einem gut gefüllten Hörsaal auf der Hörn, zum Thema „Der Mensch als Ware. Zur Ökonomie des transatlantischen Sklavenhandels" hatte offensichtlich überzeugt. Wissenschaftlich gearbeitet hatte Thomes bis dahin zum preußischen Sparkassenwesen und zur regionalen Industrialisierung sowie zur frühneuzeitlichen Kommunalwirtschaft. Die Dissertation bettete als eine der ersten systematischen Untersuchungen dieser Art ein Fallbeispiel in den gesamtwirtschaftlichen und gesetzgeberischen Kontext der preußischen Rheinprovinz ein.[38]

Die 1991 eingereichte Habilitationsschrift thematisierte in Form einer rund drei Jahrhunderte umspannenden Langzeituntersuchung die Entwicklung kommunaler Haushalte in der Frühen Neuzeit am Beispiel zweier benachbarter Städte mit divergierenden politischen und wirtschaftlichen Funktionen sowie konkurrierenden Interessenlagen. Die quantitative Grundlage der Arbeit bildete eine aus den Primärquellen erstellte Datenbank mit rund 20.000 Datensätzen, die eine quantitative Auswertung samt der Schärfung der qualitativen Informationen ermöglichte.[39]

Seinen wissenschaftlichen Ansatz prägten mehrere Kollegen, zunächst sein Doktorvater Prof. Ernst Klein, dann Prof. Toni Pierenkemper, der seine Habilitation

---

[37] Henning, Friedrich, Controlling in History. Zum Gedächtnis für Francesca Schinzinger, zur 70. Wiederkehr ihres Geburtstages am 16. Juni 2001, Vierteljahrschrift für Sozial- und Wirtschaftsgeschichte, 88/4, Stuttgart, 2001.

[38] Vgl. Thomes, Paul, 175 Jahre Sparkasse Aachen: Fair. Menschlich. Nah, Weiss, Monschau, 2010.

[39] Vgl. Thomes, Paul, Kommunalhaushalte und Steuern im 17. und 18. Jahrhundert zwischen Funktionswandel der städtischen Aufgaben und Strukturwandel der städtischen Einnahmen, in: Schremmer, E. (Hg.), Steuern, Abgaben und Dienste vom Mittelalter bis zur Gegenwart, Stuttgart 1994, S. 91-108.

kritisch fördernd begleitete sowie Prof. Wilfried Feldenkirchen und Prof. Christoph Buchheim, die beide ebenfalls eine Zeit lang den Lehrstuhl in Saarbrücken vertraten bzw. innehatten.

Der Verfasser erinnert sich noch genau an den Tag Anfang Dezember 1995, an dem er zwischen Bedrückung wegen der tragischen Umstände und der Freude über die neue Aufgabe nach einigem Suchen das im RWTH Hauptgebäude etwas versteckte Institut betrat – und überaus freundlich wie vorbehaltlos empfangen wurde. Bedauerlicherweise hatte er seine Vorgängerin nie persönlich kennengelernt. Gespräche und die Institutsatmosphäre brachten sie ihm zumindest posthum näher.

Davon abgesehen war alles neu, der klassische Sprung ins kalte Wasser. Zum Nachdenken blieb zunächst wenig Zeit. Machen hieß die Devise. Übrigens begannen die Veranstaltungen an der RWTH s.t., also ohne akademisches Viertel, was dazu führte, dass der Neue zur ersten Vorlesung zehn Minuten zu spät antrat, erfreut darüber, dass der Hörsaal schon so gut besetzt war und keine Nachzügler die Aufmerksamkeit störten. Die RWTH tickte eben anders – und vielversprechend, wie sich bald zeigen sollte. Kontakte ergaben sich rasch innerhalb und außerhalb der Fakultät und der Hochschule. Dazu zählte insbesondere der beeindruckende „Antrittsbesuch" des damaligen Hauptgeschäftsführers der IHK, Otto Eschweiler. Er bildete den Auftakt einer engen Kooperation und bestärkte den Verfasser in seinem Verständnisansatz einer explizit anwendungsorientierten, vorwärts gewandten interdisziplinären Forschung und Lehre – bis heute keine Selbstverständlichkeit im Historikerkosmos.

Als dann Mitte 1996 der Ruf auf die Professur des Lehr- und Forschungsgebietes Wirtschafts- und Sozialgeschichte erging, nahm ihn Paul Thomes zum 1.10.1996 überzeugt an. Dass daraus eine fast 25-jährige Dauerliaison wurde, ließ sich seinerzeit nicht erahnen, wohl aber, dass die interdisziplinäre Konstellation im Viereck von Wirtschafts-, Ingenieurs-, Natur- und Geisteswissenschaften beträchtliche kreative Potenziale in Lehre und Forschung bot.

Orte und Räume

In organisatorischer Hinsicht lief alles friktionslos, insbesondere gestützt auf die vernetzten Konstanten Immo Zapp und Hanny Bruders, unterstützt von den beiden Assistenten Kerstin Burmeister und Bernd Nagel. Im November 1996 verstärkte Christoph Rass, aus Saarbrücken kommend, das Team. Frisch examiniert, bestand eine seiner ersten Aufgaben darin, das Institut mittels eigenhändig geleg-ter Leitung mit dem Internet zu verbinden. Dennoch gab es räumlich alsbald einen Neuanfang. Zum WS 1997 verließ die Professur ihr verstecktes und beengtes Do-mizil im Hauptgebäude. Fortan füllte sie im ehemaligen Goldenen Ochsen, dem Haus mit der Sonnenuhr an der Ecke Templergraben/Pontstraße, das umgebaute vierte und fünfte Obergeschoss mit akademischem Leben; immerhin nun mit Blickkontakt zum Sammelbau, dem Standort der Fakultät (damals: Fachbereich) 8; eine andere Art von Zentralität, mitten im studentischen Leben und vor allem auch sichtbar.

Der nächste und letzte Umzug erfolgte 2012. Als sich in der Kackertstr. 7 für die expandierende Fakultät neue Möglichkeiten eröffneten, ergriff das Institut die Ge-legenheit, zwei Fliegen mit einer Klappe schlagend: das lang vermisste Zusam-menrücken mit Kolleginnen und Kollegen sowie die Optimierung des eigenen wachsenden Raumbedarfs. Eine intensive Projektakquise ließ die Beschäftigten-zahl auf bis zu 20 Personen in den Jahren 2015 bis 2018 wachsen; dies bei etwa zehn Vollzeitäquivalenten, wobei die Personalbasis 1,5 reguläre Haushaltstellen (davon 0,5 persönlich zugeordnet wegen der intensiven Dienstleistungsaktivitä-ten) und seit 2012 eine Stelle für die Technologiegeschichte aus zentralen Mitteln bildeten.

Richtungsweisend nutze man den Umzug auch, um die zwischenzeitlich stark an-gewachsene Fachbibliothek in die Bibliothek der Fakultät zu integrieren und gleichzeitig den Katalog zu digitalisieren, was u.a. die 24/7 Recherche ermög-lichte.

Attraktive Lernräume, allgemeine Handbestände, spezielle Veranstaltungsappa-rate und die Möglichkeit der persönlichen Ansprache trugen dazu bei, dass die Studierenden den etwas abgelegenen Standort rasch annahmen; diese Optionen bieten bis heute mehr als gute Studienbedingungen. In den letzten Jahren erwei-terten und flexibilisierten digitale Lernräume das Angebot entscheidend, wobei das Augenmerk des Lehrkonzepts nach wie vor auf der effizienten Vernetzung analoger und digitaler Angebote liegt.

Strukturen und Themen

Zwei signifikante externe Ereignisse erweiterten prägend die inhaltliche Ausrich-tung der Professur. Als 2012 der an der Fakultät für Elektrotechnik 1986 angesie-delte Lehrstuhl für Technikgeschichte mit der Emeritierung des Inhabers Walter

Kaiser umgewidmet wurde, der Forschungsansatz aber weitergeführt werden sollte, kam es unter Beteiligung des Rektorats zu einer fakultätsübergreifenden konservierenden Lösung. Da sich eine Professur finanziell nicht realisieren ließ, erfolgte die Andockung des für das Selbstverständnis der RWTH wichtigen Forschungs- und Lehransatzes mit Hilfe von zentralen Mitteln an das LFG Wirtschafts- und Sozialgeschichte. Das bedeutete einen Kompromiss, aber die Alternative wäre die Streichung gewesen. Fortan firmierte die Professur als Wirtschafts-, Sozial- und Technologiegeschichte. Konstruiert oder fremd war die Ergänzung ohnehin nicht. Sie drängte sich inhaltlich aufgrund der existierenden engen Interdependenzen in Lehre und Forschung vielmehr geradezu auf. So veranstalteten die beiden Kollegen Kaiser und Thomes seit 2001 jährlich ein interdisziplinäres Blockseminar im Söllerhaus im Kleinwalsertal. Es kombinierte Interdisziplinarität mit ungezwungener Kreativität zu einmaligen Lernerlebnissen. Beide Kollegen waren übrigens langjährige Mitglieder des Forums Technik und Gesellschaft.

Davon abgesehen kam mit der Erweiterung eine Reihe neuer Studiengänge in der Lehre hinzu. Die Dienstleistungsverflechtungen der Professur erreichten ein neues Niveau an Inhalten, Aufgaben und Verantwortung. Diese Aussage gilt bis zum heutigen Tag. Das aktuelle Modul des RWTH Projekts Leonardo „Mobilitätsperspektiven", seit 2011 regelmäßig im Lehrangebot, thematisiert bspw. das brennende Thema Antriebskonzepte und Mobilitätsbedürfnisse in einer interdisziplinären multikriteriellen Langfristperspektive.

An wissenschaftlichen Resultaten sind u.a. zu nennen der Sammelband Technological Innovation in Retail Finance aus 2011 und mehrere zum Teil Exzellenz- bzw. DFG geförderte Forschungsprojekte zu den Themen Energieerzeugung, Elektrizitätsversorgung, Pfadabhängigkeiten, Mechanismen der Technikdiffusion, Mobilität oder Technikfolgenabschätzung.

Der zweite Impuls ergab sich aus der fakultätsinternen Bildung von Research Areas im Zuge der Exzellenzinitiative und der Etablierung einer „Interdisciplinary Management Factory". Die Research Area EME Energie, Mobilität, Umwelt schuf vielfältige synergetische Impulse der involvierten Professuren.[40] Überdies formulierte sie innovativ ein bis dato nicht bearbeitetes Forschungsfeld „Ultra-

---

[40] Vgl. Thomes, Paul, Wirtschaft. Wissen. Schaffen. 2016.

langlebige Investitionen" als Leitthema. Die historische Bedingtheit der Reziprozität von Technik, Wirtschaft und Gesellschaft verknüpfte sich auf diese Weise zielführend mit dem Aspekt der Nachhaltigkeit.[41] Letztlich bildete die Professur drei zentrale Themenschwerpunkte aus: Finanzdienstleistungen, Versorgungsinfrastrukturen und Mobilität. Sie kombinieren sich übergreifend mit den Themen Nachhaltigkeit und Unternehmertum. Ein Schwerpunkt Wissensmanagement, etabliert von Tobias Dewes, ergänzt seit über drei Jahren das Paket. Die Ansätze integrieren sowohl globale als auch regionale Perspektiven.

Durch die gesamte Zeit hindurch zieht sich zudem die Befassung mit dem Nationalsozialismus. Daraus resultieren u.a. Projekte zur Aufarbeitung der Zwangsarbeit in Stadt und Kreis Aachen[42] sowie ein richtungsweisendes DFG Forschungsprojekt zur digitalen Erfassung von Wehrmachtsangehörigen, geleitet von Christoph Rass. Aus letzterem gingen neben einer relationalen Datenbank zwei Dissertationen und als studentisches Projekt die Dokumentation eines Kriegsverbrechens in Weißrussland hervor. Letzteres wurde im Rahmen einer denkwürdigen Exkursion auch vor Ort in Weißrussland recherchiert und filmisch verarbeitet. Der Film erlebte eine beklemmend machende Premiere vor mehreren hundert Besuchern im Kármán Auditorium.[43] Eine Dissertation zu ökonomischen und rechtlichen Aspekten der Arisierung am Beispiel des Aachener Zweigs der Familie Anne Franks, erarbeitet von Lena Knops, steht kurz vor dem Abschluss.

Noch präsenter zieht sich als roter Faden die Aufarbeitung der immer noch nur erst rudimentär erforschten regionalen Wirtschaft der letzten drei Jahrhunderte durch die Institutsaktivitäten. Die Bandbreite reicht von systematischen Unternehmens- und Institutionenanalysen wie Sparkassen, Stadtwerke, Industrie- und Handelskammer, Handwerkskammer und Hochschule, über Branchenstudien der regionalen IT- und Finanzdienstleistungs-, Tuch- und Nadelindustrie bis hin zum sozioökonomischen Strukturwandel im Zuge von Industrialisierung, Deindustria-

---

[41] Vgl. Breuer, Wolfgang/Thomes, Paul. et al, Ultralanglebige Investitionen, Aachen.

[42] Vgl. Rass, Christoph, Menschenmaterial, Paderborn 2003; Rass, Christoph, Ozarichi 1944. Entscheidungs- und Handlungsebenen eines Kriegsverbrechens. In: Timm C. Richter (Hrsg.): Krieg und Verbrechen. Situationen und Inhalte: Fallbeispiele. Martin Meidenbauer, München, 2006, S. 197–206.

[43] Vgl. Rass, Cristoph, Ozarichi 1944 Spuren eines Kriegsverbrechen, https://www.bing.com/search?q=ozarichi+film&pc=MOZI&form=MOZLBR, Aachen, 2004.

lisierung und Digitalisierung. Aktuell laufen Untersuchungen zur Industrialisierung Aachens im 19. Jahrhundert und zur Geschichte der RWTH, die 2020, seit 150 Jahren im Dienst von Forschung und Lehre unterwegs ist.

Eine 2016 zum 30-jährigen Jubiläum der Fakultät für Wirtschaftswissenschaften recherchierte Analyse, zeichnet sich dadurch aus, dass sie die Geschichte von der Gegenwart aus erschließt.[44]

Eine monographische Arbeit von Robert Peters zur Aachener Nadelgeschichte erscheint im Frühjahr 2020.

Den allgemeinen Zugriff repräsentieren diverse, thematisch breit gestreute Langfristanalysen, etwa zum Thema Mobilität, im Handbuch der Elektromobilität, 2018 in zweiter Auflage erschienen.[45] Bereits 2011 resümierte ein interdisziplinärer Ansatz technologische Innovationen im Privatkundengeschäft.[46] In das Jahr 2016 datiert eine ebenfalls interdisziplinäre Veröffentlichung zum Thema Mikrofinanz. Sie versucht unter Einbeziehung der historischen Perspektive eine nachhaltige Neudefinition des Mikrofinanzansatzes und steht davor, ins Chinesische übersetzt zu werden.[47] Im Druck ist eine Überblicksskizze zu den Industrialisierungsphasen als Beitrag zu einem Handbuch der intensiv diskutierten Industrie 4.0 Thematik.[48] Weitere Felder sind Pfadabhängigkeiten und Technikfolgenabschätzung im Kontext von Erfahrungen und Erwarten, ökonomische Modellbildung und die Bewertung bzw. Modellierung historischer Veränderungsprozesse sowie eine historisch basierte Untersuchung des Mietwagen- und Taxigeschäfts.

Lehren und Lernen

Die Lehre stellte aufgrund der disparaten Wissens- und Interessenlage des Hörerkreises von Beginn an besondere Ansprüche. Inhaltlich geht es im Kern bis heute letztlich darum, auf möglichst hohem Niveau historische Schlüsselsituationen und

---

[44] Vgl. Thomes, Paul, Wirtschaft. Wissen. Schaffen. 2016.

[45] Vgl. Thomes, Paul, Elektromobilität – eine historisch basierte Analyse, in: Elektromobilität. Grundlagen einer Zukunftstechnologie, hrsg. von Achim Kampker, Dirk Vallée und Armin Schnettler, Berlin, Heidelberg, 2018², S. 3-15.

[46] Vgl. Thomes, Paul/Bátiz-Lazo, Bernado/Maixé-Altés, Carles J. (Hg.), Technological Innovation in Retail Finance. International Historical Perspectives, New York, London, 2011.

[47] Vgl. Thomes, Paul/Schmidt, Reinhard/Seibel, Hans, From Microfinance to Inclusive Banking. Why Local Banking Works, Weinheim, 2016.

[48] Vgl. Thomes, Paul, Industrie zwischen Evolution und Revolution – eine historische Perspektive, in Handbuch Industrie 4.0, voraussichtlich 2019.

-phänomene zu analysieren, sie womöglich um einen praktischen Bezug zu ergänzen und auf diese Weise systematisches Fakten- und Orientierungswissen im Sinne nachhaltigen Entscheidens und Handelns zu schaffen.

Das dahinterstehende Konzept lautet komprimiert: Geschichte als Dialog der Gegenwart mit der Vergangenheit über die Zukunft. Gepaart mit studentische Eigeninitiative explizit fördernden Formaten, wie obligatorische Teamarbeit, entstand so ein attraktives Lehrprogramm. Lehre steht selbstredend absolut gleichberechtigt neben der Forschung. Die Philosophie des Instituts ist explizit dienstleistungsorientiert.

Die Attraktivität und Relevanz dokumentiert eine ständig hohe studentische Nachfrage. So waren 2005, als das Magisterstudium im Ergebnis des Bologna-Prozesses auslief, mehr als 300 Studierende allein im Nebenfach Wirtschafts- und Sozialgeschichte eingeschrieben; über 95 % von ihnen beendeten das Studium. Die Pflicht- und Wahlpflichtangebote des Fachs in den Diplomstudiengängen der Bereiche BWL und Wirtschaftsingenieurswesen sowie in den diversen Lehramtsstudiengängen waren bis dahin ebenfalls permanent überbucht; sie wurden zeitweise parallel angeboten, um Kleingruppenarbeit und aktive Beteiligung zu gewährleisten. Teamarbeit im Verbund mit Präsentationen als Zwischenstufe des Lernprozesses, an dessen Ende eine schriftliche Ausarbeitung steht, bilden bis heute ein Schlüsselelement des hermeneutisch-empirischen didaktischen Konzepts von Kleingruppenveranstaltungen.

Die Umstellung auf Bachelor- und Masterstudiengänge im Zuge des Bologna-Prozesses brachte als wichtige Änderung das Bachelorfach Volkswirtschaftslehre und Wirtschaftsgeschichte als Dienstleistungsangebot für die Philosophische Fakultät. Der Erfolg sprach für sich. Umso bedauerlicher stellte die Fakultät 7 das Fach 2012/13 im Zuge einer großen Revision der Studiengangstrukturen ein. Damit ging eine mehr als 40 Jahre während Ära zu Ende. Allerdings blieb das Fach Wirtschafts- und Sozialgeschichte im Wahlpflichtbereich der drei neuen Ein-Fach-Studiengänge Gesellschaftswissenschaften, Literatur- und Sprachwissenschaften sowie Sprach- und Kommunikationswissenschaften als Wahlpflichtfach vertreten.

Aktuell zeigt sich die fakultätsübergreifende Vernetzung und Relevanz mit Angeboten in zahlreichen Bachelor- bzw. Masterstudiengängen über alle Fakultäten hinweg. Dienstleistungen erbringt das Fach für folgende Studiengänge: Angewandte Geographie, BWL, Digitale Medienkommunikation, Geschichte,

Gesellschaftswissenschaften, Ingenieurswesen, Informatik, Literatur- und Sprachwissenschaften, Mathematik, Nachhaltige Energieversorgung, Politikwissenschaft, Sprach- und Kommunikationswissenschaften, Technikkommunikation, Wirtschaftsgeographie, Wirtschaftsingenieurwesen und Wirtschaftswissenschaften. Hinzu kommt ein kontinuierliches Angebot im interdisziplinären RWTH Projekt Leonardo zum Thema Mobilitätsperspektiven seit 2011. Das Konzept setzt mit großem Erfolg auf den Dialog zwischen Fachleuten, und zwar aus Wissenschaft und Praxis und Studierenden. Absoluter Höhepunkt war ein Vortrag des ersten Deutschen im All, Sigmund Jähn, in der vollbesetzten Couvenhalle im Januar 2013. Jähn blieb dem Institut bis zu seinem Tod im September 2019 freundschaftlich verbunden.

Thematisch zeigt sich das Angebot signifikanter auf die Inhalte der Studiengänge hin strukturiert. Die Veranstaltungen diskutieren in historischer Perspektive zeitrelevante Themen wie Globalisierung, Industrialisierung, transatlantische Beziehungen oder die Wirtschaftstheorie. Sie folgen einem ganzheitlichen, methodisch stringenten Erklärungskonzept, basierend auf der Integration von Wirtschaft, Gesellschaft und Technologie. Die Vorlesungen attrahieren in der Regel zwischen 200 und 300 Hörerinnen und Hörer. Ein Spezifikum in Bezug auf die Anwendungsorientierung ist die Rubrik Weltweisheit; sie adressiert und kommentiert zu Beginn einer jeden Sitzung das relevante Weltgeschehen.

Seit dem Wintersemester 2006/07 bilden PowerPoint-Präsentationen die technische Basis. Diese erleichtern eine flexible und dialogische Wissensvermittlung. Die Folien stehen den Studierenden im digitalen Lernraum zur Vor- und Nachbereitung zur Verfügung. Unabhängig vom Aufenthaltsort zu bearbeitende E-Tests erlauben die Selbstüberprüfung des Wissensstands und tragen zur kontrollierten Flexibilisierung des Lernens bei. E-Klausuren gehören seit einigen Jahren ebenfalls zum Standard und haben sich nicht zuletzt aufgrund der objektiveren Bewertungsmöglichkeiten bestens bewährt.

Ebenfalls fest verankert im didaktischen Konzept sind Besuche außeruniversitärer Lernorte. Die Pfingstexkursionswoche wird seit jeher regelmäßig genutzt, um Horizonte zu weiten. Highlights waren ohne Anspruch auf Vollständigkeit mehrere Projektseminare bzw. -module in Kooperation mit den Universitäten Liverpool und Ostrava zum Thema Industrialisierung und Transformation sowie zum Thema Mobilität im Volkswagenwerk in Wolfsburg. Gleiches gilt für die zwischen 2001 und 2015 jährlich angebotenen interdisziplinären Söllerhaus-Exkursionsseminare (im Studierendenjargon: Skiseminare) im Kleinwalsertal mit explizitem Technologiebezug. Sie lebten das Motto des kreativen Geists im fitten Körper. Last but not least sei die verantwortliche Beteiligung der Professur am Austauschprogramm der Fakultät mit der Chulalongkorn Universität in Bangkok genannt. Das vom inzwischen verstorbenen Kollegen Werner Gocht initiierte Programm bringt jedes Jahr rund 50 Studierende in beiden Städten zusammen und feierte 2019 sein 15-jähriges Bestehen.

Im regionalen Umfeld finden regelmäßig experimentelle themenspezifische Projektmodule in der inspirierenden außeruniversitären Atmosphäre des Museums für die Wirtschafts-, Sozial- und Technikgeschichte der Wirtschaftsregion Aachen, Zinkhütter Hof in Stolberg und im Energeticon in Alsdorf statt. Tagesexkursionen runden das außeruniversitäre Lehrportefeuille ab.[49]

Die Einführungsveranstaltung Wirtschaft Aktuell I im Studiengang B. Sc. BWL wird seit Jahren von WISOTECH organisiert. Neben einer Einführung in das wirtschaftswissenschaftliche Studium und einer Demonstration der unterschiedlichen thematischen Schwerpunkte der Research Areas, fungiert die Veranstaltung auch als Plattform zum Kennenlernen der Vielfalt der digitalen Lehr- und Lernkonzepte der RWTH Aachen. Tobias Dewes erhielt für sein intensives Engagement den Lehrpreis der Studierenden 2017.

Die Attraktivität des Faches spiegelt sich nicht zuletzt in der konstant hohen Zahl betreuter Abschlussarbeiten in den Studiengängen BWL, Wirtschaftsingenieurwesen und Wirtschaftswissenschaften wider; sie beläuft sich auf durchschnittlich etwa 30 pro Jahr.

Das Interesse an studentischer Förderung dokumentiert sodann das langjährige Engagement von Paul Thomes als einem von zwei Vertrauensdozenten der Konrad-Adenauer-Stiftung an der RWTH.

Forschen und Vernetzen

Die wissenschaftliche Forschung korrespondiert wechselwirksam mit den oben skizzierten Themen. Methodisch kombiniert WISOTECH geistes-, ingenieurs-

---

[49] Ziele der letzten Jahre waren u.a. Amazon, Amsterdam, Hafen Antwerpen, Deutsches Museum Bonn, Deutz Köln, Dillinger Hütte, Doc Morris, Duisburger Hafen, Charleroi, Liège, Namur, Tuchfabrik Müller Euskirchen, Steuermuseum Brühl, Thyssen-Krupp Essen, UPS Köln-Bonn, Weltkulturerbe Völklinger Hütte, etc.

und wirtschaftswissenschaftliche Ansätze, auf deren jeweiligen Methoden es gleichermaßen zurückgreift. Qualitative und quantitative Methoden stehen gleichberechtigt nebeneinander. Nur so können die Ergebnisse im Sinne einer historisch-dynamischen Analyse sowohl zur Gegenwartsdiagnostik als auch zur Prognostik beitragen. Eigene Konzepte spiegeln sich in einem ganzheitlichen Modell zur Strukturierung von Veränderungsprozessen (SLT) und in einem Retrospective Forecast Modell, das vergangene Zukünfte systematisch analysiert, um die Wertigkeit von Entwicklungsparametern zu definieren oder Pfadabhängigkeiten zu evaluieren; für ein nachhaltiges Change Management unverzichtbar.[50] Geschichtsschreibung ist zum anschlussfähigen History Lab geworden, in dem sich punktuelle empirische Konzepte auf ihre Prozesstauglichkeit hin überprüfen lassen.

Die Spitze der Bilanz formaler akademischer Leistung bildet eine Habilitation. Der erste ‚eigene‘ Wiss. Mitarbeiter Christoph Rass promovierte nicht nur als erster ‚eigener‘ Doktorand im Jahr 2001, sondern auch mit der Bestbewertung summa cum laude zum Dr. rer. pol. Die Arbeit analysierte unter dem Titel „Menschenmaterial" methodisch höchst innovativ in einem Mixed Method Ansatz eine Infanteriedivision der Wehrmacht. 2007 habilitierte er sich konsequenterweise und erhielt die Venia Legendi für das Fach Wirtschafts- und Sozialgeschichte. 2011 verließ er das Institut, um die Professur für Neueste Geschichte an der Universität Osnabrück zunächst zu verwalten. 2015 erhielt er den Ruf und ist dort seither Universitätsprofessor für Neueste Geschichte und Historische Migrationsforschung. Sein über 15 Jahre hinweg höchst kreatives Schaffen prägte das Institut in vielerlei Hinsicht. Dass er anlässlich des Kolloquiums zum 50-jährigen Bestehen des Instituts im Februar 2019 den Eröffnungsvortrag zum Thema „Next Stop: Big Data?" hielt, dokumentiert zum einen die ambitionierte methodische Ausrichtung des Fachs, zum anderen die Verbundenheit.[51]

17 abgeschlossene Promotionen, darunter fünf Wissenschaftlerinnen, dazu neun Kandidatinnen und Kandidaten, die noch cum spe an der Promotion arbeiten, reflektieren den hohen Stellenwert innovativer Forschung am Institut. Acht internen Promotionen stehen sieben externe gegenüber; ein angemessenes Verhältnis, das

---

[50] Vgl. Peters, Robert/Thomes, Paul, Ein Modell zur strukturierten Analyse von Veränderungen als Plädoyer für eine integrierte Vergangenheits-, Gegenwarts-, und Zukunftsperspektive, in: Scripta Mercaturae 47, 2018, S. 161-190.
[51] Abgedruckt in diesem Band; Vgl. auch https://www.imis.uni-osnabrueck.de/rass_christoph/zur_person/profil.html.

einmal mehr auch die wissenschaftliche Vernetzung mit der Praxis dokumentiert. Dies korrespondiert mit der Tatsache, dass tatsächlich nur zwei ehemalige Doktoranden im universitären Bereich verblieben. Die Bestbewertung summa cum laude erreichte neben Christoph Rass noch Peter M. Quadflieg mit einer wegweisenden biographischen Arbeit über den lange als Befreier Aachens unkritisch verklärten Wehrmachtsgeneral Gerhard Graf von Schwerin.[52]

Angesichts der aktuellen Promotions- und Bewertungsinflation mögen diese Indikatoren belächelt werden. Sei es drum. Denn sie beruhen auf einer soliden Basis aus Betreuung und Freiheit. Regelmäßige interne Doktorandenkolloquien vereint dieser Ansatz ebenso wie die Teilnahme an den strukturierten Doktorandenprogrammen der RWTH. Im gleichen Sinne fördert das Institut explizit die Teilnahme an nationalen wie internationalen Doktorandenschulen und Tagungen. Nicht zuletzt initiierte Paul Thomes zusammen mit seinem ehemaligen Kölner Kollegen Toni Pierenkemper das Doktorandenkolloquium Wirtschafts- und Sozialgeschichte NRW. Es vernetzte das Fach auf wissenschaftlicher und persönlicher Ebene synergetisch enger. Die Auftaktveranstaltung fand unter großer Beteiligung und öffentlicher Aufmerksamkeit im Jahr 2008 in Aachen an zentraler Stelle im Haus Löwenstein und ein zweites Mal im Jahr 2013 im Audimax statt.

Die hinter den Promotionen stehenden Themen sind per se oftmals mit finanziell geförderten Forschungsprojekten verknüpft. Auch hier kann sich die Bilanz sehen lassen. Allein fünf DFG Projekte weist sie auf, dazu zwei durch Exzellenzmittel geförderte Pfadfinderprojekte. Die Fördervolumina bewegten sich in den zurückliegenden Jahren vielfach im sechsstelligen Bereich. Dabei handelte es sich ganz überwiegend um hochwertige Forschungsgelder aus öffentlich-rechtlichen Programmen. Im Fakultätsranking rangierte die Professur hier stets in den Top Ten und mehr als einmal auf vorderen Rängen. Gleiches gilt für die Publikationsleistungen und auch für die Mitwirkung an Promotionsverfahren. Hier stehen 17 Zweitgutachten zu Buche, auch dies ein Indiz der thematischen Anschlussfähigkeit des Fachs.

---

[52] Vgl. Quadflieg, Peter, Gerhard Graf von Schwerin (1899–1980). Wehrmachtgeneral, Kanzlerberater, Lobbyist. Ferdinand Schöningh, Paderborn, 2016; https://de.wikipedia.org/wiki/Peter_M._Quadflieg.

Aus internationalen Forschungsvernetzungen resultieren u.a. Publikationen zu innovativen sozialen Sicherungsmechanismen zur nachhaltigen Gestaltung der Industrialisierung[53] sowie zu technologischen Innovationen und ihren Effekten auf das Privatkundengeschäft der Kreditwirtschaft.[54] Ein internationales interdisziplinäres Projekt zum Konsumentenkredit wurde 2014 und 2015 auf dem European Business History Association Congress in Uppsala und dem World Economic History Congress in Kyoto in Form von Sektionen organisiert. Zuletzt referierte Paul Thomes im August 2019 auf dem EBHA Kongress in Rotterdam zum Thema „The Business History of Creativity" zum Thema „Enhancement and Yield. A Non-conform Inclusive Industrial Change Management Model".

Zum wissenschaftlichen Tagesgeschäft zählt auch wie angedeutet die Organisation von Tagungen. Genannt seien exemplarisch die Jahrestagung der Gesellschaft für Sozial – und Wirtschaftsgeschichte, 2001, eine Tagung des Wirtschaftshistorischen Ausschusses des Vereins für Socialpolitik, 2009, eine Tagung in Kooperation mit der Sparkassen Wissenschaftsförderung und der Sparkasse Aachen über den Vertrieb von Sparkassen und Banken, 2011. Eine internationale Tagung im Kontext der „Euregionale 2008" versammelte 200 Personen in Maastricht, um Themen grenzüberschreitender Relevanz interdisziplinär zwischen Vergangenheit und Zukunft zu diskutieren und Kooperationsmöglichkeiten auszuloten.

WISOTECH veranstaltete sodann drei Jahrestagungen des 2006 gegründeten Aachener Kompetenzzentrums Wissenschaftsgeschichte: 2011 unter dem Titel „Narration und Methode" zur neueren biografischen Forschung und 2014 zum 100-jährigen Gedenken des Beginns des Weltkrieges unter dem Titel „Krieg der Ingenieure".[55] Die jüngste fand im Februar 2019 unter dem Motto „Vergangenheit analysieren – Zukunft gestalten. Technik-, wirtschafts- und sozialhistorische Forschung seit den 1960er Jahren" aus Anlass des 50-jährigen Bestehens von WISO-TECH im Hause der IHK statt. Die Publikation erfolgt wie gewohnt in den Aache-

---

[53] Vgl. Thomes, Paul, Beyond Paternalism? An Innovative German Corporate Social Entrepreneurship Model (1825-1923), in: Bonin, Hubert/Thomes, Paul, Old Paternalism, New Paternalism, Post-Paternalism (19th-21st Centuries), Bruxelles, 2013, S. 95-114.

[54] Vgl. Batiz, Bernado/Maixé-Altés, Carles J./Thomes, Paul, In Digital We Trust: The Computerization of Retail Finance in Western Europe and North America, in: Batiz, Bernado/Maixé-Altés, Carles J./Thomes, Paul, Technological Innovation in Retail Finance. International Historical Perspectives, New York, London, 2011. S. 3-14.

[55] Die Beiträge finden sich in der eigenen Reihe publiziert.

ner Studien zur Wirtschafts-, Sozial- und Technologiegeschichte. 2003 als Institutsreihe begründet, und das von Francesca Schinzinger begonnene Format wiederaufnehmend, erschienen bislang 20 Bände.

Nicht zuletzt betreibt WISOTECH eine Working Paper Series als Plattform, um wissenschaftliche Ergebnisse zeitnah der Community verfügbar zu machen.[56]

Organisieren und Gestalten

Beide Titelbegriffe sind auch in der akademischen Selbstverwaltung ein eminent wichtiges und zumindest in der Vergangenheit selbstverständliches Anliegen. Die Lust am sich Einbringen in die akademische Selbstverwaltung zieht sich wie ein roter Faden durch die letzten 25 Jahre; angefangen bei der Mitwirkung in Prüfungsausschüssen, als Professorensprecher der Fakultät und endend in der Funktion als Studiendekan in den Jahren 2011 bis 2015. In diese Zeit fiel u.a. die Reakkreditierung der Studiengänge der Fakultät, welche ohne Auflagen erfolgte. Der Dialog zwischen Studierenden und dem Dekanat erfuhr durch eine Institutionalisierung des Austauschs auf Augenhöhe eine wesentliche Verbesserung.

Als Studiendekan stieß Paul Thomes 2012 zudem das Zentrum für Kreatives Schreiben als Start-up an. Es etablierte sich rasch als Kompetenzzentrum für Textproduktion jeglicher Art, firmiert seit 2016 dauerhaft institutionalisiert als Schreibzentrum der RWTH und ist bis heute in den Räumen des Instituts symbiotisch angesiedelt. Die RWTH Serviceeinheit Medien für die Lehre, eine Abteilung des RWTH Centers für Lehr und Lernservices entstand ebenfalls in diesen Jahren an der Fakultät, mit dem Ziel, die sich intensivierende Digitalisierung und Globalisierung in neue Lehr- und Lernformate zu gießen.

In der Rektoratskommission für Qualitätsmanagement in der Lehre und in der Steuerungsgruppe Universitätsbibliothek gestaltete und gestaltet Paul Thomes bis zum Tage wichtige hochschulrelevante Entscheidungsprozesse mit. Über lange Jahre hinweg engagierte er sich in den interdisziplinären Foren „Technik und Gesellschaft" sowie „Mobilität und Verkehr" als Vorstandsmitglied und stellvertretender Vorsitzender. Deren umstrittene Überführung in Profilbereiche beschnitt die kleinen Fächer im Prinzip der Möglichkeit, sich institutionalisiert interdisziplinär in die Diskussion der großen gesellschaftlichen Herausforderungen, den

---

[56] Paul Thomes hat alles in allem bis dato rund 150 Beiträge publiziert.

„global challenges", einzubringen. Umso mehr weiß WISOTECH die Möglichkeit zur Mitarbeit über einen Gaststatus in den Profilbereichen MTE und ECPE zu schätzen. Transdisziplinäre inneruniversitäre Forschung ließ sich zudem im Projekthaus „Technikbasierte Energiesystemanalyse" und im NRW Forschungskolleg ACCESS! realisieren; letzteres begleitet Paul Thomes bis heute als Obmann.

Auf Fakultätsebene führt Paul Thomes die Bibliotheks- und Raumkommission und ist Mitglied der Kommission für Internationales. Mit dem Faktor 7,5 steht er an der Spitze des für die Mittelverteilung 2019 relevante Ranking der Rubrik Verwaltungsengagement.

Für den Förderverein Wirtschaftswissenschaften – Aachener Wirtschaftsgespräche der Fakultät, der die Außenwahrnehmung und die Alumniarbeit wahrnimmt, organisierte und koordinierte er zwischen 2001 und 2018 im Vorstand als Sekretär die Vereinsaktivitäten. Als Vertreter des Rektors arbeitet er seit 1999 im Vorstand der Fördergesellschaft des Museums Zinkhütter Hof, seit 2003 als deren Vorsitzender. Seit Gründung des Aachener Kompetenzzentrums Wissenschaftsgeschichte im Jahr 2006 gehört er dessen Direktorium an.

In der nationalen Wissenschaftsorganisation ist Paul Thomes u.a. seit 1989 Mitglied der Gesellschaft für Sozial- und Wirtschaftsgeschichte aktiv. Zwischen 1997 und 2017 war er Vorstandsmitglied, seit 2001 als Schatzmeister. Seit 1986 gehört er dem Institut für Banken- und Finanzgeschichte in Frankfurt/Main an. Er fungiert dort als Mitglied des Wissenschaftlichen Beirats und Herausgeber der Zeitschrift „Bankhistorisches Archiv. Banking and Finance in History". Ihren Auftritt und die Digitalisierung hat er initiiert und gefördert. Als Herausgeber ist er ebenfalls langjährig bei der Zeitschrift für Wirtschafts- und Sozialgeschichte „Scripta Mercaturae" aktiv. Ebenfalls aktiv ist er im Bereich der Wissenschaftsförderung der Sparkassenfinanzgruppe e.V.

Eine angenehme Reminiszenz an die Alma Mater in Saarbrücken ist bis heute die Mitgliedschaft in der Kommission für Saarländische Landesgeschichte, die in die 1980er Jahre zurückreicht. Dazu kommen zahlreiche einfache Mitgliedschaften in nationalen und internationalen Organisationen der historisch basierten wissenschaftlichen Forschung, womit das keine Vollständigkeit beanspruchende Aufzählen abgeschlossen ist.

Wie eingangs formuliert, geht es hier nicht ums Schulterklopfen. Vielmehr geht es um die Demonstration der Fähigkeit, methodisch und thematisch Herausforderungen zu formulieren, anzunehmen und zu explizieren, so, wie es WISOTECH seit über zwei Jahrzehnten dezidiert und mit Erfolg – so viel Lob darf einmal sein – lebt.

Epilog – Rückblick und Ausblick

Was bleibt? Zumindest institutionell möglicherweise nicht viel, denn am Ende des 100. Jubiläumssemesters und im 150. Jahr der RWTH droht dem Lehr- und Forschungsgebiet Wirtschafts-, Sozial- und Technologiegeschichte die Liquidation. Die Fakultät setzt andere inhaltliche Schwerpunkte, um für die Zukunft der von Algorithmen gesteuerten Digitalität gerüstet zu sein. Eben jene Zukunft wird dann zeigen, ob es angemessen war, sich eines Teils seines Gedächtnisses zu entledigen. Klar, allzu oft lernen wir, dass wir aus der Geschichte nichts lernen. Warum dies so ist, liegt freilich auch auf der Hand. Zu oft basiert Handeln, ob in Wirtschaft oder Politik, auf anekdotischer Evidenz und menschlicher Eitelkeit: nett, denn ohne Erinnerung lässt sich das Rad immer wieder neu erfinden; fatal, wenn es darum geht, innovative Weichenstellungen zu treffen. Nachhaltiges Veränderungsmanagement braucht eine empirisch systematische Wissensbasis, die über punktuelle empirische Analyseansätze weit hinausgeht. Pfadabhängigkeiten, technologische Lock-Ins oder die Effekte bewährter bzw. neuer Technologien lassen sich nur durch begründete Argumente abschätzen bzw. überzeugend argumentieren und damit aufbrechen. Algorithmen wollen systematisch programmiert sein. Ja, im History Lab lässt es sich äußerst exakt arbeiten – und Hand in Hand mit den Living Labs. Das ist Geschichte als Dialog der Gegenwart mit der Vergangenheit über die Zukunft. Anders gewendet: Historisch basierte Forschung ist weit über die Konzepte einer „Public History" hinaus anschlussfähig, anwendungsorientiert und nicht zuletzt vorwärtsgerichtet zu betreiben.
So gesehen sollte nach 150 Jahren Präsenz in Lehre und Forschung nicht Schluss sein, gerade an einer Exzellenzuniversität. Methodenvielfalt lautet das Gebot der Stunde. Schließlich geht es um nicht mehr und nicht weniger, als diese unsere Erde zu retten; und ob der Gewaltigkeit der Aufgabe gilt es, sämtliche zur Verfügung stehenden Forschungskonzepte zu instrumentalisieren. Seine Potenziale jedenfalls hat das Fach methodisch und thematisch in Forschung und Lehre unter Beweis gestellt.

Wie dem auch sei: Der tief empfundene Dank des Verfassers gilt allen konstruktiven Wegbegleitern, Mitarbeiterinnen und Mitarbeitern sowie den Studierenden, unseren Kunden. Ohne sie wäre alles nichts.

Literaturverzeichnis

Bátiz-Lazo, Bernado/ Maixé-Altés, Carles J./ Thomes, Paul (Hg.), Technological Innovation in Retail Finance. International Historical Perspectives, New York, London, 2011.

Gast, Paul Handelshochschule, Denkschrift 1908, S. 381.

Habetha, Klaus (Hg.), Wissenschaft zwischen technischer und gesellschaftlicher Herausforderung. Die Rheinisch westfälische Technische Hochschule Aachen 1970-1975, Aachen, 1995.

Henning, Friedrich-W./van der Borght Richard, in: Rheinische und westfälische Handelskammersekretäre und –syndici vom 18. Bis zum Anfang des 20. Jahrhundert, Aschendorf, Münster 1994, S. 23-42.

Henning, Friedrich, Controlling in History. Zum Gedächtnis für Francesca Schinzinger, zur 70. Wiederkehr ihres Geburtstages am 16. Juni 2001, Vierteljahrschrift für Sozial- und Wirtschaftsgeschichte, 88/4, Stuttgart, 2001.

Kähler, Wilhelm, Der Aachener Verein zur Beförderung der Arbeitsamkeit. Ein Beitrag zur Geschichte des Sparkassenwesens und der Wohlfahrtspflege. Die Jahrbücher für Nationalökonomie und Statistik 3.F., 39. Band, Jena, 1910.

Kähler, Wilhelm, Das Sparwesen im Regierungsbezirk Aachen. Schriften d. Vereins für Sozialpolitik Aachen, 1912, S. 136.

Kampker, Achim et al (Hg.), Elektromobilität – eine historisch basierte Analyse, in: Elektromobilität. Grundlagen einer Zukunftstechnologie, Berlin, Heidelberg 2018², S. 3-15.

Kellenbenz, Hermann, Zwanzig Jahre Gesellschaft für Sozial- und Wirtschaftsgeschichte. In: Ders. (Hg.), Wirtschaftsentwicklung und Umweltbeeinflussung (14.-20. Jahrhundert). Bericht der 9. Arbeitstagung der Gesellschaft für Sozial- und Wirtschaftsgeschichte (30.3.-1.4.1981) (Beiträge zur Wirtschafts- und Sozialgeschichte 20), Wiesbaden, 1982, S. 3-25.

Keßler, Mario/Meusel Alfred, Soziologe und Historiker zwischen Bürgertum und Marxismus (1896–1960), Berlin, 2016.

Klinkenberg, Hans M. (Hg.), Rheinisch-Westfälische Technische Hochschule Aachen 1870–1970, Stuttgart, 1970.

Peters, Robert/Thomes, Paul, Ein Modell zur strukturierten Analyse von Veränderungen als Plädoyer für eine integrierte Vergangenheits-, Gegenwarts-, und Zukunftsperspektive, in: Scripta Mercaturae 47, 2018, S. 161-190.

Quadflieg, Peter M., Gerhard Graf von Schwerin (1899–1980). Wehrmachtgeneral, Kanzlerberater, Lobbyist. Ferdinand Schöningh, Paderborn, 2016,

Rass, Christoph, „Menschenmaterial". Deutsche Soldaten an der Ostfront. Innenansichten einer Infanteriedivision 1939–1945 Schöningh, Paderborn u. a. 2003 (Krieg in der Geschichte, Band 17), zugleich Dissertation an der RWTH Aachen 2001.

Rass, Christoph, Ozarichi 1944. Entscheidungs- und Handlungsebenen eines Kriegsverbrechens. In: Richter, Timm C. (Hrsg.), Krieg und Verbrechen. Situationen und Inhalte: Fallbeispiele. Martin Meidenbauer, München 2006, S. 197–206.

Ricking, Klaus, Der Geist bewegt die Materie. Mens agitat molem, 125 Jahre Geschichte der RWTH, Mainz, Aachen, 1995. [Ricking K., 200]

Rode, Jörg, Die Gesellschaft für Sozial- und Wirtschaftsgeschichte (1961-1998), Stuttgart, 1998.

Schinzinger, Francesca, Unternehmer und technischer Fortschritt: Büdinger Forschungen zur Sozialgeschichte 1994 und 1995 (Deutsche Führungsschichten in der Neuzeit, Band 20), Berlin, 1996.

Schinzinger, Francesca, Die Kolonien und das Deutsche Reich, Stuttgart, 1984.

Schinzinger, Francesca, Mezzogiorno-Politik. Möglichkeiten und Grenzen der Agrar- und Infrastrukturpolitik, Berlin, 1970.

Schinzinger, Francesca, Ansätze ökonomischen Denkens von der Antike bis zur Reformationszeit, Darmstadt, 1977.

Schmidt, Reinhard/Seibel, Hans/ Thomes, Paul, From Microfinance to Inclusive Banking. Why Local Banking Works, Weinheim, 2016.

Thomes, Paul, 200 Jahre mitten in Europa. Die Geschichte der Industrie-und Handelskammer Aachen (1804 –2004), Aachen, 2004.

Thomes, Paul, 175 Jahre Sparkasse Aachen: Fair. Menschlich. Nah, Weiss, Monschau, 2010.

Thomes, Paul, Beyond Paternalism? An Innovative German Corporate Social Entrepreneurship Model (1825-1923), in: Bonin, Hubert/Thomes, Paul, Old Paternalism, New Paternalism, Post Paternalism (19th-21st Centuries), Bruxelles, 2013, S. 95-114.

Thomes, Paul, Entrepreneur und Corporate Citizen – zum 150. Todestag von David Hansemann (1790-1864), in: Quadflieg, Peter/Thomes, Paul, Unternehmer in der Region Aachen –zwischen Maas und Rhein, Münster, 2015, S. 96-111.

Thomes, Paul/Peters, Robert/Dewes, Tobias, Wirtschaft. Wissen. Schaffen. 30 Jahre Fakultät für Wirtschaftswissenschaften 1986-2016, Aachen, 2016. [Thomes, P., Wirtschaft. Wissen. Schaffen. 2016]

Thomes, Paul, Industrie zwischen Evolution und Revolution – eine historische Perspektive, in Handbuch Industrie 4.0, voraussichtlich 2019.

Winkel, Harald, Geschichte verstehen – Zukunft gestalten, IHK, Siegen, 1993.

Winkel, Harald, Die Wirtschaft im geteilten Deutschland, 1945-1970, Wiesbaden, 1974.

Zapp, Immo, Aufzeichnungen zur Geschichte des Lehrstuhls Manuskript 1990. [Zapp I., Aufzeichnungen]

Abildungsverzeichnis